启笛

From
Policemen
to
Revolutionaries

A Sikh Diaspora
in Global Shanghai,
1885 - 1945

锡克警察

曹寅 著 薛朝凤 译

北京大学出版社
PEKING UNIVERSITY PRESS

目　录

图表汇总

图

表

致 谢

本书主要源自我的博士论文《外滩红头巾：上海的锡克移民、锡克警察和锡克革命者（1885—1945）》，该论文是我于2011—2015年在新加坡国立大学历史系学习时撰写的。我十分感谢众多亲友在我论文写作期间所给予的支持、建议和鼓励。

在整个研究过程中，我非常幸运地得到了专业图书馆员、档案管理员和相关工作人员的帮助，他们是：新加坡国立大学中央图书馆（Central Library at National University of Singapore）、中国香港大学总图书馆（Main Library at the University of Hong Kong）、上海市图书馆、上海市档案馆、上海市社会科学院图书馆、英国国家档案馆（British National Archives at Kew）、印度国家档案馆（National Archives of India）、贾瓦哈拉尔·尼赫鲁纪念博物馆及图书馆（Jawaharlal Nehru Memorial Museum and Library），以及南亚裔美国人数字档案馆（South Asian American Digital Archive）。

新加坡国立大学（NUS）的慷慨资助，使我受益匪浅。如果没有总统研究生奖学金（President's Graduate Fellowship），如果没有新加坡国立大学提供的实地研究补助，如果没有新加坡国立大学提供的国际会议经费，我很难想象这项工作能够如此顺利地完成。在本研究的后期，我得到了纽约大学（上海）全球亚洲中心、中山大学历史系和澳门大学历史系的资助。

除了来自学术机构的支持，前辈学者们对于这项智力探究的帮助同样功不可没。本书引用了我所敬仰的学者们的学术著作。我特别感谢我的恩师杜赞奇（Presenjit Duara）教授，他不仅在本研究之初就给了我宝贵的建议，而且还不断地鼓励我勇往直前。我还要感谢新加坡国立大学的导师们，他们是杨斌（Yang Bin）教授、黄坚立（Huang Jianli）教授和库玳萨·梅德哈（Kudaisya Medha）教授。我在新加坡攻读博士期间，他们一直支持和帮助我的研究和学业。没有他们的激励和鞭策，本研究难以完成。我非常感谢布鲁斯·洛克哈特（Bruce Lockhart）教授，无论在学习上还是生活中，他总是鼓励我帮助我。在我申请博士项目时，蒲慕州教授和计翔翔教授给了我很大的鼓励。我也想向他们表达我的感激之情。

我非常感谢迈特里·昂德慧（Maitrii Aung-Thwin）教授、布莱恩·法雷尔（Brian Farrell）教授、李承俊（Lee Seung-joon）教授、沈丹森（Tansen Sen）教授、魏楚雄教授、罗伯特·比克斯（Robert Bickers）教授、希斯·斯垂特·萨尔特（Heather Streets-Salter）教授、余建华教授、潘光教授、吴义雄教授、侯旭东教授、方小平博士和伊莎贝拉·杰克逊（Isabella Jackson）博士。他们的建议和富有洞察力的批评，极大地丰富了我的学识，拓展了我的视野。

不得不承认的是，写作期间，我每周都会和学友们一起把酒言欢，尤其是和普韦拉特（phyo Win Latt）先生、阿尼斯·拉赫曼（Anisur Rahman）先生以及土屋喜生（Kisho Tsuchiya）先生把酒研学。我也很感谢与桑迪普·雷（Sandeep Ray）博士相处的时光，他是一位知识分子，更是一位真正的活动家。我和马雷克·卢特考斯基（Marek Rutkowski）先生在研究生楼同住了将近四年，一日一谈余音绕梁。

最后同样重要的是，我想感谢我的家人。他们无条件的支持是我求学探世界的坚强后盾。本书献给周姝，一个可爱的古灵精怪。

曹　寅

缅甸毛淡棉市（Mawlamyine, Myanmar）

2017 年 8 月 20 日

引　言

2013 年 7 月，我参观了中国香港湾仔的锡克教寺庙"谒师所"（gurdwara），在与锡克教寺庙经理交谈时，我瞥见他桌上有一封地址写着马来西亚槟城（Penang）的信。我知道槟城有一个锡克社群，于是问他这封信是否是那边的锡克教徒寄来的；他给了我肯定的回答。这封寄自槟城的瓦达锡克教寺庙（Wadda gurdwara）的信详述了一个在槟城和香港两地之间推广锡克教的合作项目。这位经理还告诉我，东南亚的锡克教社区，已经形成了以文化和经济合作为主的信息和人员交流网络。不过，就在离开这个锡克教寺庙时，我注意到入口处一侧的墙上挂着一张巨幅照片，照片记录了 1984年发生在阿姆利则（Amritsar）的骚乱事件。① 在这张照片上，一组红色的文字特别醒目："整个印度制度都有罪。永远铭记 1984 年。"我脑海中瞬间闪过一个念头——这个网络可能也有政治目的，包括为流传于海外的锡克侨民之间的锡克民族主义思想提供平台。实际上，早在印度还受英国殖民统治时，在锡克人仍然为印度独立而非卡利斯坦（Khalistan）② 独立而斗争时，促进文化、经济和政治联系的锡克侨民散居网络就已经开始发挥作用了。

---

① 1984 年 6 月，印度军队袭击了阿姆利则的哈曼迪寺（Harmandi Sahib，也称"金庙"）建筑群，以逮捕锡克教独立运动的领导人。超过 400 名平民在此次行动中丧生，其中大多数是锡克教徒。这一事件在海外的锡克教徒中激起了强烈的反印反应。

② 译注：卡利斯坦，即锡克民族主义者期望建立的锡克国。

图1　2013 年中国香港锡克教寺庙入口侧壁上张贴的照片（曹寅摄）

全球移民背景下的锡克人移民

　　锡克人移民是 19 世纪末 20 世纪初全球人类大规模运动的一部分。仅在亚洲，就有数百万人（主要是印度人和中国人）自愿或被迫离开家乡。就其规模和影响而言，这次亚洲移民的重要性不亚于 19 世纪欧洲人作为主要群体的跨大西洋移民。然而，关于这段历史，学术界充满了刻板印象，即亚洲移民通常被描述为契约劳工，他们对外面的世界一无所知，也不太可能会长期定居下来，他们之所以移居国外是因为饥荒、人口过剩、高压统治或者欧洲侵略等多种原因。很多研究甚至还认为，亚洲人无法以现代的方式自由旅行，他们的移民，要么是受到欧洲列强的驱使，要么是受到亚洲专制政权的迫使。①

不管怎样，最近的研究认为，亚洲的移民在模式、数量和组织上与跨大西洋移民基本相差无几。② 亚当·麦基翁（Adam McKeown）更是认为，这些亚洲移民实际上是 20 世纪初全球一体化的产物。③ 这种前所未有的人类运动可以归结为以下几个因素：第一，在 19 世纪下半叶，交通和技术发生了巨大革新，典型代表就是蒸汽轮船和铁路的面世，使得长途旅行比以前更容易、更便宜、

---

① Pieter Emmer, "European Expansion and Migration: The European Colonial Past and International Migration, an Overview," in *European Expansion and Migration: Essays on the Inter-continental Migration From Africa, Asia, and Europe*, eds., Pieter Emmer and Magnus Morner (New York: Berg, 1992), 11; Timothy Hatton and Jeffrey Williamson, *The Age of Mass Migration: Causes and Economic Impact* (New York: Oxford University Press, 1998); Timothy Hatton and Jeffrey Williamson, *Global Migration and the World Economy: Two Centuries of Policy and Performance* (Cambridge, MA: MIT Press, 2005); Adam Mckeown, "Chinese Emigration in Global Context, 1850-1940," *Journal of Global History* 5 (2010): 96-97; Adam Mckeown, *Melancholy Order: Asian Migration and the Globalization of Borders* (New York: Columbia University Press, 2011), 45.

② Mckeown, *Melancholy Order*, 61.

③ Adam McKeown, "Global Migration 1846-1940," *Journal of World History* 15 (2004): 155-189.

更快捷。① 第二，全球市场向欧洲殖民地扩张和美国的西部大开发都刺激了对劳动力的大量需求。第三，英帝国和美国废除了奴隶制，为印度和中国的契约工人和合同工人在全球就业打开了大门。②

锡克移民，在许多方面与同时期的其他移民相类似。跟其他印度移民和中国移民一样，锡克人移居海外起初是为了能够挣到更多的钱。经济因素是当时大多数人移民的主要原因。③ 此外，锡克人的移民，也遵循其他移民的寄居（sojourning）模式。王赓武（Wang Gungwu）认为，20世纪40年代以前，中国人迁移海外的主要方式是寄居，男性在国外工作，将收入汇回国内，自己最终也会返回母国。④ 亚当·麦基翁发现，这种移民模式也存在于南欧、东欧和印度等地。⑤ 19世纪晚期，几乎所有的锡克移民都是男性，他们在殖民地、殖民统治地区、租界的军队或警察部队工作，把大部分薪酬都寄回了在旁遮普（Punjab）的老家。锡克移民在合同期满后，大多数人选择了回国。最后也是重要的一点，锡克人移民，跟

① Gordon Boyce, *Information*, *Mediation and Institutional Development*: *The Rise of Large-scale Enterprise in British Shipping*, *1870-1919* (Manchester: Manchester University Press, 1995); Gordon Jackson and David Williams, eds., *Shipping*, *Technology*, *and Imperialism* (Brookfield: Ashgate, 1996); Duncan Bell, "Dissolving Distance: Technology, Space, and Empire in British Political Thought, 1770-1900," *Journal of Modern History* 77 (2005): 523-562.

② Adam Mckeown, "Conceptualizing Chinese Diasporas, 1842-1949," *Journal of Asian Studies* 58 (1999): 306-337; Sunil Amrith, *Migration and Diaspora in Modern Asia* (Cambridge: Cambridge University Press, 2011), 25-28.

③ Jan Breman, *Labour Migration and Rural Transformation in Colonial Asia* (Amsterdam: Free University Press, 1990).

④ Wang Gungwu, *China and the Chinese Overseas* (Singapore: Times Academic Press, 1991), 198-221.

⑤ Mckeown, *Melancholy Order*, 62.

亚洲其他移民一样，深受殖民帝国的影响，尤其是英帝国的影响。19 世纪晚期，中国人移民到东南亚，因为英属马来亚和荷属东印度群岛对劳动力有大量需求，华人移民就是对此的一个响应。① 印度人移民，无论是否身负契约，都是英帝国自身发展造成的一个结果，同时，印度人移民反过来也为英帝国的发展做出了巨大的贡献。英帝国为锡克移民提供了便利的交通和工作机会，反过来，也正是锡克人包括锡克移民的劳动才帮助英帝国维持了它在全球的殖民统治。②

　　尽管亚洲移民都处于一个共同的全球背景下，但是我们不应该简化这些过程而想当然地认为，印度移民、中国移民或者亚洲移民都是千篇一律的。首先，亚当·麦基翁注意到了中国移民的内部差异：在东南亚的中国移民大多来自广东、福建和海南等南方省份，同一时期，中国其他地区很少有人这样长距离地徙居。③ 其次，来自同一地区的移民，通常待在一起，从事同一行业，比如，以中国移民在马来西亚的情况为例，槟城的鸦片农场全由广东人耕种，亚罗士达（Alor Star）的锡矿则由福建人开挖。④ 从这个意义上说，中国移民的跨国流动，可以归结为几个跨地区的流动。

---

① Sucheng Chan, "Overseas Sikhs in the Context of International Migrations," in *Sikh Studies: Comparative Perspectives on a Changing Tradition*, eds., N. G. Barrier and M. Juergensmeyer (Berkeley: Berkeley Religious Studies Series, 1979), 191-206.

② Adam McKeown, "Regionalizing World Migration," *Internationaal Instituut voor Sociale Geschiedenis* 52 (2007): 135.

③ Mckeown, *Melancholy Order*, 43-65.

④ Wu Xiaoan, *Chinese Business in the Making of a Malay State, 1882-1941: Kedah and Penang* (New York: Routledge Curzon, 2003).

这种跨地区的方式，也可以帮助我们更好地了解印度的移民。[1]
关于印度移民，有不同的说法。从泰米尔纳德（Tamil Nadu）迁移
到毛里求斯（Mauritius）在甘蔗地里工作的印度人，应该与从孟加
拉（Bengal）迁移到仰光（Yangon）从事手工业和商人的印度人有
所区别。旁遮普的锡克教徒，也有他们特定的目的地和职业倾向。

锡克人移民的特殊之处在于，他们中的许多人实际上是在殖
民地、殖民统治地区、租界做警察，而印度移民和中国移民则是
契约劳工、矿工、工匠或商人，是警察监管的对象。[2] 从这个意
义上说，锡克移民一方面是被殖民的臣民，另一方面又是殖民
地、殖民统治地区、租界法律制度的执行者。[3] 锡克人被认为在
华人面前很有威慑力，所以，英国在大量华人居住的新加坡、中
国香港和中国上海等，征召雇用了一批又一批的锡克警察，这些
城市也因而成为锡克人移民的主要目的地。

20 世纪初，随着民族主义和共产主义在亚洲的发展，锡克人移

---

① 本研究认为，跨地区研究不仅是一种解释框架，可用于考察不同地理范围内的
相互作用，而且与跨地区概念密切相关，挑战了全球化研究中简化的"地方与
全球"二分法。跨地区研究方法的细节，稍后再作讨论。

② 19 世纪 80 年代，几百名锡克教徒作为契约工人被带到斐济的甘蔗种植园劳作。
此外，在东非，19 世纪 90 年代，锡克人契约劳工被带去修建乌干达铁路。然
而，这两种情况都是例外。Gajraj Singh, *The Sikhs of Fiji* (Suva: South Pacific So-
cial Sciences Association, 1976); Parminder Bhachu, *Twice Migrants: East Africa Sikh
Settlers in Britain* (London: Tavistock, 1985), 21-23.

③ 来自尼泊尔的廓尔喀人（Gurkhas）也被大量征召加入英属印度军队（the British
Indian Army），并在殖民时期被部署到海外。然而，大多数廓尔喀人都是士兵，
很少有人在殖民时期的警察部队服役，参见 Purushottam Banskota, *The Gurkha
Connection: A History of the Gurkha Recruitment in the British Indian Army* (Jaipur:
Nirala Publications, 1994)。

民与同时代的其他移民有所不同。一方面，殖民政府指望锡克警察来遏制印度民族主义运动和镇压劳工罢工；另一方面，锡克人移民也成为印度民族主义者拉拢的对象。锡克人的军事背景，还有锡克人在殖民地、殖民统治地区、租界维持治安和防务等方面的重要地位，使得印度民族主义者们相信，如果他们能让侨居海外的锡克人站在自己一边，他们的独立斗争将会如虎添翼。

由于锡克侨民的这一特殊地位，对19世纪末20世纪初海外锡克侨民的研究，不仅有助于了解锡克移民，还有助于了解更加广泛的一些问题，如殖民地、殖民统治地区、租界的政治及彼此间的互动、印度民族主义的斗争及其引发的全球反殖民主义运动。事实上，这些不同的主题，在某些相互交织的跨地区网络（translocal networks）中是相互关联的。本研究旨在证明，跨地区网络的概念，为我们研究锡克移民的特殊情况提供了一种行之有效的手段。

跨地区网络中的上海

如今，历史学家们倾向于认为人类的历史是彼此交织的。如此一来，他们希望能够超越国族史的界限和限制。① 跨国主义这

---

① 有关20世纪后期错综复杂的历史是如何发展的讨论，参见 Shalini Randeria, "Entangled Histories of Uneven Modernities: Civil Society, Caste Solidarities and the Post-Colonial State in India," in *Unraveling Ties: From Social Cohesion to New Practices of Connectedness*, ed., Yehuada Elkana（Frankfurt: Campus Verlag, 2002），77-104。

个概念，经常被用来分析不同地区人类社会之间的相互联系，以及
人口、商品、制度和思想的流通与传播。20 世纪 90 年代以来，地
理学、文化研究、人类学等学科的学者们开始探讨跨国移民中的地
方与地方的关系和本土化现象。① 他们逐渐发现，跨国方法仍然主
要关注国界的超越和跨境交流，所以，跨国方法不能恰当地描述其他
地理尺度上涉及流动性、流通性和空间连通性的现象。② 例如，余亨
利（Henry Yu）在研究 19 世纪后期加拿大的华人移民时发现，当时
移民的主要群体是来自广东省特定村庄的人群，而他们的主要目的地
是不列颠哥伦比亚省（British Columbia），尤其是温哥华。余亨利认
为，使用跨国网络（transnational network）这个概念来调查人口从
一个地方往另一个地方的流动是不适当的，跨地区网络这个概念可
以更清晰地解释这一现象。③

　　除了尺度问题外，有学者认为，跨国研究方法倾向于突出西方
"民族—国家"在精英层面的互动与交流，而基本上忽视了亚洲、

---

① Karen Olwig, "Cultural Sites: Sustaining a Home in a Deterritorialized World," in *Siting Culture: The Shifting Anthropological Object*, eds., Karen Olwig and K. Hastrup (London: Routledge, 1997), 17-38; Luis Guarnizo and Michael Smith, "The Locations of Transnationalism," in *Transnationalism from Below*, eds., Luis Guarnizo and Michael Smith (London: Transaction Publishers, 1998), 3-34; David Lev, "Transnational Spaces and Every Lives," *Transactions of the Institute of British Geographers*, 29 (2004): 151-164.

② Julia Verne, *Living Translocality: Space, Culture and Economy in Contemporary Swahili Trade* (Stuttgart: Franz Steiner Verlag, 2012).

③ Henry Yu, "Introduction: The Rhythms of the Transpacific," in *Connecting Seas and Connected Ocean Rims: Indian, Atlantic, and Pacific Oceans and China Seas Migrations from the 1830s to the 1930s*, eds., Donna Gabaccia and Dirk Herder (Leiden: Brill, 2011), 451-463.

非洲和中东地区各自内部与彼此之间在精英层面以下的联系。① 换句话说，跨国研究方法未能阐明在流动和运动中权力的分配和无权者的经验。②

为了克服跨国研究这个方法的不足之处，自20世纪90年代中期以来，越来越多的研究人员转向了跨地区研究。③ 到目前为止，跨地区研究被用来描述社会空间动态。从空间角度来看，它提供了另一种方式来理解跨越不同尺度边界的流动性、流通和相互联系。从社会的角度来看，它强调了底层人在这些跨境运动中的重要性，也就是说，当地的底层人士不仅是跨地区流通的参与者，也是支撑这些流通的社会结构的建造者和设计师。④

本研究采用跨地区研究方法，出于两个方面的考虑。第一，在尺度方面，本研究考察了移民、殖民官员、管理制度、汇款和信息

---

① Ulrike Freitag and Achim Von Oppen, eds., *Translocality: The Study of Globalising Processes from a Southern Perspective* (Leiden: Brill, 2009), 3; Tim Harper and Sunil Amrith, eds., *Sites of Asian Interaction: Ideas, Networks and Mobility* (Cambridge: Cambridge University Press, 2014), 1.

② Philip Kelly and Tom Lusis, "Migration and the Transnational Habitus: Evidence from Canada and the Philippines," *Environment and Planning* 38 (2006): 831-847.

③ 这种"跨地区"（translocal）的研究方法，也被学者称为"translocality"或者"translocalism"。阿克希尔·古普塔（Akhil Gupta）使用"跨地区"（translocal）一词来区分国家和各个地方，而阿尔琼·阿帕杜莱（Arjun Appadurai）则更进一步指出，"跨地方"（translocality）是一种可以联系全球、国家和地方的框架。参见 Akhil Gupta, "Blurred Boundaries: The Discourse of Corruption, the Culture of Politics, and the Imagined State," *American Ethnologist* 22 (1995): 375-402; Arjun Appadurai, "The Production of Locality," in *Counterworks: Managing the Diversity of Knowledge*, ed. Richard Fardon (New York: Routledge, 2003), 204-225。

④ Clemens Greiner and Patrick Sakdapolrak, "Translocality: Concepts, Applications and Emerging Research Perspectives," *Geography Compass* 7 (2013): 373-384.

在巴基斯坦旁遮普省、新加坡、中国香港、中国上海和美国加州等地之间的流通和交流。这种流通，不能解释为一种跨国现象，因为这些空间实体都是城市或地区。第二，就行动者而言，本研究是关于普通锡克人的经历，以及他们作为移民、警察和革命者的身份流动。跨地区的研究方法，特别是以底层人的移居为重点的跨地区研究方法，是解释这种移居的一个合适的起点。需要指出的是，不同地区之间的空间流动和身份流动，都发生在多向的、重叠的跨地区网络之中。①

---

① 有关跨地区网络的讨论，参见 Malte Steinbrink, "The Role of Amateur Football in Circular Migration Systems in South Africa," *Africa Spectrum* 45 (2010): 35-60; Clemens Greiner, "Migration, Translocal Networks and Socio-Economic Stratification in Namibia," *Africa: Journal of the International African Institute* 8 (2011): 606-627; Annelies Zoomers and Guus van Westen, "Introduction: Translocal Development, Development Corridors and Development Chains," *International Development Planning Review* 33 (2011): 377-388。对于"网络"这个概念，学者们已经注意到，在历史的和当代的社会分析中，它的使用是相当随意的，然而，若"网络"被视为历史变化的动因时，则需要对它仔细界定，参见 Tony Ballantyne, "Empire, Knowledge, and Culture: From Proto-Globalization to Modern Globalization," in *Globalization in World History*, ed., A. G. Hopkins (London: Pimlico, 2002), 115-140; Gary Magee and Andrew Thompson, *Empire and Globalisaion: Networks of People, Goods and Capital in the British World, 1850-1914* (Cambridge: Cambridge University Press, 2010), 45-46。有些学者对"网络"作为一个整体的方法已经产生了关注，认为"网络"这个概念排除了那些没有足够资源访问网络的行为主体。相反，他们倾向于用"聚集物""根茎"或"网状物"来代替"网络"，参见 Gilles Deleuze and Felix Guattari, *A Thousand Plateaus*, trans. Brian Massumi (London: Continuum, 1980); Uma Kothari, *Migration and Chronic Poverty* (Manchester: Chronic Poverty Research Centre, 2002); Colin McFarlane, "Translocal Assemblages: Space, Power and Social Movements," *Geoforum* 40 (2009): 561-567。

跨地区网络，历史上早已存在。① 由于军事、经济或宗教的原因，人口、商品、制度、知识和物种的流动跨越了地区的限制。随着流动越来越频繁，不同地区之间的联系越来越紧密，网络也逐渐形成。② 本研究主要关注两类网络：英帝国殖民网络和锡克人散居网络。这两个网络绝不是分开的，实际上反而是互相重叠的。英帝国殖民网络，促进了与锡克人相关的信息和知识从印度流向了东南亚和东亚。此外，在英帝国殖民政府决定组建锡克警察部队之时，他们依靠殖民网络在旁遮普招募锡克教徒、引入培训和管理制度。这些锡克警察，是锡克移民的先驱，他们的经历，激励着越来越多的锡克人去国外谋求更好的生活。

20 世纪初，新加坡、中国香港和中国上海等港口城市发展机会

---

① 关于世界历史中对"网络"这个概念的讨论，参见 Frederick Cooper, "Networks, Moral Discourse and History," in *Intervention and Transnationalism in Africa*: *Global-local Networks of Power*, eds. , Thomas Callaghy, Ronald Kassimir, and Robert Latham（Cambridge：Cambridge University Press, 2001）, 23-46；Eric Tagliacozzo, Helen Siu, and Peter Perdue, eds. , *Asia Inside Out*：*Changing Times*（Cambridge, MA：Harvard University Press, 2015）；Eric Tagliacozzo, Helen Siu, and Peter Perdue, eds. , *Asia Inside Out*：*Connected Places*（Cambridge, MA：Harvard University Press, 2015）。

② Marcus Rediker, *Between the Devil and the Deep Blue Sea*：*Merchant Seamen, Pirates and the Anglo-American Maritime World*, *1700-1750*（Cambridge：Cambridge University Press, 1989）；K. N. Chaudhuri, *Asia Before Europe*：*Economy and Civilization of the Indian Ocean from the Rise of Islam to 1750*（Cambridge：Cambridge University Press, 1990）；Sanjay Subrahmanyam, "Connected Histories：Notes toward a Reconfiguration of Early Modern Eurasia," *Modern Asian Studies* 3（1997）：735-762；John Steele Gordon, *A Thread Across the Ocean*：*The Heroic Story of the Transatlantic Cable*（New York：Walker & Co. , 2003）；Himanshu Prabha Ray and Edward Alpers, eds. , *Cross Current and Community Networks*：*The History of the Indian Ocean World*（New Delhi：Oxford University Press, 2007）.

较多，成千上万的锡克人寄居在此谋生。由于这些城市已经借助行政部署、航运线路和电缆电报而被纳入了英帝国殖民网络，锡克人员流动、工资和就业机会的信息流通，以及锡克教机构在目的地的设立等诸如此类的举措都大大增多了。[①] 锡克人散居网络，由此初现端倪。从这个意义上说，锡克人散居网络，实际上是建立在既有的英帝国殖民网络之上的。这些交织在一起的网络，不仅为英帝国殖民政府和锡克移民所用，同时，其他行动者，如英国外交部、印度革命者（特别是戈达尔党和印度国民军）、共产国际以及日本帝国，也都在利用这些网络达到各自的目的。

港口城市，是这些网络的中心节点。港口城市之间的联系，塑造了网络本身。在英帝国殖民网络和锡克人散居网络这两个网络中，中国的通商口岸上海是一个特例。到了 20 世纪初，上海被划分为三个独立管理的区域——上海公共租界、法租界和华埠。其中，上海公共租界主要由英国控制并由英国海军保护，最为繁华。由于英国对上海公共租界不断增加投资，加上中国香港、中国上海、新加坡和印度彼此之间互动越来越密切，上海这个中国通商口岸，自 19 世纪后期开始逐渐融入英帝国殖民网络之中。

然而，上海公共租界是由一个独立机构即上海工部局来管理

---

① Magee and Thompson, *Empire and Globalisation*, 45-63.

的，上海工部局主要由上海公共租界外国侨民控制。① 所以，英帝国政府在上海公共租界的决策过程中实际上没有多少影响力。随着上海工部局与英国驻沪总领事在法律问题和地方政策上的争执频繁爆发，上海成为英帝国殖民网络中社会控制和社会监督最薄弱的一个环节。上海对外来移民没有任何严格的规定，另外，英帝国在全球殖民统治的削弱，以及上海可以提供相对较高工资的愿景，这些因素加在一起使得上海在锡克移民看来格外有吸引力。从 19 世纪 80 年代开始，成千上万的锡克人涌入上海这座中国港口城市，他们中的大多数被聘为警察或看守。锡克警察后来成为上海警察局的中坚力量，上海警察局是上海工部局的执法单位。②

上海成为锡克移民的特殊之地，还有其他原因使然。由于上海地处印度和北美两地的中点，所以，上海在 20 世纪初锡克人移民北美的过程中扮演了十分重要的角色。20 世纪前 20 年，随着印度民族主义的膨胀，上海成为那些企图用武力推翻英帝国在印度殖民统治的戈达尔党锡克革命者的前沿基地和转移中心。本研究以上海的锡克人社区为一个特别有趣的案例，概述了这个锡克人社区在上海所建立的锡克侨民散居网络，并揭示了他们参与其中的更加广泛的历史活动。

---

① 根据罗伯特·比克斯（Robert Bickers）的说法，"上海公共租界外国侨民"是指从 19 世纪 40 年代到 20 世纪 30 年代在上海公共租界定居的欧洲人和美国人，参见 Robert Bickers, "Shanghailanders: The Formation and Identity of the British Settler Community in Shanghai, 1843-1937," *Past & Present* 159（1998）: 161-162. 有必要指出的是，上海工部局所辖不仅包括上海公共租界外国侨民，还包括不同时期的其他定居者和外籍人士。

② 需要指出的是，并非所有上海巡警队伍中的印度人都是锡克教徒。旁遮普的穆斯林也在上海当巡警和看守。然而，相对而言，上海警察局中的印度人，主要是锡克教徒。

本研究没有将上海作为近代中国的门户，而是将其作为跨地区网络的重要节点，从而有别于大多数关于近代上海史的著作。20 世纪 80 年代以来，大量关于上海近代史的学术作品问世，叶文心从中发现，这些作品主要可分为两大流派。① 一个流派中，学者们以上海为特殊个案，探讨近代中国整个国家如何寻求对地方社会进行改造，以及社会群体如何应对国家的渗透。② 另一流派则聚焦于上海特定的社会经济环境，以及这座城市徘徊在现代与传统世界之间的模糊身份，仔细审视了上海的工人阶级、商业文化、城市特质和知识

---

① Wen-hsin Yeh, "Shanghai Modernity: Commerce and Culture in a Republican City," *China Quarterly* 150 (1997): 375-394.

② 这个方向的作品有 Parks Coble, *The Shanghai Capitalists and the Nationalist Government, 1927-1937* (Cambridge, MA: Harvard University Asia Centre, 1986); Christian Henriot, *Shanghai, 1927-1937: Municipal Power, Locality, and Modernization* (Berkeley: University of California Press, 1993); Frederic Wakeman Jr., *Policing Shanghai, 1927-1937* (Berkeley: University of California Press, 1995); Brian Martin, *The Shanghai Green Gang: Politics and the Organized Crime, 1919-1937* (Berkeley: University of California Press, 1996); Gail Hershatter, *Dangerous Pleasures: Prostitution and Modernity in Twentieth-Century Shanghai* (Berkeley: University of California Press, 1997); Jeffrey Wasserstrom, *Student Protest in Twentieth-Century China: The View from Shanghai* (Stanford: Stanford University Press, 1997); Xu Xiaoqun, *Chinese Professionals and the Republican State: The Rise of Professional Associations in Shanghai, 1912-1937* (New York: Cambridge University Press, 2001); Elizabeth Perry, *Patrolling the Revolution: Worker Militias, Citizenship, and the Modern Chinese State* (Lanham: Rowman & Littlefield Publishers, 2007); Nora Dillon and Jean Oi, eds., *At the Crossroads of Empire: Middlemen, Social Networks, and State-Building in Republican Shanghai* (Stanford: Stanford University Press, 2008); Marie-Claire Bergere, *Shanghai: China's Gateway to Modernity*, trans. Janet Lloyd (Stanford: Stanford University Press, 2010); Shirley Ye, "Corrupted Infrastructure: Imperialism and Environmental Sovereignty in Shanghai, 1873-1911," *Frontiers of History in China* 10 (2015): 428-456。

分子生活。① 事实上，这两大流派都注意到了上海的大都市特色。大量的外国居民、外滩的新古典主义建筑、现代银行体系和鱼龙混杂的娱乐业等话题已经被很好地记录在案，② 即便如此，大多数研究却只关注了上海本身。很少有人论及以下这些话题：上海是在什么样的机制、什么样的背景下将这些外来因素紧密地联系在一起的，以及上海

① 这个方向的作品有 Emily Honig, *Creating Chinese Ethnicity: Subei People in Shanghai, 1850-1980* (New Haven: Yale University Press, 1992); Emily Honig, *Sisters and Strangers: Women in the Shanghai Cotton Mills, 1919-1949* (Stanford: Stanford University Press, 1992); Elizabeth Perry, *Shanghai on Strike: the Politics of Chinese Labor* (Stanford: Stanford University Press, 1993); Bryan Goodman, *Native Place, City, and Nation: Regional Networks and Identities in Shanghai, 1853-1937* (Berkeley: University of California Press, 1995); Sherman Cochran, *Inventing Nanjing Road: Commercial Culture in Shanghai, 1900-1945* (Ithaca: Cornell University East Asia Program, 1999); Leo Ou-fan Lee, *Shanghai Modern: The Flowering of a New Urban Culture in China, 1930-1945* (Cambridge, MA: Harvard University Press, 1999); Christopher Reed, *Gutenberg in Shanghai: Chinese Print Capitalism, 1876-1937* (Vancouver: University of British Columbia Press, 2004); Lu Hanchao, *Beyond the Neon Lights: Everyday Shanghai in the Early Twentieth Century* (Berkeley: University of California Press, 2004); Jiang Jin, *Women Playing Men: Yue Opera and Social* Change in Twentieth-Century Shanghai (Seattle: University of Washington Press, 2009); Charlotte Cowden, "Wedding Culture in 1930s Shanghai: Consumerism, Ritual, and the Municipality," *Frontiers of History in China* 7 (2012): 61-89。
② Frederic Wakeman Jr. and Yeh Wen-hsin, eds., *Shanghai Sojourners* (New York: Routledge Curzon, 1992); Yeh Wen-hsin, "Corporate Space, Communal Time: Everyday Life in Shanghai's Bank of China," *The American Historical Review* 100 (1995): 97-122; Kristine Harris, "The New Woman: Image, Subject, and Dissent in 1930s Shanghai Film Culture," *Republican China* 20 (1995): 55-79; Chiara Betta, "From Orientals to Imagined Britons: Baghdadi Jews in Shanghai," *Modern Asian Studies* 37 (2003): 999-1023; Marcia Ristaino, *Port of Last Resort: The Diaspora Communities in Shanghai* (Stanford: Stanford University Press, 2003); Jeffrey Wasserstrom, *Global Shanghai, 1850-2010: A History in Fragments* (London: Routledge, 2009); Robert Bickers, "Incubator City: Shanghai and the Crisis of Empires," *Journal of Urban Studies* 38 (2012): 862-878; Huang Xuelei, *Shanghai Filmmaking: Crossing Borders, Connecting to the Globe, 1922-1938* (Leiden: Brill, 2014); James Farrer, *Shanghai Nightscapes: A Nocturnal Biography of a Global City* (Chicago: University of Chicago Press, 2015).

的国际化特征是如何转移到中国内陆和世界其他地区的。[1]

　　近代上海研究对地方性的过度强调，可能是柯文（Paul Cohen）所称的近代中国历史著述中"中国本位转向"（China-based turn）的结果。柯文在其发人深省的专著《在中国发现历史》（*Discovery History In China*）中指出，研究中国近代史的历史学家已逐渐转向区域或地方层面，而不是将中国视为一个不可分割的整体。在这样做的过程中，他们试图重新审视欧洲中心范式，该范式依赖于"冲击—回应"范式来理解过去两百年在中国所发生的变故。[2] 然而，这种对地方性视角的过分强调，淡化了地方性是在跨界流动背景下产生的这一事实。[3] 中国本位的范式，将上海从其根植的跨地区网

---

[1]　周锡瑞（Joseph Esherick）认为，学者们应该把目光投向上海之外，挑战上海在中国近代史研究中的代表性地位，参见 Joseph Esherick, ed., *Remaking the Chinese City: Modernity and National Identity, 1900-1945* (Honolulu: University of Hawai'i Press, 2001)。

[2]　Paul Cohen, *Discovering History in China: American Historical Writing on the Recent Chinese Past* (New York: Columbia University Press, 2010)。柯文后来修改了他有关基于中国模式的主张，并警告说，对这种模式的过度依赖可能导致中国中心主义，参见 Paul Cohen, *China Unbound: Evolving Perspectives on the Chinese Past* (New York: Routledge, 2003)。

[3]　Appadurai, "The Production of Locality." For the critiques of the China-based approach, also see William Kirby, "The Internationalization of China: Foreign Relations at Home and Abroad in the Republican Period," *China Quarterly* 150 (1997): 433-458; Rebecca Karl, *Staging the World: Chinese Nationalism at the Turn of the Twentieth Century* (Durham: Duke University Press, 2002), 17-25; Isabella Jackson, "Chinese Colonial History in Comparative Perspective," *Journal of Colonialism & Colonial History* 15 (2014), accessed 10.1353/cch.2014.0042。布莱纳·古德曼（Bryna Goodman）和大卫·古德曼（David Goodman）指出，近年来有一种史学倾向，即重申外国因素尤其是殖民主义在中国近代史上的重要性。这一方向的学者主张，对现代中国的研究必须与对中国如何被置于殖民世界的全面理解有关。参见 James Hevia, *The Pedagogy of Imperialism in Nineteenth-Century China* (Durham: Duke University Press, 2003); Bryna Goodman and David Goodman, eds. *Twentieth Century Colonialism and China: Localities, the Everyday, and the World* (London: Routledge, 2012), 7。

络中分离出来，而仅仅从地方的角度加以分析，上海的世界性特征、跨地区联系及其背景，却又被忽略了。

再访锡克侨民和英帝国史

我这项研究的初衷，是写一个关于现代上海锡克人社区的故事，类似于有人研究过的上海这个大都市的日本人、英国人、俄罗斯人和犹太人社区的故事。然而，当我开始着手调查档案时却发现，如果忽略了锡克人在新加坡、中国香港和北美的移居经历，如果忽略了旁遮普的社会经济背景，如果忽略了英国殖民当局在亚洲各地所关注的问题，如果忽略了 20 世纪初印度民族主义的斗争，那么几乎不可能完全理解锡克人寄居上海的一切过往。可是，近代上海研究的现有方法，却极大地限制了我们的视野，使我们不能把视野扩展到上海以外的地方。为了解决这个问题，本研究转向了另外两个领域——英帝国的历史和锡克人散居海外的遭遇——寻求灵感。

帝国史，长期以来一直处于英国历史的边缘，因为传统上学者们都是研究英国如何在政治和经济上对殖民地、殖民统治地区的人民施加影响的。殖民地、殖民统治地区及其民众常常被看作是被动的臣民，等待着来自英国的主动触及。① 自 20 世纪 80 年代以来，

---

① Catherine Hall, *Civilising Subjects*：*Metropole and Colony in the English Imagination 1830-1867*（Chicago：University of Chicago Press, 2002）, 1-15；Andrew Thompson, ed., *Writing Imperial Histories*（Manchester：Manchester University Press, 2013）, 1-28.

这种以欧洲为中心的研究方法受到了重新审视和挑战。① 研究者们认为，殖民地、殖民统治地区在这种"核心—外围"互动中是活跃的参与者，殖民地和被殖民统治的人，反过来极大地改变了英国的政治、文化景观和经济结构。② 这种观点，将历史视野从刻板的单向视角，扩展到了一种更加互动的关系，从而极大地丰富了我们对帝国机制的理解。③ 可是，正如西德尼·明茨（Sidney Mintz）所观察到的，"当学者们关注中心时，他们就会忽视外围，而当他们关注外围时，就会忽视中心"④。换句话说，这种英国和殖民地、殖民统治地区的二元对立，缺乏跨地区的考虑，然而，跨地区考虑的是殖民地、殖民统治地区和租界之间的多边联系。⑤

近几十年来，全球史的兴起，强调了人员、思想的网络与流通

---

① David Fieldhouse, "Can Humpty-Dumpty Be Put Together Again? Imperial History in the 1980s," *Journal of Imperial and Commonwealth History* 12 (1984): 9-23.

② Andrew Thompson, *The Empire Strikes Back? The Impact of Imperialism on Britain from the Mid-Nineteenth Century* (Harlow: Person Education, 2005); Catherine Hall and Sonya Rose, eds., *At Home with the Empire: Metropolitan Culture and the Imperial World* (Cambridge: Cambridge University Press, 2006); Bernard Porter, *The Absent-Minded Imperialists: Empire, Society and Culture in Britain* (Oxford: Oxford University Press, 2006).

③ A. G. Hopkins, "Back to the Future: From National History to Imperial History," *Past and Present 164* (1999): 198-243.

④ Sidney Mintz, *Sweetness and Power: The Place of Sugar in Modern History* (New York: Penguin Books, 1986). 安东尼·吉登斯（Anthony Giddens）等社会科学家长期以来观察到社会分析中"中心—外围"范式自我矛盾的讽刺，并呼吁一种更具包容性和水平导向的研究范式，参见 Anthony Giddens, *Central Problems in Social Theory: Action, Structure and Contradiction in Social Analysis* (Berkeley: University of California Press, 1979)。

⑤ Richard Price, "One Big Thing: Britain, Its Empire, and Their Imperial Culture," *The Journal of British Studies* 45 (2006): 602-627; Durba Ghosh, "Another Set of Imperial Turns?" *The American Historical Review* 117 (2012): 772-793.

等概念，为帝国史的历史学家们提供了一个重新审视其研究方法的机会。① 一方面，研究人员已经着手调查英帝国和其他欧洲帝国之间的相互联系。② 另一方面，研究人员又更多地关注到殖民地、被殖民统治地区之间的实际联系。③ 如此做法的结果是，帝国网络这个分析工具，近年来特别受到了重视。越来越多的学者不再认为英帝国是英国和单个殖民地、被殖民统治地区之间线性互动的垂直结构，而是一个连接帝国内部不同部分和帝国以外世界的整体系统。④ 正是在这个时候，本研究与新趋势产生了共鸣。

---

① Antoinette Burton, "Getting Outside of the Global: Repositioning British Imperialism in World History," In *Race, Nation and Empire: Making Histories, 1750 to the Present*, eds. , Chatherine Hall and Keith McClelland (Manchester: Manchester University Press, 2010), 200-205.

② John MacKenzie, ed. , *European Empires and the People: Popular Responses to Imperialism in France, Britain, the Netherlands, Belgium, Germany, and Italy* (Manchester: Manchester University Press, 2011); Tony Ballantyne and Antoinette Burton, *Empires and the Reach of the Global 1870-1945* (Cambridge, MA: The Belknap Press of Harvard University Press, 2012).

③ 例如，一些研究者开始探索印度的人员、制度和知识是如何传播到英帝国的其他地区且影响英帝国事业的，参见 Thomas Metcalf, *Imperial Connections: India in the Indian Ocean Arena, 1860-1920* (Berkeley: University of California Press, 2007); Sana Aiyar, *Indians in Kenya: The Politics of Diaspora* (Cambridge, MA: Harvard University Press, 2015)。

④ David Lambert and Alan Lester, eds. , *Colonial Lives across the British Empire: Imperial Careering in the Long Nineteenth Century* (Cambridge: Cambridge University Press, 2006); Alan Lester, "Imperial Circuits and Networks: Geographies of the British Empire," *History Compass* 4 (2006): 124-141; Kevin Grant, Philippa Levine, and Frank Trentmann, eds. , *Beyond Sovereignty: Britain Empire, and Transnationalism, 1880-1950* (New York: Palgrave Macmillan, 2007); Magee and Thompson, *Empire and Globalisation; Ulrike Hillemann, Asian Empire and British Knowledge: China and the Networks of British Imperial Expansion* (New York: Palgrave Macmillan, 2009); Barry Crosbie, *Irish Imperial Networks: Migration, Social Communication and Exchange in Nineteenth-Century India* (Cambridge: Cambridge University Press, 2011).

帝国史的网络化转变，也影响了我们对散居在外的锡克人的理解方式。英帝国范围内殖民地、被殖民统治地区人口的移居，一直是殖民地、被殖民统治地区政府关注的中心话题。可是，大多数帝国史的历史学家们关注的是欧洲人的散居，而把世界其他地区的人的迁移问题留给国族史。[1] 因此，我们所能读到的关于印度侨民散居在外的文章，大多是从印度国族史的角度来撰写的，对散居海外的锡克侨民的研究也不例外。[2]

受国族史叙事的影响，大多数有关锡克侨民的著作，主要集中在两个方面。一方面，他们回顾了锡克人的故乡旁遮普，以便弄清楚锡克人在移民之前所处的社会经济环境；[3] 另一方面，他们跳转

---

[1] 在曼彻斯特大学出版社出版的"帝国主义研究"丛书中，关于英帝国中的英格兰人、爱尔兰人和苏格兰人移民的话题屡见不鲜，而在该丛书中，关于印度人和非洲人的移民问题还没有做过严肃的研究。然而，这一趋势正在改变，因为一些学者呼吁更多地关注欧洲殖民帝国和亚洲侨民之间的关系，参见 Engseng Ho, "Empire through Diasporic Eyes: A View from The Other Boat," *Comparative Studies in Society and History* 46 (2004): 210-246。

[2] 布莱恩·阿克塞尔（Brian Axel）承认，散居在外的锡克教徒的研究，与散居在外的印度人的研究相比显得有些尴尬，这主要是因为20世纪80年代兴起了锡克教徒身份政治或锡克教徒国家叙事的研究。参见 Brian Axel, *The Nation's Tortured Body: Violence, Representation, and the Formation of a Sikh "Diaspora"* (Durham: Duke University Press, 2011), 9。

[3] Tom Kessinger, *Vilyatpur, 1848-1968: Social and Economic Change in a North Indian Village* (Berkeley: University of California Press, 1974); Joyce Pettigrew, "Socio-Economic Background to the Emigration of Sikhs from Doaba," *Punjab Journal of Politics Oct.* (1977): 48-81; Sucheta Mazumdar, "Colonial Impact and Punjabi Emigration to the United States," in *Labour Immigration under Capitalism*, eds., Edna Bonacich and Lucie Cheng (Berkeley: University of California Press, 1984), 316-336; W. H. McLeod, "The First Forty Years of Sikh Migration," in *The Sikh Diaspora*, eds., N. G. Barrier and Verne Dusenbery (Delhi: Manohar and South Asia Publications, 1989), 36-37; Manjit Singh, "Southeast Asia's Sikhs," *Journal of Sikh Studies* 17 (1992): 89-98; Archana Verma, *Making a Little Punjab in Canada: Patterns of Immigration* (New Delhi: Sage Publications, 2002).

到东道国社会，调查锡克人移民的同化和文化适应情况，以及他们与旁遮普的持续互动情况。① 正是在这种情形下，海外印度人被纳入无领土化的印度"民族—国家"之中。②

具有讽刺意味的是，在有关锡克侨民的研究中，这种国族史叙事强调了"祖国—定居地"的二分法，反而强化了欧洲中心的观点。③ 学者们在解释 19 世纪后期锡克人移民的背景时，往往强调英国的影响，例如，学者们通常会提到，是英国人发现锡克人作为战斗民族存在的理论。④ 希斯·斯垂特认为，锡克人在海外就业的主要

① Arthur Helweg, *Sikhs in England* (New York: Oxford University Press, 1986); W. H. McLeod, *Punjabis in New Zealand: A History of Punjabi Migration, 1890-1940* (Amritsar: Guru Nanak Dev University, 1986); Sunil Kukreja, "The Political Economy of Ethnic Group Incorporation: The Case of Punjabis in Malaya," *Crossroads* 11 (1997): 25-49; Rajinder Singh Gabbi, *Sikhs in Australia* (Victoria: Aristoc Offset, 1998); Rashmere Bhatti and Verne Dusenbery, eds., *A Punjabi Sikh Community in Australia: From Indian Sojourners to Australian Citizens* (Woolgoolga: Woolgoolga Neighborhood Centre, 2001); Gurcharan Singh Basran and B. Singh Bolaria, *The Sikhs in Canada: Race, Class, and Gender* (New Delhi: Oxford University Press, 2003); Kamala Nayar, *The Sikh Diaspora in Vancouver: The Three Generations amid Traditions, Modernity, and Multiculturalism* (Toronto: University of Toronto Press, 2004).

② Michael Smith and Luis Guarnizo, eds., *Transnationalism from Below* (London: Transaction Publishers, 1998), 8.

③ 一些学者已经指出，由后殖民"民族—国家"发起的国族史受到了欧洲中心主义观点的严重影响，参见 Ashis Nandy, *The Intimate Enemy: Loss and Recovery of Self under Colonialism* (Oxford: Oxford University Press, 1983); Ranajit Guha, *History at the Limits of World History* (New York: Columbia University Press, 2002)。

④ 战斗民族理论起源于启蒙时代意识形态中的人类进化论和气候决定论，该理论认为，人类社会某些种族比其他种族更适合战斗和有更强的战斗能力。关于"战斗民族"的细节，参见 Pradeep Barua, "Inventing Race: The British and India's Martial Races," *Historian* 58 (1995): 107-116; Heather Streets, *Martial Races: the Military, Race, and Masculinity in British Imperial Culture, 1857-1914* (Manchester: Manchester University Press, 2004); Gavin Rand, "'Martial Races' and 'Imperial Subjects': Violence and Governance in Colonial India, 1857-1914," *European Review of History* 13 (2006): 1-20。

原因是英属印度政府给锡克人贴上了"战斗民族"这个标签，认为他们特别擅长从事军事相关的职业。此外，某些英国殖民地、殖民统治地区和租界迫切需要可靠的执法部队，这对锡克侨民散居海外也起到了同样重要的作用。阿鲁拉耶特·考尔（Arunajeet Kaur）指出，中国秘密会党在马来半岛海峡殖民地的活动干扰了英国的殖民统治，于是，锡克警察由此诞生。[①] 上海公共租界和受英国殖民统治的香港也经历了类似的困境，它们的解决方法与马来半岛海峡殖民地的解决方法也没有什么不同。

为了寻找锡克人之所以移民的另一种解释，有些研究将目光转向锡克人的故乡旁遮普，这些研究中也不乏欧洲中心主义的观点。凡尔纳·A. 杜森贝里（Verne A. Dusenbery）认为，19世纪晚期旁遮普的社会经济环境，直接导致了大规模的锡克教徒移民。旁遮普自19世纪60年代以来经历了巨大的变化，英国人在旁遮普引进了农业基础设施，极大地改变了锡克农民的经济状况。可是，由于土地积累到富有的地主手中，大多数锡克农民终究都是负债累累。杜森贝里指出，帮助家人摆脱经济困境的强烈愿望，是锡克人移民的主要原因。[②]

无论是内在推动因素如旁遮普的贫困，还是外在拉动因素如海外殖民地、殖民统治地区和租界的需求，英帝国殖民政府似乎总是

[①] Arunajeet Kaur, *Sikhs in the Policing of British Malaya and Straits Settlements* (*1874-1957*) (Saarbrücken: vdm Verlag Dr. Müller, 2009).

[②] Verne A. Dusenbery, "Introduction: A Century of Sikhs Beyond Punjab," in *The Sikh Diaspora: Migration and the Experience Beyond Punjab*, eds., N. G. Barrier and V. A. Dusenbery (Delhi: Chanakya Publications, 1989), 4.

主导着移民，而锡克移民仅仅是按照指示却不是自己的自由意志前往目的地的臣民。在这种解释框架下，锡克人一直在等待一些外部因素尤其是英国人为他们的移民创造条件，无论是海外殖民地、殖民统治地区、租界的需要，还是英属印度政府所塑造的特定社会经济环境，都是以英国人为主的外界力量导致了锡克人散居海外。这种以欧洲为中心的观点，"拒绝对自由意志在人类社会总体结构中的范围和性质进行探究"。①

为了恢复锡克人的主观能动性经验，同时充分说明他们不断扩大散居范围的因素，本研究认为，宏观分析通常强调英帝国结构和背景，因此单凭宏观分析是远远不够的，而微观研究方法，可能是帮助我们理解锡克人移居过程的一种很好的补充手段。

与传记写作相类似的是，微观历史着力点也是在于分析个人的生命历程。然而，微观历史的独特之处在于，它特别关注个人与其所居住的世界之间的相互妥协和相互作用。如果说个人是传记中的主角，那么微观历史的重点在于个人不得不纠缠其中的社会文化背景。②

尽管娜塔莉·戴维斯（Natalie Davis）的《马丁·盖尔的归来》

---

① Giovanni Levi, "On Microhistory," *New Perspectives on Historical Writing*, 2（1991）：97.

② Carlo Ginzburg, "Microhistory: Two or Three Things that I Know About It," *Critical Inquiry*, 1（1993）：10-35；Jill Lepore, "Historians Who Love Too Much: Reflections on Microhistory and Biography," *The Journal of American History*, 1（2001）：129-144；John Brewer, "Microhistory and the Histories of Everyday Life," *Cultural and Social History*, 1（2010）：87-109.

（*The Return of Martine Guerre*）和卡洛·金茨堡（Carlo Ginzburg）的《奶酪与蛆虫》（*Cheese and Worms*）等一些经典作品或多或少都是讲述地方性故事，但是，近些年来，人们对于利用微观方法研究跨境历史的兴趣越来越大了。长期以来，研究大西洋历史的学者们，一直试图通过讲述跨界生活的故事，来阐明非洲移民未被承认和未被观察到的史实。[①] 对跨文化互动感兴趣的历史学家们，也将注意力转向了微观层面。[②] 全球史学者们，最近开始支持微观全球史的观点，这种观点倾向于用具体的个例来说明广泛的历史结构和历史进程。[③]

本研究将借助微观全球史的方法，探究锡克侨民散居海外的历史。一方面，微观历史分析不同于当下盛行的欧洲中心解释框架，后者认为锡克人在移民过程中是被动的主体，微观历史分析不仅勾画出锡克人居住的具体生活世界，还阐明了锡克人如何互动、协商甚至还利用他们所处的社会结构，来实现他们自己的利益。另一方

---

① Lara Putnam, "To Study the Fragments/Whole: Microhistory and the Atlantic World," *Journal of Social History* 3 (2006): 615-630.

② Jonathan Spence, *The Question of Hu* (New York: Vintage Books, 1988); Jonathan Spence, *The Death of Woman Wang* (London: Penguin Books, 1998); Natalie Davis, *Trickster Travels: A Sixteenth-Century Muslim between Worlds* (New York: Hill and Wang, 2006); Linda Colley, *The Ordeal of Elizabeth Marsh: A Woman in World History* (New York: Random House, 2007).

③ Tonio Andrade, "A Chinese Farmer, Two African Boys, and a Warlord: Toward a Global Microhistory," *The Journal of World History*, 4 (2010): 573-591; John-Paul Ghobrial, "The Secret Life of Elias of Babulon and the Uses of Global Microhistory," *Past & Present*, 1 (2014): 51-93; Charles Wheeler, "Placing the 'Chinese Pirates' of the Gulf of Tongking at the End of the Eighteenth Century," in *Asia Inside Out: Connected Places*, eds., Eric Tagliacozzo, Helen Siu, and Peter Perdue (Cambridge, MA: Harvard University Press, 2015): 31-63.

面，微观历史分析通过散居网络这个透镜来审视锡克侨民寄居海外的情况，这就给研究提供了另一种视角，从而摆脱"祖国—定居地"二分范式的框定。①

由于早期锡克移民是印度在英帝国中独特地位的产物，所以英帝国史的历史学家们对英帝国网络越来越感兴趣，这反而为研究锡克历史的学者们追踪早期锡克人移民打开了一扇新的窗口。② 正如托尼·巴兰坦（Tony Ballantyne）所观察到的，在19世纪末20世纪初，锡克侨民的散居网络与英帝国的网络紧密交织、相互重叠。英帝国网络将旁遮普与英帝国殖民统治、租借使用的其他遥远地区连接起来，而锡克教徒则利用这种网络，通过亲属关系和宗教机构来构建自己的网络。③ 因此，网络方法，对于全面了解锡克人的早期移民，不仅很有帮助，而且也很有必要。

从民族国家拯救上海锡克人

本研究通过将跨地区网络引入近代上海研究，不仅讲述了一个

---

① 有些学者已经意识到，很有必要在研究锡克侨民时引入"侨民散居网络"（diasporic network）这个概念，参见 Verne Dusenbery, "Punjabi Sikhs and Gora Sikhs: Conflicting Assertion of Sikh Identity in North America," in *Sikh History and Religion in the Twentieth Century*, eds., Joseph O'Connell, Milton Israd, and William Oxtoby (Toronto: University of Toronto, Centre for South Asian Studies, 1988), 334-355; Barrier and Dusenbery, eds., *The Sikh Diaspora*; Rey Chow, *Writing Diaspora: Tactics of Intervention in Contemporary Cultural Studies* (Bloomington: Indiana University Press, 1993)。

② Barrier and Dusenbery, eds., *The Sikh Diaspora*, 4.

③ Tony Ballantyne, *Between Colonialism and Diaspora: Sikh Cultural Formations in an Imperial World* (Durham: Duke University Press, 2006), 30-31.

关于沪上锡克人社区的工作、日常生活和奋斗的地方性故事，并将其作为锡克人历史的系列插曲，而且还展示了这些锡克移民是如何隐晦地或公然地参与了更广泛的社会议题，如上海公共租界的文明教化进程、中国国民革命、国际共产主义运动和印度独立斗争。本研究以锡克人的经历为例明确地阐释，是时候将上海近代史从基于中国的范式中拯救出来，并将其重新置于基于上海的跨地区网络中。如此一来，长期被过分简化为帝国主义直接强加给上海的许多外来因素，被证明其实是复杂的跨地区运输和跨地区转移的产物。①

本研究将跨地区的研究方法引入三个看似独立的领域——近代上海、帝国史和锡克侨民研究，试图挑战既有的国族史框架。在中国的国族史中，缠着红头巾的锡克警察，长期以来被描绘成近代中国国耻的一种象征。② 这使得研究者很难进一步探索锡克人是如何

①　有必要指出，本研究得益于伊莎贝拉·杰克逊（Isabella Jackson）的文章，"The Raj on Nanjing Road：Sikh Policemen in Treaty-Port Shanghai," *Modern Asian Studies* 46（2012）：1672-1704，这是迄今为止上海锡克人研究中最为严肃的学术成果。杰克逊调查了中国上海、中国香港和印度在警务方面的思想、实践和人员的交流，如何影响了上海巡警司锡克巡警分队的形成和发展。她还认为，上海的锡克教徒不仅是英帝国的国防力量和执法力量，也是英帝国的象征。此外，她还通过强调上海是锡克教徒散居的主要地点之一，将 20 世纪初的锡克教徒移民纳入了研究范围。最重要的是，本研究以杰克逊的论点为基础，进一步采用了更广泛的第一手资料，并引入跨地区的研究方法，分别从被殖民者和殖民者的角度来叙述上海锡克教徒的历史。

②　李番义，《旧上海英租界的印度警察》，《上海档案》1985 年第 4 期：第 30 页。史梅定，《上海租界志》，上海：上海社会科学院出版社，2001 年。马长林选编，《租界里的上海》，上海：上海社会科学院出版社，2003 年。熊月之，马学强，晏可佳选编，《1843—1949 上海的外国人》，上海：上海古籍出版社，2003 年。熊月之，《异质文化交织下的上海都市生活》，上海：上海社会科学院出版社，2004 年。吴志伟，《旧上海租界的印捕风潮》，《档案春秋》2009 年第 4 期：第 52—54 页。

参与当地事务的。印度的国族史，也将上海的锡克移民视为与其他
海外印度人一样是遭受殖民压迫而流离失所的，他们顽强地坚守着
自己的印度人身份，与其母国印度保持着密切的关系。① 可是，锡
克警察作为东南亚和东亚殖民压迫机器的重要组成部分，其具体
作用却很少被提及。英国的国族史，深刻地影响了帝国史的书
写，它倾向于采用自上而下的视角来理解上海锡克警察部队的形
成、工作和文化等活动。② 很明显，这些锡克人的其他身份，例如
寻求财富的移民、普通居民甚至是革命者，都很难用这种方法弄
清楚。

　　关于近代上海锡克人的不完整的、有时甚至是歪曲的信息，反映
了国族史研究方面的一些不足之处。在过去的两百多年里，国族史强调
线性时间这个概念，从而逐渐主导了大多数人对人类过去的理解。③

① Madhavi Thampi, "Indian Soldiers, Policemen and Watchmen in China in the Nine-
teenth and Early Twentieth Centuries," *China Report* 35 (1999): 403-438; Claude
Markovits "Indian Communities in China, 1842-1949," in *New Frontiers: Imperialism's
New Communities in East Asia, 1842-1953*, eds., Robert Bickers and Christian Henriot
(Manchester: Manchester University Press, 2000), 62-64; Madhavi Thampi, *Indians
in China 1800-1949* (New Delhi: Manohar Publishers, 2005).
② David Anderson and David Killingray, eds., *Policing the Empire: Government, Authori-
ty, and Control, 1830-1940* (Manchester: Manchester University Press, 1991); Met-
calf, *Imperial Connections*, 130-132.
③ 有关"国族史"概念的缘起及其发展，参见 David Potter, "The Historian's Use of
Nationalism and Vice Versa," in *The South and the Sectional Conflict*, ed., David Pot-
ter (Baton Rouge: Louisiana State University Press, 1968), 34-8; Partha Chatterjee,
Nationalist Thought and the Colonial World: A Derivative Discourse (London: Zed
Books, 1986); Prasenjit Duara, *Rescuing History from the Nation: Questioning Narra-
tives of Modern China* (Chicago: University of Chicago Press, 1995), 1-16; Benedict
Anderson, *Imagined Communities: Reflections on the Origins and Spread of Nationalism*
(London: Verso, 2006)。

"民族—国家"在成为世界上的主要政治组织之后，迫切希望将其对领土和人民的主权加以合法化，正是在这种情况下，国族史在现代历史著述中逐渐占据了霸主地位。"民族—国家"加强自身的合法性的一种做法是将"民族—国家"在空间和时间上构建为一个连贯的实体。线性时间概念服务于这个目的，因为它赋予了"民族—国家"一个完整的过去和一个不断发展的未来。线性时间概念，使某一国家的人民相信，他们的起源可以追溯到很久以前，他们现在生活的土地正是他们远古祖先的土地。换句话说，国家永远存在，国家的历史是单一国家实体的独有财产。① 对于那些很难被纳入国家框架的群体，他们的历史将被编辑、篡改、消声甚至根除。② 上海的锡克人，就属于后面的这一类群体，这不仅因为他们具有四海为家的特征，而且还因为他们具有模糊不清的身份。

---

① 有关"国族史"和"现代国家的形成"之间的关系，参见 Charles Tilly, ed., *The Formation of National States in Western Europe* (Princeton: Princeton University Press, 1975); John Armstrong, *Nations before Nationalism* (Chapel Hill: University of North Carolina Press, 1982); Gellner Ernest, *Nations and Nationalism* (Ithaca: Cornell University Press, 1983); Homi Bhabha, ed., *Nation and Narration* (London: Routledge, 1990); Etienne Balibar, "The Nation Form: History and Ideology," in *Race, Nation, Class: Ambiguous Identities, eds., Etienne Balibar and Immanuel Wallerstein* (London: Verso, 1991), 86-106; Jens Bartelsen, *A Genealogy of Sovereignty* (New York: Cambridge University Press, 1995); Ann Anagnost, *National Past-Times: Narrative, Representation, and Power in Modern China* (Durham: Duke University Press, 1997).

② Geoff Eley, "Nationalism and Social History," *Social History* 6 (1981): 83-107; Zheng Wang, *Never Forget National Humiliation: Historical Memory in Chinese Politics and Foreign Relations* (New York: Columbia University Press, 2014); Shane Strate, *The Lost Territories: Thailand's History of National Humiliation* (Honolulu: University of Hawai'i Press, 2015).

近几十年来，对国族史的批评不绝于耳。① 越来越多的研究者已经达成了一个共识，即一个社会的历史概况，可能是在跟外部世界的互动和联系中相互交叉、彼此成就的，某个群体的历史，不是排他的，而是与外人共享的。② 历史上，不同社会之间的相互作用和彼此联系，经常超越现代"民族—国家"的界限，有时甚至跨大洋越大洲，因此，这类主题的研究已经被标记为跨国历史或者全球史。③

本研究的主题，呼应了对人类历史的联系和共享的关注。本研究以近代上海的锡克人社区为媒介，探讨了诸多内容，如，英国在亚洲的殖民统治机制、19 世纪末和 20 世纪初的锡克侨民、中国上海作为一个国际化中心的发展、印度民族主义在海外的斗争、国际共产主义运动、中国的民族主义革命以及日本的"大东亚共荣圈"，等等。这些看似不相关的历史，正如本研究将在接下来的章节中所揭示的那样，实际上是彼此高度关联的。此外，英国殖民网络和锡克侨民网络，在把曾经离散的历史整合为一个连贯的

---

① Eric Hobsbawm, *Nations and Nationalism since 1780* (Cambridge: Cambridge University Press, 1990); Anthony Marx, *Faith in Nation: Exclusionary Origins of Nationalism* (Oxford: Oxford University Press, 2003).

② Prasenjit Duara, *The Crisis of Global Modernity: Asian Traditions and A Sustainable Future* (New York: Cambridge University Press, 2015), 71-89; Diego Olstein, *Thinking History Globally* (New York: Palgrave Macmillan, 2015), 33-58.

③ Patrick Manning, *Navigating World History: Historians Create a Global Past* (New York: Palgrave Macmillan, 2003); Jerry Bentley, "World History and Grand Narrative," in *Writing World History, 1800-2000*, ed., Benedikt Stuchtey (Oxford: Oxford University Press, 2003), 47-65; Patrick O'Brien, "Historiographical Traditions and Modern Imperatives for the Restoration of Global History," *Journal of Global History* 3 (2006): 3-39; Pamela Kyle Crossley, *What is Global History?* (Cambridge: Polity Press, 2008).

历史方面发挥了关键性的作用。

资料来源和文本结构

本研究中使用的跨地区研究方法，需要将原始文献加以跨地区化的整合。本研究采用了印度新德里、英国、新加坡、中国香港与上海、美国加利福尼亚等各地的文件、档案和报纸。英国殖民署有关马来半岛海峡殖民地和香港历史的记录，在本研究中被用来探索英帝国网络的情况。这些记录，连同《海峡时报》（*Straits Times Overland Journal*，新加坡当代报纸）和《香港政府公报》（*Hong Kong Government Gazette*）等地方性资料，对我们了解英帝国范围内锡克警察部队的建立和发展特别有帮助。为了调查上海锡克人社区的起源，以及锡克人的工作和日常生活情况，本研究采用了上海市档案馆资料、《上海工部局议会纪要》等官方文件，以及《申报》《北华捷报》（*North China Herald*）等地方性报纸。关于海外锡克侨民的反英斗争，没有系统的馆藏档案，相关文件散落在世界各地。本研究使用了上海工部局警察司档案、《1918 年妨碍治安理事会报告》（Sedition Committee Report 1918）、《"驹形丸号"调查委员会报告》（Komagata Maru Committee of Inquiry）、《印度国民军文件汇编》（*Indian National Army Document Collection*）和英国外交部文件，详细审查了锡克革命者如何利用锡克侨民网络组织他们的斗争，以及英国政府如何通过全球监控网络来应对这一挑战。由于时间和资金有限，本研究没有收集到锡克移民自己撰写的书面文件（如果有的话），也没有收集到锡克移民或他们的后代所流传的口头记录。希望未来研究能够将这些重要的资料囊括进来。

本研究除了引言和结语，共分为四章，有的是按照主题排列，有的是按照时间顺序排列。

第一章追溯了旁遮普锡克人是如何被视作忠诚能干的好士兵和好警察，以及这个看法是如何从印度传播到英国其他殖民地、殖民统治地区和租界的。正是英国殖民网络促成了在中国香港、中国上海和新加坡等地建立锡克警察部队。本章还详细阐述了上海锡克警察部队的建立过程，揭示了殖民网络如何为上海工部局提供锡克人的相关信息，以及上海工部局在与其他殖民政府互动过程中如何影响了它自己的决策。

第二章以 20 世纪初一位锡克人从旁遮普到上海的旅程为例，试图拼凑出这次锡克移民潮中底层人的经历。本章考察了上海锡克人的工作和日常生活：一方面，他们不仅负责制止骚乱和犯罪，还负责在上海公共租界实施文明教化活动；另一方面，他们经常挑战他们认为那个压迫和歧视自己的英帝国殖民政府。在这两个极端的立场之间，锡克人和其他大多数上海居民一样过着正常的生活。许多在东南亚和东亚的锡克移民在 1905 年之后继续往外迁移，他们迁移到了北美，在北美他们遭到了当地白人的种族歧视。

第三章描绘了印度在北美最具影响力的一个革命政党——戈达尔党的崛起，以及戈达尔党不断努力在亚洲建立了反殖民统治的革命网络。本章通过对上海锡克警察分队队长布达·辛格（Buddha Singh）谋杀案的探究，揭示了戈达尔党网络的机制和主要特征。在太平洋战争期间，英国势力被日本人赶出上海，印度革命运动恢复了势头。

最后一章概述了印度国民军运动是如何借助东南亚和东亚的锡克侨民网络提高其广泛的影响力，上海的锡克人社区是如何被鼓动去参加革命，以及如何被军事化的。太平洋战争的结束，不仅决定了印度国民军的命运，也标志着英帝国的解体。随着大多数锡克人自 1945 年后立即返回印度，这个传奇也随之结束了。

第一章

上海锡克警察队伍的建立

1962 年，香港作家曹聚仁在一系列文章中追忆了 20 世纪 20—40 年代他在上海的生活过往。他在一篇文章中写道，"初到上海，我对这个城市的第一印象是，满大街的警察都是头缠红巾、面容黝黑的锡克人"①。曹聚仁对锡克警察的描述颇能引起许多当代中国人的共鸣。一位作家曾这样描写 20 世纪上海滩的街头风景，"裹着红头巾的锡克警察是上海滩的权威。他们指挥当地交通，维持当地社会秩序"②。上海作家对于锡克警察早已见怪不怪，他们在文艺作品中经常有这方面的记叙。比如，张爱玲在小说《连环套》中写道，有些锡克警察把他们缠头发的红头巾挂在外面晾晒。③ 还有一位上海作家刘呐鸥，讲述了一位年轻的中国女子在午夜时分被一个面目可憎的锡克警察追捕的故事。④

　　这些锡克人是谁？他们为什么来到了上海？上海公共租界工部局（SMC，下文简称"上海工部局"）为什么雇用这些远隔千山万

①　曹聚仁，《上海春秋》，北京：生活·读书·新知三联书店，2007 年，第 49—50 页。
②　《黄埔滩的风景线》，《申报》，1934 年 1 月 28 日。
③　张爱玲，《张爱玲典藏全集》（1994 年作品），台北：皇冠文化出版有限公司，2001 年，第 195 页。
④　刘呐鸥，《刘呐鸥小说全编》，上海：学林出版社，1997 年，第 72 页。

水、对上海风土人情一无所知的锡克人,并将他们纳入警察队伍?
而且,既然上海公共租界警察局(SMP,下文简称"上海警察局")
早在1854年就成立了,为什么上海工部局要到1885年才开始增设
这支锡克警察队?本章认为,上海锡克警察队源自英属各殖民地、
殖民统治地区、租界的警官轮调、警察技能和信息的传播,以及19
世纪50—80年代上海公共租界外国侨民普遍主张以香港为效仿对
象布署警力等诸多因素。此外,通过重点探讨英属各殖民地、殖民
统治地区、租界之间跨地区的联系和互动,本研究力图突破帝国史
研究中的英国与殖民地、殖民统治地区、租界这个二元范式。

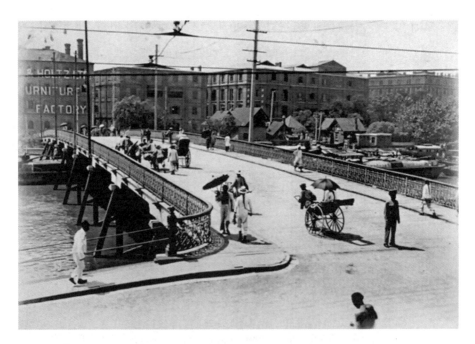

图2 1900年锡克警察在中国上海乍浦路桥站岗(中国项目历史照片 [Historical Photographs of China Project] 提供)

以香港为效仿对象

第一次鸦片战争（1840—1842）后，依《南京条约》，上海开埠通商。以英、美、法为主的西方商人为追求商业利益，纷至沓来。于是在19世纪40年代末，英、美、法在上海分别成立了英租界、美租界和法租界。英、美、法三国的公民，在租界范围内享有治外法权。①

上海工部局成立于1854年，是在上海小刀会起义以及日益兴起的太平天国运动的背景下成立的。② 当时，上海工部局主要任务是制止猖獗的暴力、管控难民的涌入，以及为西方居民提供环卫服务。③ 为了解决这些问题，建立和维持一支全职的、专业的警察队伍必不可少。④

---

① 史梅定，《上海租界志》，第10—23页。有关近代中国史上治外法权的讨论，参见 Par Kristopher Cassel, *Grounds of Judgment*：*Extraterritoriality and Imperial Power in Nineteenth-Century China and Japan*（Oxford：Oxford University Press，2012）。

② 有关1854年上海工部局的信息，参见 L. C. Johnson, *Shanghai*：*From Market Town to Treaty Port*，*1074-1858*（Stanford：Stanford University Press，1995）；Jeffrey Wasserstrom, *Shanghai*：*A Global City*（London：Routledge Curzon，2004）；姜龙飞，《上海租界百年》，上海：文化出版社，2008年，第1—76页；马长林，黎霞，石磊，《上海公共租界城市管理研究》，上海：中西书局，2011年，第1—7页；史梅定，《上海租界志》，第93—94页。

③ 《写给〈北华捷报〉编辑》，《北华捷报》，1854年6月14日。有关太平天国时期难民和移民集聚上海的情况，参见蒯世勋，《上海公共租界史稿》，上海：上海人民出版社，1980年，第318页；Kerrie MacPhjerson, *A Wilderness of Marshes*：*The Origins of Public Health in Shanghai*，*1843-1893*（Hong Kong：Oxford University Press，1987），1-17；Meng Yue, *Shanghai and the Edges of Empires*（Minneapolis：University of Minnesota Press，2006）。

④ 《通告》，《北华捷报》，1854年7月8日；上海市政档案局编著，《上海工部局会议纪要》（卷1），上海：上海古籍出版社，2001年，第570页。

实际上，加强警察力量是 19 世纪下半叶英帝国所有辖区的共同趋势。英国政府试图用伦敦直接管理来代替东印度公司的间接管理，以便巩固它在亚洲的地位①，然而，英国随即发现从锡兰（Ceylon）② 到上海，英国辖区内的统治局势十分不稳定。③ 例如，华人在马来亚（Malaya）和马来半岛海峡殖民地的秘密会党影响力日益增强，他们接连不断地进行暴力反抗活动，威胁着英国在当地的殖民统治。④ 英国殖民政权其时危机重重，不仅有民众的暴力反抗，

---

① 英国决定转而直接管控亚洲殖民地的其他原因是，面对其他欧洲列强的竞争，英国意在巩固和扩张自己的控制范围，也就是说，在印度面临着俄罗斯的威胁，在东南亚面临着法国和德国的威胁。参见 Savepalli Gopal, *British Policy in India*, *1858-1905* (Cambridge: Cambridge University Press, 1965); Damodar Sardesai, *British Trade and Expansion in Southeast Asia* (*1830-1914*) (Bombay: Allied Publishers, 1977); Neil Charlesworth, *British Rule and the Indian Economy*, *1800-1914* (London: Macmillan, 1982); Ian Copland, *The British Raj and the Indian Princes*: *Paramountcy in Western India*, *1857-1930* (London: Orient Longman, 1982); B. A. Knox, "The Concept of Empire in the Mid-Nineteenth Century: Ideas in the Colonial Defense Inquiries of 1859-1861," *Journal of Imperial and Commonwealth History* 15 (1987): 242-263; David Omissi, *The Sepoy and the Raj*: *The Indian Army*, *1860-1940* (London: Macmillan, 1994)。

② 译注：锡兰，即当今的斯里兰卡。

③ Nicholas Tarling, *Imperial Britain in South-East Asia* (London: Oxford University Press, 1975); Antoinette Burton, *The Trouble with Empire*: *Challenges to Modern British Imperialism* (Oxford: Oxford University Press, 2015)。

④ Leon Comber, *Chinese Secret Societies in Malaya*: *A Survey of the Triad Society from 1800 to 1900* (London: J. J. Augustin, 1959); Wilfred Blythe, *The Impact of Chinese Secret Societies in Malaya*: *A Historical Study* (London: Oxford University Press, 1969); Lee Poh Pind, *Chinese Society in Nineteenth Century Singapore* (Kuala Lumpur: Oxford University Press, 1978); Carl Trocki, *Prince of Pirates*: *The Temenggongs and the Development of Johor and Singapore 1784-1885* (Singapore: Singapore University Press, 1979); Mark Lau Fong, *The Sociology of Secret Societies*: *A Study of Chinese Secret Societies in Singapore and the Malay Peninsula* (Kuala Lumpur: Oxford University Press, 1981); Tan Pek Leng, "Chinese Secret Societies and Labour Control in the Nineteenth Century Straits Settlements," *Kajian Malaysia* 1 (1983): 14-48; Owen Rutter, *The Pirate Wind*: *Tales of the Sea-Bobbers of Malaya* (Singapore: Oxford University Press, 1968); Chu Yiu Kong, *The Triads as Business* (London: Routledge, 2000)。

还有非法贩卖人口、毒品和武器，后者沉重地拖累了税收收入，加剧恶化了本已病骨支离的社会局势。[1] 而且，卖淫嫖娼放荡不羁，性病传播无处不有，这就迫使当权者亟需采取行之有效的人口普查措施，以便加强管控。[2]

应对这些危机，不仅大量消耗了政府的税收，而且社会管控也由此加强，这就导致了更多的开销，殖民社会全面发展因而受限，例如，1880 年马来半岛海峡殖民地政府在新加坡用于教育和医疗方面的支出分别是 3963 墨西哥银圆和 41250 墨西哥银圆，可是用于警务方面的开销却高达 116368 墨西哥银圆。[3] 但颇有讽刺意味的是，如此巨额的支出并没有给当地的治安带来根本性改善。因此，如何加强殖民地区的警察部队成为一个亟待解决的难题。对于殖民政府来说，一直以来困扰他们的问题是要如何组织警察部队，以及拿捏不准哪个地方才是战略上适宜抽调警察队伍的人才库。

上海工部局成立不久之后就开始着手组建自己的市政警察队

---

[1] David Starkey, E. S. Heslinga, and J. A. de Moor, eds., *Pirates and Privateers: New Perspectives on the War on Trade in the Eighteenth and Nineteenth Centuries* (Exeter: University of Exeter Press, 1997); Emrys Chew, "Militarized Cultures in Collision: The Arms Trade and War in the Indian Ocean during the Nineteenth Century," *Royal United Services in Institute Journal* Oct. (2003): 90-96; Eric Tagliacozzo, *Secret Traders, Porous Borders: Smuggling and States along a Southeast Asian Frontier, 1865-1915* (New Haven: Yale University Press, 2005).

[2] Phillippa Levine, *Prostitution, Race, and Politics: Policing Venereal Disease in the British Empire* (New York: Routledge, 2003); James Warren, *Ah Ku and Karayuki-san: Prostitution in Singapore 1870-1940* (Singapore: NUS Press, 2003).

[3] CO (Colonial Office documents) 277/14, p. C20, Revenue, Expenditure, and Balances, 1880. 1905 年之前，海峡殖民的货币是墨西哥银圆。19 世纪末 20 世纪初，墨西哥银圆是马来亚、马来半岛海峡殖民地和中国香港地区最常用的货币。

伍。在 1854 年全部预算为 25000 墨西哥银圆中，在警察队伍上的预算开支竟然高达 15000 墨西哥银圆。① 然而，由于当时上海工部局大多数成员只是商人，他们既没有组建警察队伍的专业知识，也没有这方面的经验，所以极度渴望找一个榜样来效仿。大量上海公共租界外国侨民在搬到上海居住之前都在香港生活过，而且上海的人口构成跟香港的也十分相似，所以香港警察自然就成了一个可以效仿的对象。②

在此，有必要指出的是，19 世纪 50 年代的香港警察绝非一个好的典范。当时，香港殖民当局也为警察的纪律问题和效率低下问题所苦恼。③ 尽管如此，对于上海工部局而言，也没有什么其他更好的选择了。④

1854 年，前香港警察局局长萨缪尔·克利夫顿（Samuel Clifton）被任命为上海工部局警察局局长。跟随克利夫顿一起从香港过来任职的，还有二十多位香港的英国警察。⑤ 这些警察根据他

---

① *The Minutes of Shanghai Municipal Council*（*Vol. 1*），572. 当时，上海流通的货币是墨西哥银圆和中国银两。

② 关于上海巡警司的建立及其早期工作，参见张彬，《上海英租界巡捕房制度及其运作研究（1854—1863）》，上海：上海人民出版社，2013 年，第 34—37 页。

③ CO 129/47, pp. 85-114, From Caine to Colonial Office, 26 Sept. 1854.

④ 欧洲人早在 16 世纪就在南亚和东南亚建立了殖民地。然而，在这些殖民地、殖民统治地区维持社会秩序的是士兵和雇佣兵。1829 年，伦敦建立了世界上第一支专业的、平民化的、只对公众负责的现代警察部队。这种执法力量出现在英国的亚洲殖民地、殖民统治地区的时间要晚得多，主要是因为在 1857 年印度兵变之前，英国对大多数亚洲殖民地、殖民统治地区进行了间接的统治。当时，香港是亚洲少数几个拥有现代警察部队的被殖民统治地区之一。

⑤ *The Minutes of Shanghai Municipal Council*（*Vol. 1*），569-570.

们在香港的从业经验，迅速地承担起英租界治安警察的主要职责，比如，巡逻街道、指挥交通、检查非法活动等。[①] 与此同时，香港的英国警察带到上海的，还有他们先入为主的教条，认为华人既不可靠，也不称职，聘用华人做警察不妥当。[②] 因此，上海工部局警务处在开始的前十年里没有华人雇员。

早期上海工部局职员，严重超负荷工作。1856 年警察人数总计为 24 人，每 8 个小时要有 8 人值班。[③] 19 世纪 50 年代末期到 60 年代初期，大量难民涌入上海公共租界，居民区也随即得以极度扩展，给早已不堪重负的市政警力带来了巨大的治理压力。[④] 在这种情况下，大量欧洲人应召加入警察队伍。[⑤] 由于从香港招募警察成本高昂，所以大部分招募进警察队伍的欧洲人都是被解雇的水手。[⑥] 显而易见，这些水手既不具备做警察的资质，也没打算认真对待警务工作。[⑦] 因此，警察的职业操守问题甚嚣尘上，例如，酗酒成瘾，

[①] "Untitled," *North China Herald*, Sept. 9, 1854.

[②] Norman Miners, "The Localization of the Hong Kong Police Force, 1842-1947," *The Journal of Imperial and Commonwealth History* 3 (1990): 300-301.

[③] "Untitled," *North China Herald*, June 14, 1856.

[④] 张彬，《上海英租界巡捕房制度及其运作研究：1854—1863》，第 72—73 页；Fang Zhou, "The Wheels that Transformed the City: The Historical Development of Public Transportation Systems in Shanghai, 1843-1937" (PhD diss., Georgia Institute of Technology, 2010), 43-44。

[⑤] "Untitled," *North China Herald*, July 19, 1856; "Minutes of a Public Meeting of Foreign Renters of Land," *North China Herald*, June 23, 1860; *The Minutes of Shanghai Municipal Council* (*Vol. 1*), 590, 596.

[⑥] "To the Editor of the North China Herald," *North China Herald*, Jan. 26, 1861.

[⑦] 同样的情况也发生在香港警察局。19 世纪 50 年代，香港警察局里满是无业的海员和纪律松散的服务员，参见 CO 129/47, pp. 85-114, From Caine to Colonial Office, 26 Sept. 1854。

玩忽职守，渎职贪腐，① 即便是警察局局长萨缪尔·克利夫顿也因为贪腐问题于 1860 年被解聘了。②

　　19 世纪 60 年代早期，美国租界和英国租界连接在一起，居民人数紧跟着显著增长，社会治安问题也随之愈发严重。③ 为了核查越来越多的人口，同时也为了检查违法、违章行为，扩大上海警务力量看起来势在必行。然而，上海警察局的规模实际上却略微缩小了，主要原因在于巨大的财政负担和其他雇主带来的招聘竞争。④ 19 世纪 60 年代初，维持警察队伍的开支占了上海工部局总开支的大部分，从而让纳税人难以承受，⑤ 上海工部局常常被迫缩减警察的雇员人数。⑥ 同时，私营企业和商业雇主也十分担忧他们在上海租界的财产安全，力求通过派发比上海工部局更高的薪水来雇

---

① *The Minutes of Shanghai Municipal Council*（*Vol. 1*），599，601，610，677. 另外参见 Robert Bickers, "Ordering Shanghai: Policing a Treaty Port, 1854-1900," in *Maritime Empires: British Imperial Maritime Trade in the Nineteenth Century*, eds., David Killingray, Margarette Lincoln and Nigel Rigby (Woodbridge: The Boydell Press, 2004), 179-180。

② *The Minutes of Shanghai Municipal Council*（*Vol. 1*），603-604.

③ "Impartial, not Neutral," *North China Herald*, Sept. 26, 1863; "Impartial, not Neutral," *North China Herald*, Apr. 9, 1864；《上海英巡捕房严禁讹诈事》，《万国公报》1878 年第 474 期，第 19 页。根据一些学者的计算，租界的人口从 1855 年的 2 万左右增长到 1865 年的 9 万多人，参见邹依仁，《旧上海人口变迁的研究》，上海：上海人民出版社，1980 年，第 3 页；史梅定，《上海租界志》，第 93—94 页。

④ "Municipal Report for the Half Year Ending," *North China Herald*, Nov. 14, 1863; "Impartial, not Neutral," *North China Herald*, Apr. 9, 1864.

⑤ 根据 1854 年英国与清政府签订的"土地条例"规定，上海巡警司的预算最终由"租界年度缴纳人会议"（the Annual Ratepayers' Meeting of the Settlement）决定。

⑥ "Impartial, not Neutral," *North China Herald*, Apr. 23, 1864.

用可靠的欧洲人做他们的看守或保镖。① 因此，大量有能力的警察争先恐后地辞职或者设法获准提前解聘。② 除了经济因素之外，上海工部局对于欧洲籍雇员也心生不满，颇有微词。有报告指出，上海工部局承认，其欧洲籍警察在处理华人盗窃问题上无能为力，他们既听不懂华人说话，又辨认不出华人嫌疑犯的面容。③

上海警察局本土化政策的兴衰

事实上，人手不足和职业操守问题也是香港警察局的两大棘手难题。④ 有些殖民长官开始给殖民当局建议招募华人加入警察行列。⑤ 香港警务司法官查尔斯·梅（Charles May），这位拒绝招募华人入警的政策制定者，于 1863 年离开香港警察局，在这之后，华人开始逐渐被招募进入警察队伍。⑥ 香港警察局开始聘用华人警察的这个消息，很快便传到了上海。聘用华人警察这个办法确实很好，它一方面可以削减巨额警务开支，另一方面可以有足够多的警员承担职责和监管日益扩增的租界，因此，新上任的上海警察局司长查尔斯·彭福德（Charles Penfold）说服了上海工部局效法香港

---

① "Untitled," *North China Herald*, Oct. 19, 1861.
② "Minutes of the Annual Meeting," *North China Herald*, Apr. 5, 1862.
③ "Impartial, not Neutral," *North China Herald*, Feb. 20, 1864.
④ CO 129/86, pp. 43-51, From Robinson to Colonial Office, 6 May 1862.
⑤ CO 129/99, pp. 359-363, From Robinson to Colonial Office, 10 Aug 1864.
⑥ Miners, "The localization of the Hong Kong police force, 1842-1947", 301.

的做法，彭福德在此之前是伦敦的一名警官。[①] 上海工部局批准了这项提案，并且在1864年授权彭福德开始招聘华人做警察。[②] 从那时起，越来越多的华人警察被上海工部局聘用，他们逐渐替代欧洲籍警察。除了巡逻街道、指挥交通之外，华人警察还被指派去侦查犯罪和收取税费。表1说明了1863—1883年上海警察局人员构成的变化。

表1　中国上海警察局人员构成情况（1863—1883）

	1863[a]	1864[b]	1865[c]	1871[d]	1883[e]
Europeans	133	140	75	34	30
Chinese	0	10	37	87	225

a 《市政半年总结报告》，《北华捷报》，1863年第14期。
b 《霍利迪先生谈新的警察计划》，《北华捷报》，1883年3月14日。
c 《工部局委员会报告》，《北华捷报》，1865年6月10日。
d 《上海工部局会议纪要》（卷3），第594—595页。
e 《霍利迪先生谈新的警察计划》，《北华捷报》，1883年3月14日。

在中国香港和新加坡，警察武装力量的本土化进程并不彻底。虽然当地人不仅劳动力廉价而且对当地风土人情熟稔于心，英国殖民者却认为他们因此更有可能贪腐。[③] 在1879年的《英属海峡殖民

① 1864年，上海巡警司只有126名员工，而上海工部局估算，如果要有效地管理好租界，那么急需增加100多名巡警。参见 "Impartial, not Neutral," *North China Herald*, Apr. 9, 1864。有关彭福德计划招聘华人巡警，参见 *The Minutes of Shanghai Municipal Council*（*Vol. 2*），490。
② *The Minutes of Shanghai Municipal Council*（*Vol. 2*），490.
③ 这种认为本地人不可靠的看法无疑是欧洲人对他们殖民地、殖民统治地区人民的一种错觉和歧视。只有把被殖民的人认定为不可靠和容易被征服的人，欧洲人才能使他们的殖民统治合法化。

地警察委员会报告》（Straits Settlements Police Commission Report）中，殖民者长官注意到，本地人做警察的，工资太低，连他们自己的基本生活都难以维系（月工资 6 块钱，就连普通劳动者的报酬也不如），薪酬如此捉襟见肘，难免贪赃枉法。[①] 此外，许多英国人还认为，警察队伍如果主要由本地人组成，那么在面对任何针对西方人的暴力活动时就指望不上他们这些本地警力了。[②] 上海警察本土化政策的弊端，也很快暴露无遗。在租界，人们对华人警察可以说是怨声载道，尤其是当地华人居民在日常生活中跟这些华人警察打交道苦不堪言，背地里更是对他们咬牙切齿。[③] 华人警察并不比欧洲籍同行贪腐得少。招聘的大多数华人很会耍手段，敲诈勒索华人居民，他们上任伊始就凭借自己的职权鱼肉邻里。[④] 19 世纪 70年代，随着租界商业蓬勃发展，华人警察开始上青楼、下烟馆、入赌场、受贿索贿，于是作为交换，对于这些生意中的违规违法行为，他们也就睁一只眼闭一只眼了，不上报处理。[⑤]

---

① CO 275/23，p. cclxxi，Report of the Police Commission，1 Sept. ，1879.

② CO 129/156，pp. 187-194，From MacDonnell to the Earl of Kimberley，24 Jan. ，1872.
另外参见 David Arnold，"The Congress and the Police，" in *The Indian National Congress and the Political Economy of India*，*1885-1985*，eds. ，Mike Shepperdson and Colin Simmons（Aldershot：Avebury，1988），208-230.

③ 《中西巡捕说》，《画图新报》1881 年第 1 期，第 119 页。

④ 《本地警察棒殴饭店主案》，《申报》，1872 年 8 月 23 日；《称本地警察为老爷》，《申报》，1877 年第 16 期；《华捕殴人》，《申报》，1878 年 3 月 3 日；《扩充西法警察手》，《异闻录》1896 年，第 14 页；*The Minutes of Shanghai Municipal Council*（*Vol. 2*），599；*The Minutes of Shanghai Municipal Council*（*Vol. 3*），506。

⑤ "Squeezes，" *North China Herald*，Feb. 22，1871；《论警察》，《申报》，1876 年 7月 14 日；"Municipal Council，" *North China Herald*，Aug. 19，1879；*The Minutes of Shanghai Municipal Council*（*Vol. 7*），596.

图3 1907年中国上海华人警察与罪犯（中国项目历史照片提供）

　　而且，这些华人警察在乡亲们面前好像也没什么威慑力。华人老百姓，无论是走街串巷的商贩，还是做苦力的黄包车车夫；无论是小偷，还是强盗，在违法犯罪的时候遇到华人警察毫不畏惧也不收敛。屡见不鲜的是，华人警察也不受待见，有时即便在执行任务之际也会遭到乡亲们的羞辱和攻击。①

① 《警察恶习》，《申报》，1878 年 7 月 31 日；《扯碎布衣》，《申报》，1881 年 3 月 9 日；《殴捕判罚》，《申报》，1881 年 4 月 29 日；《华捕受辱》，《万国公报 746（1883）》：第 14—15 页。

引入华人警察，还招致另一个问题，那就是华人衙门（当地政府）通过影响上海工部局的华人雇员逐渐渗透影响上海工部局本身。每当上海警察局司长的指令跟上海衙门有冲突，大多数华人警察都会站在上海衙门这一边，以免自己上了华人政府的黑名单。①

19 世纪 80 年代，上海警察局内在的这些弊端逐渐发酵，接二连三地演变成为一系列丑闻。1882 年 7 月 14 日，当地主流媒体《北华捷报》报道，上海警察局长期以来遭受华人政府的侵扰。②一个月之后，上海工部局的一名工作人员查尔斯·J. 霍利迪（Charles J. Holliday）指出，新近招募的华人警察工作效率格外低下，当地社会犯罪率一直在上升。③

上海工部局为了更好地评估它的警察战斗力，推选霍利迪担任监察委员会主任，敦促霍利迪调查警察司的违法乱纪行为。1883 年 2 月 28 日，霍利迪向纳税人年度会议（Annual Meeting of Ratepayers）递交了一份调查报告，该报告认为上海警察局正在堕落成为一个藏污纳垢之地，除了工部局的人对他们仍旧抱有一丝信任之外，再也没有其他人信得过上海警察了。霍利迪还对警察司里腐败

① "The Late Elections," *North China Herald*, Jan. 17, 1882; "The Proposed Municipal Regulations and By-laws," *North China Herald*, July 14, 1882.

② "The Proposed Municipal Regulations and By-laws," *North China Herald*, July 14, 1882.

③ *The Minutes of Shanghai Municipal Council* (*Vol.* 7), 796.

猖獗、道德沦丧、任人唯亲等丑闻感到无比沮丧。[1]

根据霍利迪的报告，上海警察局在 1872—1882 年间的开支增多了大概 7000 两银子（开支从 1872 年的 44000 两银子增加到 1882 年的 51000 两银子），这些增加的支出并没有用于招聘足够数量的合格警察，相反，却是用来给某些欧洲籍警官派发不合情理的工资和奖金。的确，上海警察局中欧洲籍警官的薪酬是他们香港同行的两倍多。从这个方面来看，19 世纪 60 年代上海警察局本土化政策的初衷，一是为了削减开支，二是为了保留足够多的人手维持社会秩序，然而，该初衷根本没有实现。一方面，雇用华人替代欧洲籍警官所节省下来的钱，被一些欧洲籍警官用来满足私欲了；另一方面，雇用的华人大多数不是地痞就是流氓，这就使得警察队伍整体降格退化了。为了一劳永逸地解决这些弊病，这份报告倡议对警察司进行一次全面彻底的整顿。[2]

不管怎样，上海警察局亟需大刀阔斧的全面整顿，这对于上海工部局而言似乎进退两难。正如一个当地评论所言，大规模地招聘欧洲人势必加大开支，果真如此，上海工部局必定承担不起，可是，如果招聘更多的华人，情况无疑会雪上加霜更加恶化。[3] 为了解决这个跋前疐后的疑难杂症，监察委员会决定将目光投向他乡寻求秘方。

---

[1] "Annual Meeting of Ratepayers," *North China Herald*, Feb. 28, 1883.

[2] "Annual Meeting of Ratepayers," *North China Herald*, Feb. 28, 1883.

[3] 《再论租界溢添警察》，《申报》，1883 年 1 月 26 日。

跃动的战斗民族

实际上，那个时期的英国大部分殖民地、殖民统治地区、租界都同样面临着上海工部局的两难困境。解决之道，就是让异国人管理其他异国人，也就是说从一个殖民地、殖民统治地区、租界招募被殖民者，再把他们分配到其他殖民、殖民统治地区、租界地当警察，管理陌生之地的民众。① 在亚丁②，1965 年之前从来就没有本地人被武装警察部队雇用过，相反，几乎所有警察都是保护国出生的阿拉伯人，英国人称之为"外来户"。③ 19 世纪末，巴哈马群岛的看守，刚开始雇用的看守是来自非洲的外来户，后来则雇用从巴巴多斯移居过来的警察，就是从来没有想过要招募本地人当看守。④ 在达累斯萨拉姆⑤，英国政府施行的政策，是"将警察队伍中本地人数量尽可能减少到最小值"⑥。聘用外国人到殖民地、殖民统治地区、租界当警察这个措施也被应用于英属亚洲殖民地、殖民统治地区、租界。由于印度被认为是英国在东非和亚洲殖民地、殖民统

①　关于这个战略，参见 David Arnold, *Police Power and Colonial Rule*: *Madras*, *1859-1947* (Delhi: Oxford University Press, 1968); Streets, *Martial Races*。

②　译注: Aden, 亚丁, 即也门共和国的首都亚丁。

③　John Willis, "Colonial Policing in Aden, 1937-1967," *The Arab Studies Journal* 5 (1997): 61.

④　Howard Johnson, "Social Control and the Colonial State: the Reorganization of the Police Force in the Bahamas, 1888-1893," *Slavery & Abolition*: *A Journal of Slave and Post-Slave Studies* 7 (1986): 49-51.

⑤　译注: Dar es Salaam, 达累斯萨拉姆, 即坦桑尼亚的旧都。

⑥　Andrew Burton, "Brothers by Day': Colonial Policing in Dar es Salaam under British Rule, 1919-1961," *Urban History* 30 (2003): 70.

治地区、租界统治的奠基石，所以，印度人被指派到从乌干达到中国等世界各地，维护英国人的利益。[1] 自 19 世纪以来，印度警察被部署到了毛里求斯、特立尼达、斐济和马来亚，镇压所在地的叛乱，维持社会秩序。[2]

然而，在英国人看来，并非所有印度人都适合服兵役。实际上，那些部署在海外的看守都来自"战斗民族"。"战斗民族"这个概念是英国人根据 19 世纪种族理论而创造出来的。这个概念认为，某些群落人口"在生理上和文化上皆倾向于骁勇善战"[3]。艰苦的环境，特定的文化，使得旁遮普锡克教徒和尼泊尔廓尔喀人等类族群具备超高的战斗能力。[4] 尽管将某些特定社群界定为"爱好战斗"或者"爱好和平"等类似提法在前殖民时期的印度和启蒙运动时期的欧洲等地并非罕见，可是，"战斗民族"这个意识形态

---

[1] Robert Blyth, *The Empire of the Raj: India, Eastern Africa, and the Middle East, 1858-1947* (Basingstoke: Palgrave Macmillan, 2003); Metcalf, *Imperial Connections*. 本研究中的"印度人"是指生活在英国对印度统治下的人，包括今天的印度、巴基斯坦和孟加拉三国的人。

[2] David Anderson and David Killingray, "Consent, Coercion and Colonial Control: Policing the Empire, 1830-1940," in *Policing the Empire: Government, Authority, and Control, 1830-1940*, eds., David Anderson and David Killingray (Manchester: Manchester University Press, 1991), 7; Ballantyne, *Between Colonialism and Diaspora*, 71.

[3] Streets, *Martial Races*, 1.

[4] 有关战斗民族这个理论的发展，参见 Streets, *Martial Races*; David Omissi, "Martial Races: Ethnicity and Security in Colonial India, 1858-1939," *War & Society* 9 (1991): 1-27; Purushottam Bamskota, *The Gurkha Connection: A History of the Gurkha Recruitment in the British Indian Army* (New Delhi: Nirala, 1994); Barua, "Inventing Race," 107-116; Kaushik Roy, *Brown Warriors of the Raj: Recruiting and the Mechanics of Command in the Sepoy Army, 1859-1913* (New Delhi: Manohar, 2008), 80-144。

图4 1966年亚丁武装警察（英国国家陆军博物馆［National Army Museum, U. K.］提供）

概念，基本上是英国殖民者在1857年印度叛乱之后提出来的，它结合了19世纪达尔文主义者对于人种的"科学理解"和殖民统治的人为策略。①

---

① 在前殖民时期的印度和启蒙时期的欧洲，有关战斗民族这个概念，参见 Douglas Peers, *Between Mars and Mammon: Colonial Armies and the Garrison State in India, 1819-1835*（London: I. B. Tauris, 1995）。有关"战斗民族"这个意识形态产生的历史背景，参见 Streets, *Martial Race*, 7。有关更广泛地讨论英国人如何在19世纪晚期发明了不同形式的阐释范式来使他们在世界各地的统治合法化，参见 Erick Hobsbawm and Terence Ranger, eds., *The Invention of Tradition*（Cambridge: Cambridge University Press, 2012）。

在殖民时期，英国殖民统治者认为，锡克人是典型的"战斗民族"。① 一般来讲，"锡克人"这个称谓，是指那些加入锡克教卡尔萨教团（Khalsa）以及信奉锡克教的人。② 早在两次英国—锡克战争（1845—1849）时期，锡克士兵英勇善战的特性，给英国士官们留下了深刻的印象，他们就此获得了具有顽强战斗精神的优秀战士这个伟大名声。③ 然而，在印度叛乱之前，锡克人并没有被派遣到印度之外的地区。④ 在印度叛乱发生的时候，锡克人表现出对英属印度的无比忠贞，他们不仅跟随英国殖民军官对抗叛乱者，

---

① 南亚其他典型的"战斗民族"是尼泊尔的廓尔喀人和印度西北部的穆斯林。

② 关于锡克教徒身份的争论，参见 W. H. McLeod, *The Evolution ofthe Sikh Community: Five Essays*（Oxford：Clarendon Press, 1976）；Mehar Singh Chaddah, *Are Sikhs a Nation?*（Delhi：DSGMC, 1982）；Richard Fox, *Lions of the Punjab: Culture in the Making*（Berkeley：University of California Press, 1985）；W. H. McLeod, *Who is a Sikh? The Problems of Sikh Identity*（Oxford：Clarendon, 1989）；Choor Singh, *Understanding Sikhism: The Gospel ofthe Gurus*（Singapore：Central Sikh Gurdwara Board, 1994）。

③ 关于安格鲁—锡克人战争以及锡克人反抗英国的斗争，参见 Hugh Cook, *The Sikh Wars: The British Army in Punjab, 1845- 49*（New Delhi：Thomson Press, 1975）；Amandeep Madra, *Warrior Saints: Three Centuries of the Sikh Military Tradition*（London：I. B. Tauris in association with the Sikh Foundation, 1999）, 55-70；J. S. Grewal, *The Sikhs of the Punjab: The New Cambridge History of India, Vol. 11. 3*（Cambridge：Cambridge University Press, 1999）。有关当代英国军官对锡克人的看法，参见 Charles Allen, *Soldier Sahibs: The Daring Adventurers Who Tamed India's Northwest Frontier*（New York：Carroll & Graf, 2000）。

④ 英国人没有兴趣招募锡克教徒加入印度军队的一个主要原因是，锡克教徒在盎格鲁—锡克教徒的战争中表现出色，英国人担心他们自己的军队未来可能会发生锡克教徒叛变。参见 Streets, *Martial Race*, 65；Kaur, *Sikhs in the Policing of British Malaya and Straits Settlements（1874-1957）*, 13-14；Roy, *Brown Warriors of the Raj*, 98。

而且还积极地加入英属印度政府军中。① 英国殖民者把锡克人勇敢和忠诚的属性与达尔文种族理论整合在一起，给锡克人贴上了"战斗民族"的标签。锡克人作为"战斗民族"的特性和能力得到实证之后，他们便被英国人看作殖民统治的中坚力量。

锡克人被看作"战斗民族"不久之后，关于他们战斗特质的各种传闻就传遍了整个英帝国。希塞·斯特里特（Healther Street）研究了英属印度军队与大众传媒之间的关系，该研究清楚明确地阐述了"战斗民族"这个意识形态概念在整个英帝国的流传。根据斯特里特的研究，在印度的英国长官针对"战斗民族"的长处和特性制作了大量的手册、备忘录和军事杂志，为他们的征募政策找到了依据和支撑。② 这些出版物介绍了英国殖民长官搜集的大量知识和信息，它们很快便传到了印度之外的地方，并且在其他殖民地、殖民统治地区、租界广为传播。③ 因此，印度之外的英国殖民者对于锡

---

① 在印度叛乱期间，据记载有 23000 名锡克教徒加入英国军队参战，参见 Omissi, *The Sepoy and the Raj*, 6；Ballantyne, *Between Colonialism and Diaspora*, 72。有关锡克教徒在印度叛乱期间的表现，参见 Saul David, *The Indian Mutiny: 1857*（London: Viking, 2002）。

② Streets, *Martial Race*, 132-150. 有关"战斗民族"的手册项目，也参见 Roy, *Brown Warriors of the Raj*, 136-140。

③ 关于殖民时期信息和知识的传播，参见 Richard Grove, "The Transfer of Botanical Knowledge between Asia and Europe, 1498-1800," *Journal of the Japan Netherlands Institute* 3（1991）: 164-172；Thomas Richards, *The Imperial Archive: Knowledge and the Fantasy of Empire*（London: Verso, 1993）；Christopher Bayly, *Empire and Information: Intelligence Gathering and Social Communication in India, 1780-1870*（New York: Cambridge University Press, 1997）；Harold Innis, *Empire and Communication*（Lanham: Rowman & Littlefield Publishers, 2007）；James Hevia, *The imperial Security State: British Colonial Knowledge and Empire-Building in Asia*（New York: Cambridge University Press, 2012）。

克人的传闻早已耳熟能详，他们由此开始热衷招募锡克人。

　　除了这些出版物，英国官员本身也是这些信息的传播者，他们经常从一个殖民地、殖民统治地区、租界调任到另一个地区。① 例如，巴哈马群岛的殖民地大臣杰克逊（H. M. Jackson），1880—1884 年曾在塞拉利昂担任警察总监（Inspector-General of Police），19 世纪末，杰克逊决心整顿巴哈马群岛的警察队伍，他以塞拉利昂的殖民警察为蓝本，招募那些曾在塞拉利昂被雇用的巴巴多斯人来巴哈马当警察。② 早期肯尼亚的警察主要是效仿印度的，因为几乎所有肯尼亚的警官都曾经在印度工作过。③ 19 世纪 70 年代，香港警察主要是从欧洲和印度派遣过来的，他们的工作表现差强人意，对此，指挥官少将惠特菲尔德（Whitfield）十分不满，他坚决主张香港警察局应该雇用西印度黑人士兵，该决定主要是根据他之前在加勒比海地区任职警官的工作经历。鉴于香港和加勒比海地区相隔甚远，惠特菲尔德的主张似乎不太现实，尽管如此，那些曾经在西印度群岛有着相同工作经历的港英政府官员却大力支持他的提议。④

---

① 有关殖民地、殖民地统治地区、租界人员和机构的转移，参见 Henry Hall, *The Colonial Office: A History* (London: Longmans, Green and Co., 1937); Charles Jef-fries, *The Colonial Empire and Its Civil Service* (Cambridge: Cambridge University Press, 1938); Robert Heussler, *Yesterday's Rulers: The Making of the British Colonial Service* (Syracuse: Syracuse Development Records Project, 1985); Anthony Kirk-Greene, *On Crown Service: A History of HM Colonial and Overseas Civil Services, 1837-1997* (London: I. B. Tauris Publishers, 1999)。

② Johnson, "Social Control and the Colonial State," 53.

③ James Wolf, "Asian and African Recruitments in the Kenya Police, 1920-1950," *The International Journal of African Historical Studies* 6 (1973): 404; Mathieu Deflem, "Law Enforcement in British Colonial Africa: A Comparative Analysis of Imperial Poli-cing in Nyasaland, the Gold Coast, and Kenya," *Police Studies* 17 (1994): 53.

④ CO 129/153, pp. 105-108, from Whitfield to the Earl of Kimberley, 16 Nov., 1871.

同样，那些在印度工作过的英国殖民长官在被调任到别的殖民地、殖民统治地区、租界时，也会把对印度"战斗民族"所了解的知识、信息和看法带到履新之地。[①] 一旦在下一个殖民地、殖民统治地区、租界担任新的职务，他们自然就会把先前掌握的专业技能嫁接到对新地区的管理工作中。

香港组建锡克警察部队，是殖民长官轮调的直接产物。在 19世纪 60 年代，香港总督麦当奴爵士（Richard MacDonnell）批评香港警察局的时候戟指怒目毫不留情，他认为香港警察是他全部职业生涯中所了解到的最为腐败无能的警察。[②] 麦当奴认为，香港警察的执行力简直糟糕透顶，他对此无比沮丧，同时又十分担忧香港社会的骚动不安，为此，他提议另辟蹊径想方设法来保全这块殖民统治地区。[③] 港督麦当奴为他治下的警察不胜其任而忧心忡忡，于是信德（Sind）[④] 警察局副警察长查尔斯·克里夫（Charles Creagh）在 1866 年被调到香港担任香港警察局的副警司。[⑤] 克里夫在印度任职期间早就高度认可了锡克警察的优良作风品性，他一上任就立即向香港总督建议，从旁遮普招募锡克人来香港这块风雨飘摇的殖民

---

① 托马斯·梅特卡尔夫（Thomas Metcalf）和罗伯特·布莱斯（Robert Blyth）对这种以印度为中心的个人和信息的传播进行了最好的说明，他们都将印度指定为英国在东非和亚洲的统治中心，并强调了英国军官输出印度经验和知识的重要性。参见 Blyth, *The Empire of the Raj*；Metcalf, *Imperial Connections*。

② CO 129/120, pp. 42-46, MacDonnell to Colonial Office, 7 Jan., 1867.

③ Ibid, 42-82.

④ 译注：Sind，信德，即巴基斯坦的信德省。

⑤ 《香港政府公报》，第 87 期，1867 年 6 月 8 日。在这份文件中，Creagh 的名字被错误地拼写为 Giles Creagh，但在 1867 年 6 月 15 日的《政府公报》（*Government Gazette*）的勘误表中，他的名字被更正为 Charles Creagh。

统治地区做警察，以便更好地维护英国殖民统治。①

麦当奴在 1867 年批准了克里夫的这项提议。1867—1868 年，克里夫从旁遮普招募了 200 名锡克人。② 虽然据报道这些锡克人并不能完全胜任香港这种都市风格的警察职责，但是他们在平息骚乱、打击秘密会党以及调解邻里冲突等方面表现出了高超的技能。③此外，香港殖民政府还意识到，有必要让锡克警察在夜间巡逻山道、看守监狱和看护政府大楼。④ 从那时起，香港警察局锡克警察分队基本上初具规模并且承担了它的早期职能。⑤

19 世纪 70 年代，港英政府特别满意锡克警察的工作表现。⑥香港总督轩尼诗（Pope Hennessy）在 1878 年对香港警察局训话时宣称，香港警察是英帝国统治地区最好的警察之一，其中锡克警察分队就是香港地区的荣耀之星。⑦ 香港锡克警察的品性和执行力都

---

① CO 129/120, 42-82, MacDonnell to Colonial Office, 7 Jan. , 1867.

② The Hong Kong Government Gazette, p. 198, 23 May 1868；CO 129/122, pp. 135-140, from MacDonnell to Duke of Birmingham & Chandos, 8 June, 1868.

③ The Hong Kong Government Gazette, p. 210, 17 Apr. , 1869；CO 129/145, pp. 414-422, Whitfield to Colonial Office, 28 Sept. 1870；Hong Kong Blue Book, 4 Feb. 1873.

④ The Hong Kong Government Gazette, p. 188, 16 Apr. , 1870.

⑤ Miners, "The Localization of Hong Kong Police Force, 1842-1947," 310；K. N. Vaid, *The Overseas Indian Community in Hong Kong* (Hong Kong: University of Hong Kong Press, 1972), 38-39.

⑥ CO 129/134, pp. 631-636, from India Office to F. Roger, 20 Mar. , 1868；The Hong Kong Government Gazette, p. 210, 17 Apr. 1869；The Hong Kong Government Gazette, p. 188, 16 Apr. 1870；The Hong Kong Government Gazette, p. 282, 24 June 1871.

⑦ The Hong Kong Government Gazette, p. 89, 9 Mar. , 1878.

图5　20世纪中国香港的锡克警察和华人警察（香港历史博物馆提供）

被添加到专为殖民统治地区年轻长官准备的工作手册和行动指南
中。① 因此，香港的锡克人警队"为英帝国效忠时，一片丹心，将
勇兵强，从而在英国长官眼里博得了煊赫声名"②。接下来，其他
殖民地、殖民统治地区和租界也都纷纷效仿香港经验，试图组建自

---

① A. H. Bingley, *Caste Handbooks for the India Army*: *Sikhs*（Shimla：Government of In-
dia Printing, 1899）; A. E. Barstow, *Handbooks for the Indian Army*: *Sikhs*（New
Delhi：The Manager Government of India Press, 1941）.
② Kaur, *Sikhs in the Policing of British Malaya and Straits Settlements*（*1874-1957*）, 19.

己的锡克警察队。① 正如伊莎贝拉·杰克逊所主张的，"印度是英帝国的一个网格中心，而中国香港及其警察差不多是英帝国在远东的另一个网格中心"②。

马来半岛海峡殖民地的锡克人警队，是基于香港的经验组建起来的。由于这两个被英国统治的地区互动频繁，人员交流广泛，马来半岛海峡殖民地的决策者们对于香港的警务工作如数家珍。自从香港警察局在 1868 年开始招募锡克人以来，海峡殖民政府就一直密切关注香港的一举一动。关于是否也需要组建一支半军事化的锡克人警队，马来半岛海峡殖民地在 1870 年掀起了一场大论战，论战双方都援引香港案例来支撑自己的论点。③ 几年之后，香港警察委员会讨论在香港警队中需要增加多少比例的华人警察，④ 这个讨论迅速即传到了马来半岛海峡殖民地，同时引起了热切关注，因为马来半岛海峡殖民地政府认为它也面临着同样的问题。⑤

实际上，19 世纪后半叶的大多数时候，马来半岛海峡殖民地政府都在把它的邻居香港看作一个完美的典范、羡慕和效仿的对象，

---

① 一个例子是在巴哈马。当巴哈马政府在 19 世纪 80 年代提议重组其警察部队时，他们考虑招募锡克教徒，因为他们获悉锡克教徒在亚洲，特别是在香港，表现良好，参见 CO 23/2322，Shea to Knutsford，7 Nov. 1890。

② Isabella Jackson，"The Raj on Nanjing Road：Sikh Policemen in Treaty-Port Shanghai，"*Modern Asian Studies* 46（2012）：1682.

③ "The Police Force，"*Straits Times Overland Journal*，3 June 1870.

④ The Hong Kong Government Gazette，pp. 386-387，7 Sept.，1872；CO 129/164，pp. 225-269，from Kennedy to the Earl of Kimberley，31 July 1873.

⑤ "The Hong Kong Police Commission，"*Straits Times Overland Journal*，7 Sept. 1872.

以及主要参考对象。① 尽管过度赞誉香港在政策制定过程中的经验可能会不时招致风言冷语，② 但是，把香港看作被英国统治地区的楷模，却深刻地烙印在马来半岛海峡殖民地那些殖民长官的脑海里。

因此，马来半岛海峡殖民地在 1879 年探讨如何改进警察力量的时候，马来半岛海峡殖民地警察委员会立即向它的邻居香港警察局投去关注的目光。香港警察局是由锡克警察、华人警察和欧洲人警察组成的，并且这个人员混编的警局在香港证明了，其优势明显，工作也卓有成效。在获悉这些情况之后，海峡警察委员会"把香港警察队伍视为范本，依此范本整顿马来半岛海峡殖民地警察局这个烂摊子"③。既然海峡殖民地警察队伍中有了欧洲人和华人，那么组建一支锡克警察分队便是这次整改的核心。④ 鉴于香港的锡克警察的工作表现，马来半岛海峡殖民地警察委员会中大多数人一致认为，"引进一定数量的锡克人编入警队，是一个相当不错的建议。现在足以证明，香港总督麦当奴爵士招募这些锡克人做警察，取得了显著的成效"⑤。

---

① "The Hong Kong Police," *Streets Settlements Overland Journal*, 25 Oct. 1871.
② 有人在《海峡时报》的一篇文章中批评海峡殖民政府错误地把香港当成"极乐世界"，而忽略了香港也有很多问题的事实。参见 "Police Commission Report," *Straits Times Overland Journal*, 31 Oct. , 1879。
③ "The Hong Kong Legislative Council," *Straits Times Overland Journal*, 4 Jan. 1879; "Topics of the Day," *Straits Times Overland Journal*, 28 Nov. 1879.
④ 1878 年，在马来半岛海峡殖民地警察局，有 45 名欧洲人，540 名克林人（Klings），630 名马来人，以及 5 名华人。参见 CO 275/23, cxxix, Report of the Inspector-General of Police for the Year 1878, 24 July 1879。
⑤ CO 275/23, p. cclxxviii, Report of Police Commission, 1 Sept. 1879.

图6　20世纪新加坡的锡克警察（新加坡国立图书馆董事会［National Library Board, Singapore］提供）

　　招募新人进入警察队伍这个决定一经通过，马来半岛海峡殖民地警察委员会就着手讨论给这些新雇员到底派发多少薪水。同样地，他们再次把目光投向香港，以香港警察局的薪资比例为参照，给新招聘的欧洲人发放和香港同行同样多的工资（一个月40—100块），给锡克人定下来的工资比香港同行的要少些（一个月9—30块）。①

　　此外，马来半岛海峡殖民地警察委员会还十分重视香港的警察教育机构。香港警察局有自己的学校，给印度警察教授规章制度和多种语言（印度警察在香港需要学习英语和汉语），而且只有那些通过了相应水平测试的人才有可能晋升职位，② 马来半岛海峡殖民地警察委员会得知这些情况之后提议也要筹建警察学校，给新进雇员培训警务知识和语言能力，并且也将这些学习后的考试成绩和晋升机会相挂钩。③ 1881 年，锡克警察队在马来半岛海峡殖民地组建完成，上述有关警察培训学校的提议由马来半岛海峡殖民地政府立即执行，就这样，一所专门为锡克人设立的警察学校在新加坡成立了。④

---

① CO 275/23, p. cclxxx, Report of Police Commission, 1 Sept. 1879; "From the Daily Times, Oct. 3rd," *Straits Times Overland Journal*, 7 Oct. 1879.

② The Hong Kong Government Gazette, pp. 64-65, 5 Feb. 1876; The Hong Kong Government Gazette, p. 130, 6 Apr. 1878.

③ "Police Commission Report," *Straits Times Overland Journal*, 8 Nov. 1879.

④ CO 275/27, p. 96, Report on the Straits Settlements Police Force, and on the state of crime, for the year 1881, 20 Apr. 1882.

"他们不适合上海"：拒绝锡克警察方案

在雇用锡克警察方面，上海租界是香港的另一名"学生"。上海警察局监察委员会于 1883 年开始寻求改革上海警察局的时候，在上海公共租界外国侨民眼里一直是"优等生"的香港，立即吸引了委员们的注意力。由于上海警察局监察委员会主任查尔斯·J. 霍利迪在香港也有生意，有关香港警察局的第一手资讯很快便由他在香港的生意伙伴搜集整理报备。① 根据这些最新获得的资讯，上海警察局监察委员会为他们的改革梳理出了切实可行的方案。

位于租界的上海警察局监察委员会得出了好几个结论。

首先，上海警察局的欧洲籍员工领到的薪水要比香港警察局同行高出两倍多。换句话说，用同样多的钱，香港警察局比上海警察局可以雇用到多得多的欧洲人。② 其次，即便香港警察局的欧洲籍员工比上海同行的薪水要低得多，他们所提供的服务据报道反而更加专业。的确，在香港的欧洲籍警察们几乎都在英国工作过，都受到了专业的警务工作培训。为了获得这些合格人选，香港警察局甚至在伦敦设立代办，帮忙挑选合适的警官。相比之下，上海警察局的欧洲籍警察差不多都是被解雇的水手。③ 再次，香港警察局施行

---

① "Special Meeting of Ratepayers," *North China Herald*, Oct. 10, 1883.

② "Annual Meeting of Ratepayers," *North China Herald*, Feb. 28, 1883; *The Minutes of Shanghai Municipal Council* (*Vol. 7*), 799.

③ "Annual Meeting of Ratepayers," *North China Herald*, Feb. 28, 1883.

的养老金制度，也是吸引有才干的人到这块殖民统治地区工作的一个决定性因素。欧洲籍警察在香港警察局工作满 15 年之后，就可以领取一笔相当于其工资 15% 的养老金，而上海的同行们却根本没有养老金。① 不管怎样，养老金制度代价高昂，这也限制了香港的欧洲籍警察的规模。因此，锡克人作为第三支队被引入香港警队。据报道，锡克人干净整洁，谦虚礼貌，作风正派，这些优点使得他们当警察十分称职，而且他们能够执行几乎所有的警务工作。②

在香港，欧洲籍警察专业素养高，锡克警察执行力强大，这引起了上海警察局监察委员会的极大兴趣。1883 年 3 月，一项全面整改上海警察局的计划开始起草了。今后，欧洲籍警察将直接从英国招募。为了落实该项提议，上海警察局监察委员会获取了香港警察局的同意，请他们在英国的代办帮助物色人选。③ 同时，上海警察局监察委员会还建议引入第三支队，以制衡华人警察在上海警察局的力量。由于锡克警察在香港工作十分出色备受欢迎，所以，锡克人也被列入整改计划当中。后来，《上海工部局年度报告》表明，在突发紧急情况时，锡克人适合组成一支互补的军事力量。④

上海警察局监察委员会在 1883 年 7 月给上海工部局递交了一份《新警察方案》，该方案的关键部分是有关上海警察局的整改，

---

① Ibid.
② "The New Police Scheme," *North China Herald*, Mar. 14, 1883.
③ 监察委员会联系了香港警察局，争取香港警方对改革的支持，参见 "Annual Meeting of Ratepayers," *North China Herald*, Feb. 28, 1883。
④ Shanghai Municipal Archives (SMA), U1-1-918, Annual Report of the Shanghai Municipal Council, 1905.

上海警察局监察委员会建议成立一个上海警察局锡克警察分队。根据该方案，新的警察队伍将由 81 名欧洲人、65 名锡克人和 120 名华人组成。[①] 为了更好地推进落实香港经验，香港警察局前副警司麦克尤恩（J. P. McEuen）被上海警察局监察委员会提名为上海警察局司长，接替即将在 1884 年 1 月离任的彭福德。[②]

虽然这个方案总体上受到了上海工部局的欢迎，但是，上海工部局同时明确表达了对雇用锡克人的顾虑。上海警察局监察委员会原本提议派锡克警察去负责监管交通。然而，由于锡克警察对于汉语和英语一窍不通，于是对他们的质疑之声鹊起，人们怀疑锡克警察能否有效地执行长官指令，能否有效地跟当地民众互动沟通。尽管上海工部局有人极力反对，霍利迪却坚持认为，锡克警察是监督交通的完美人选。倘若对这些锡克警察加以正规训练并且教会他们使用武器，锡克警察还可以组成一支互补的防御力量。[③]

上海工部局内部对于《新警察方案》不能达成一致意见，因而就将该方案提呈给纳税人，由他们来评估并最终决定。1883 年 10 月 5 日，纳税人特别公众会议召开了，会议商讨了上海警察局的整改方案。反对该方案的一方，首先发声。反对方的一个主要观点是上海警察局监察委员会是在全部抄袭香港警察局的做法。反对派指

---

① 该数据来自《北华捷报》的报道，参见 "The Police Scheme I," *North China Herald*, Aug. 3, 1883。据《申报》报道，该计划提议在警察队伍中招聘包括 74 名欧洲人、65 名锡克教徒和 110 名中国人，参见《整顿警察》，《申报》，1883 年 7 月 29 日。

② "The Police Scheme I," *North China Herald*, Aug. 3, 1883；*The Minutes of Shanghai Municipal Council*（*Vol. 8*），15.

③ *The Minutes of Shanghai Municipal Council*（*Vol. 8*），520.

出，上海警察局新任领导的头衔"督察长"是直接借用香港的，而且养老金制度跟香港的几乎一模一样。更重要的是，组建锡克警察队、对锡克人培训和演练的方法，以及给锡克人配备来福枪，根本就是不顾实际情况而一味地模仿香港，这样的模仿毫无用处。总的来说，该方案过于香港化了，不适合上海租界的社会现实，难以实施。①

在回应这些反对观点时，霍利迪声称，养老金制度和职务头衔这两者都不只是单纯模仿香港的做法。的确，这类做法基本上整个英帝国都在采用。即使《新警察方案》中部分提议跟香港的做法相类似，它们也都是精心挑选出来为了租界的福祉，而不是未加审视的鲁莽想法。至于为什么要招募锡克人，霍利迪反问那些反对者们，能否找到比锡克人更好的其他人选：该假定人选的招募背景需要比锡克人更接近上海租界，比锡克人更熟悉欧洲人的习惯，比锡克人更可靠更廉价，霍利迪说，如果找不到该假定人选，那么选择锡克人就应该被接受。②

无论霍利迪如何分析辩解，对于锡克人的更多顾虑仍不绝于耳。第一，语言障碍仍然是最大的问题，既然锡克人不懂英语和汉语，如果他们在街上执勤，那么工部局势必要给每个锡克人配备一名翻译助手，这简直就是异想天开，因为由此导致的开支必然让工部局难以承受。第二，在香港，经常听闻锡克人殴打华人，锡克警察对香港本地人比较凶残，因此，人们担心锡克人来上海租界也会

① "Special Meeting of Ratepayers," *North China Herald*, Oct. 10, 1883.

② Ibid.

如此行事，这就可能惹怒上海本地人，导致更多骚乱。第三，还有一个顾虑，华人很难轻易接受这些黑皮肤、大胡子、穿着奇装异服的锡克人来做他们的警察，那么租界原本和谐的中外居民关系可能因此遭到破坏而寿终正寝。①

为了反驳这些批评意见，霍利迪再次援引香港的例子以正视听。霍利迪说，锡克人语言能力强，学习外语很快便能上手。在香港，据说锡克警察在一两年内就学会了本地话，比其欧洲同行们要快得多。因此，假如经常给锡克人提供语言培训，他们很快就能掌握汉语和英语。而且，他们的具体工作，比如指挥交通，也不需要多么高深的语言水平。如果说华人一点也不懂英文却能很好地执行欧洲长官的指挥，那么就没有理由怀疑锡克人做不到这一点。②

至于锡克人对当地人态度严厉，霍利迪认为这是因为他们在香港的工作环境比较特殊。在香港，锡克警察不仅经常被指派到市中心巡逻，而且还被指派到乡郊野外进行夜间巡逻。他们荷枪实弹手持警棍就是冲着那些掠夺成性的黑帮和土匪，准备随时与之战斗。在执行此类危险任务时，他们的好斗性也是可以理解的。然而，在上海，锡克人只会被安排去租界指挥市内交通，执行这样的任务无需武装。霍利迪还辩解，假如定下规矩禁止对上海居民使用任何暴力手段，而且跟锡克警察讲清楚，任何违反对市民使用暴力禁令的人，将会立即被开除，那么锡克警察当然会顺从指令控制自己的

---

① 《论工部局会议整顿巡警司》，《申报》，1883 年 10 月 12 日。
② "Special Meeting of Ratepayers," *North China Herald*, Oct. 10, 1883.

冲动。①

　　至于锡克警察出现在上海租界街头可能引发的好奇和愤慨这一担忧，霍利迪提醒大家不要忽视这样一个事实，即上海本地人对外国人面孔比如非洲人和菲律宾人早已见怪不怪了，所以，锡克人不会在华人群体中引起多大的轰动。上海警察局监察委员会同时做了一份问卷调查，该调查表明，如果华人警察人数减少的话，在租界生活的华人居民，对于上海警察局的内部整改也是举双手赞成的。既然雇用欧洲人成本太高，大规模雇用他们也不太现实，那么华人也没有理由反对雇用锡克人来当警察。②

　　最后，霍利迪还警告，租界也不是他们那些纳税人所想象的那样安全。来自租界内外的威胁随时都可能突然出现，一旦爆发危机，上海公共租界外国侨民的财产安全就会首当其冲地遭受损害。一支训练有素、长于战斗的 80 名锡克警察分队，在紧急情况下可以迅速武装起来，确保租界欧洲人的人身和财产安全。③

　　针对霍利迪的辩解，上海租界纳税人的一个头面人物莫里森（G. J. Morrison）提出了自己的担忧。莫里森恰巧在此之前一直居住在香港，而且对香港的锡克警察也做过调查。莫里森承认，在香港这样鱼龙混杂、动荡不安、错综复杂的社会中，锡克人或许特别有用，可是，在上海这样相对和平的城市，锡克人对华人过于凶

---

① "Special Meeting of Ratepayers," *North China Herald*, Oct. 10, 1883.
② Ibid.
③ Ibid.

恶，过于军事化，不适宜驻扎在上海。莫里森还反驳，霍利迪调查发现华人居民积极欢迎这些锡克人的到来这一结论未免过于草率，未必可信，相反，莫里森却认为，霍利迪他们盲目乐观是出于对锡克人好斗本性的无知。①

既然此次纳税人特别公众会议对立双方互不妥协，莫里森于是提出了《新警察方案》的修正案，删除了雇用锡克人的提议，保留了原方案的其余部分，呼吁纳税人对此投票表决。纳税人中，艾利克斯·迈博格（Alex Myburgh）既是纳税大户又是上海工部局董事会董事长，而他这样的纳税大户并不支持招募锡克人的计划。投票结果很快公之于众，《新警察方案》修正案迅即得以通过。② 首次尝试在上海雇用锡克警察的计划流产了。

新瓶装旧酒：锡克人招募计划死灰复燃

虽然招募锡克人的方案失败了，但是华人和西人居民似乎都十分青睐该方案。有欧洲人撰文表示，拒绝引进锡克警察是纳税人犯下的一个重大过错，批评内容主要集中在三个方面。第一，这篇文章的作者指出，某些纳税人对于锡克人行为鲁莽的指责是毫无根据

① "Special Meeting of Ratepayers," *North China Herald*, Oct. 10, 1883.

② 根据 1863 年的差饷缴纳人会议，所有在租界资产达 1000 两的外国差饷缴纳人，有权在讨论及批准年度预算及任何重要公共开支的差饷缴纳人会议上投票。资产为 1000 两的人有一票，资产每多 1000 两，在会议上就多一票。任何提案都必须在会议上获得更多的投票才能通过。参见史梅定，《上海租界志》，第 153—154 页。

的，因为事实上在香港从来没有报道过华人和锡克警察之间发生了什么严重冲突。第二，至于语言问题，作者认为，警察在上海的工作对象主要是华人，所以，大多数警察只要掌握汉语就够了，这个要求对于锡克警察来说不难做到，而且比在香港要简单多了。第三，也是最重要的，上海警察局为了维持其规模，如果不招募锡克人，就必须招募更多华人，可是华人警察在租界早已臭名昭著，倘若对是否雇用锡克警察支队仍旧喋喋不休地争论下去，后果是灾难性的，将会不堪设想。①

这一判断也得到了其他人的一些支持。一位华人写信说，华人警察对于西方人的犯罪行为无动于衷，可是却抓住一切机会欺负华人同胞，他对雇用锡克人计划的流产表示遗憾。在这位华人居民看来，没有谁比华人警察对本地人更粗暴的了，雇用一支纪律严明的锡克警察队将会是一个更好的选择。②

公众对于舍弃锡克人计划深感失望，鉴于此，当地主流媒体《北华捷报》（*North China Herald*）于 1883 年 12 月特意派遣记者去香港密切查看锡克警察的行为。为了获得有关锡克警察的全面客观准确的信息，这位特派记者到访了许多拥挤不堪、声名狼藉的街道。出人意料的是，他发现锡克警察和当地华人相处十分融洽，而且当地人也不认为他们粗暴凶狠，香港那里的锡克人会讲英语，也会讲一点汉语。据报道，锡克人学起外语来比欧洲同事要快得多。

---

① "The Daily Press," *North China Herald*, Oct. 31, 1883.
② "Chinese Constables," *North China Herald*, Oct. 31, 1883. 这种对殖民区华人警察的负面看法在 19 世纪晚期很普遍。也参见《上海租界捕房与监狱》，《时务报 65（1898）》：第 45—48 页。

在采访香港当地的一些乡绅时，这位记者还发现，乡绅们说起锡克警察时啧啧称赞。总的来说，该记者得出结论，香港警察局比上海警察局优秀得多，因此希望新任命的督察长麦克尤恩可以把他在香港的工作经验带到上海租界，以此改进颓败的上海警察局。那么，实现此目标的一个战略措施就是，组建一支锡克警察支队。①

麦克尤恩在 1884 年 3 月来到上海警察局就职，麦氏上任伊始发表讲话，将租界日益恶化的治安状况归咎于中法两国之间越来越紧张的冲突关系。法国军队在 1883 年和 1884 年入侵越南的北部，这极度刺激了中国政府，因为当时中国对越南拥有宗主权。中法两国冲突在 1884 年进一步恶化，两国之间剑拔弩张的公开战争一触即发，上海英租界也随之受到影响，当地民众排外情绪急剧高涨，华人伺机攻击邻近的法租界。② 中国政府派兵驻扎上海加强防务，这也引起了民众的惶恐不安。据说，这些驻兵士气低落毫无斗志，从外形上看，他们就像是一帮土匪，一点也不像是军人。③ 他们时不时地出现在租界的大街小巷，言行粗鄙，造成了极大的不安和惶恐。④ 为了以防不测，上海警察局格外小心谨慎，密切监视华人"闹事者"，禁止华人群体公开集会，同时，要求加强上海警察局实

① "The Policeing of Hong Kong," *North China Herald*, Dec. 13, 1883.

② "French and China," *North China Daily News*, Jan. 3, 1884; "Should Foreign Settlements be Considered as Neutral in Case of War?" *North China Daily News*, Jan. 5, 1884; "Amusements," *North China Herald*, July 18, 1884;《论保护商局之难》，《申报》，1884 年 7 月 24 日。

③ "Impartial, not Neutral," *North China Daily News*, Jan. 10, 1884.

④ "Impartial, not Neutral," *North China Daily News*, Jan. 21, 1884;《兵勇滋事》，《申报》，1884 年 2 月 28 日；"Disorderly Chinese Soldiers in Settlement," *North China Herald*, Mar. 19, 1884; "The Defense of Formosa," *North China Herald*, Aug. 15, 1884; *The Minutes of Shanghai Municipal Council* (*Vol. 8*), 578, 594。

力的呼声，愈发不绝于耳。①

　　既然《新警察方案》满足不了上海公共租界外国侨民的期望，那么上海警察局不得不另做打算，寻求一种新的解决方法来应对新形势。在 1883 年召开的纳税人特别公众会议中，大多数纳税人都承认锡克人是优秀的士兵，他们在动荡不安的地方维持社会秩序非常有成效。然而，一些纳税大人物拒绝锡克人方案，主要理由是好战尚武的锡克人不适合像上海这样的和平租界。可是，当租界开始遭遇暴乱成灾、犯罪肆虐甚至战争一触即发的时候，雇用锡克人当警察的方案又重新浮出了水面。

　　中国士兵驻扎在静安寺（上海最早的一条越界筑路），一夜之间，当地居民群情激昂。② 静安寺的居民们向上海工部局请愿，他们愿意为自己社区自费支付 3 个月的额外巡逻费用。③ 静安寺并不在租界范围之内，更有可能遭受骚乱之苦，所以上海工部局立即批准了这项请求。既然该巡逻费用是由居民们支付，不占用工部局自己的预算，所以上海工部局选中了锡克人。④

　　静安寺街道委员会（管理越界筑路街区的一个组织）原计划每个月支付 200 块钱请警察来社区巡逻三个月。上海工部局打算从香港雇用 18 名锡克警察来完成此项任务。然而，聘用这支巡逻队的

① "Meetings," *North China Herald*, Aug. 15, 1884; *The Minutes of Shanghai Municipal Council* (*Vol. 8*), 581.

② "The Defense of Formosa," *North China Herald*, Aug. 15, 1884;

③ *The Minutes of Shanghai Municipal Council* (*Vol. 8*), 582.

④ Wu Zhiwei, "Jiushanghai zujie de yinbu fengchao," 52.

费用，每个月接近 2000 块钱，远远超出那些居民所能承担的支出。于是，上海工部局开会讨论是否还要坚持原来的计划。工部局大部分委员们都坚持认为，既然静安寺在租界的西外围，那么加强该地的治安巡逻，不仅可以保护那里民众的财产安全，而且还可以同时有效地保护租界的安全。虽然如此，有人认为，从香港招聘锡克人来此巡逻三个月后就解散，这样做很不划算。工部局董事会主席透露，他在将来很可能会把这些锡克人汇编到上海警察局的正式队伍中。因此，上海工部局通过了一项决议，由工部局来支付雇用这 18 名锡克警察的全部费用，聘请锡克警察从 1884 年 9 月至 12 月巡逻看守静安寺街区。①

接下来，上海警察局司长麦克尤恩被授权利用他在香港的人脉，落实聘用锡克警察的具体事项。然而，当时在香港找不到合适的人选。② 麦克尤恩转而从上海本地寻找恰当的人手。于是，在那些流浪到上海的锡克人中挑选了 6 人，每人每月给付 15 块钱的工资。③ 工作满 5 年后，上海警察局会给他们每人一笔 45 块钱的奖金，以及公费送他们回一趟印度老家的赏赐。这 6 位锡克人被安插到由 4 名欧洲人和 4 名华人组成的警队，他们的警长是欧洲人。④ 该警队的巡捕房安置在卡德路（即今石门二路）上，按照指令，他们将在静安寺街区定期巡逻。⑤

---

① 《拟设警察》，《申报》，1884 年 8 月 20 日；"Meetings," *North China Herald*, Aug. 22, 1884；*The Minutes of Shanghai Municipal Council* (*Vol. 8*), 582。

② "Meetings," *North China Herald*, Sept. 12, 1884。

③ 当前档案研究无法说明这 6 位锡克人如何来到上海的。

④ 9 月份，涌泉路锡克巡警的人数增加到 8 或 9 位，参见《添设巡役》，《申报》，1884 年 9 月 2 日；"Summary of News," *North China Herald*, Sept. 6, 1884。

⑤ *The Minutes of Shanghai Municipal Council* (*Vol. 8*), 586.

静安寺的实验操作事实证明大获成功，锡克人跟同事交流起来也不费劲，锡克人也不像某些工部局委员先前所担忧的那样具有攻击性。于是，上海工部局授权麦克尤恩再从香港招募五六位锡克警察，工资待遇跟之前为了加强静安寺巡捕房力量而雇用的锡克人一样。①

由于麦克尤恩先前在香港警察局工作过一段时间，人脉广泛，八面来风，很快在 10 月份成功地聘请到了 6 名锡克警察来上海租界。他还游说了一位已经在香港工作了十年之久、会说一口流利的英语的锡克人警长来到上海。上海工部局接受了麦克尤恩的举荐，雇用了这位锡克人警长，给他开出了 25 块钱的月工资。②

这些锡克人给静安寺社区提供了有效的保护，还帮助稳定了租界的局势，工部局目睹这一切之后，一致同意让这支警队继续工作下去，直到中法战争结束。③

随着 1885 年早期上海治安状况的好转，是否在租界继续保留这支锡克警队的争端，又开始甚嚣尘上。上海警察局监察委员会提议，这支队伍应该正式编入上海警察局，而且还应该允许他们跟警察司其他成员享有同等的绩效薪酬。由于纳税人代表大会实际上并没有授权同意将这些锡克人正式编入警队，所以上海警察局拒绝了

---

① 《议事录要》，《申报》，1884 年 10 月 1 日；"Meetings," *North China Herald*, Oct. 8, 1884; *The Minutes of Shanghai Municipal Council* (*Vol. 8*)，590。

② "Meetings," *North China Herald*, Oct. 15, 1884；《印人来沪》，《申报》，1884 年 10 月 25 日；*The Minutes of Shanghai Municipal Council* (*Vol. 8*)，592。

③ *The Minutes of Shanghai Municipal Council* (*Vol. 8*)，595.

该项提议。① 然而，工部局的倡议者们在 1885 年纳税人年度大会上，将这个议题提交给大会审议，他们声称，1883 年纳税人代表大会否决了锡克人方案，已经让社会大众深感失望，而今，锡克人在保护静安寺社区所作的积极贡献，世人有目共睹，也没有什么理由不让他们继续提供服务。这次代表大会上，多数纳税人投了赞成票，批准引进锡克人来上海租界做警察维护社会秩序。② 自此，上海警察局锡克警察分队正式确立，锡克警队在上海租界一直工作了50 多年。

小结

近来，上海锡克警察引起了学者们的高度关注。有学者将把锡克人引进上海归因于经济因素的考虑以及锡克人的诚信。欧洲籍警察太过昂贵，不能大规模地雇用，而锡克人的工资远远低于欧洲人，于是招募更多锡克人补充警察力量便顺理成章了。既然上海警察局并不完全信任华人警察，那么锡克人作为一支可靠的队伍，被招进来做警察，能够更好地制衡华人警察。③ 这个解释给人的印象是，上海锡克警队的成立是一个突然而又随意的决定。对某些历史事件的过分简单化，实际上反映了近代上海研究的不足之处，即过于强调地方视角而忽视跨地区因素。

---

① *The Minutes of Shanghai Municipal Council*（*Vol. 8*），599，601，604.

② "Annual Meetings of Ratepayers," *North China Herald*，Feb. 18，1885；熊月之选编，《上海通史（晚清社会）》，上海：上海人民出版社，1999 年，第 86—87 页。

③ 史梅定，《上海租界志》，第 259—262 页；Markovits，"Indian Communities in China, 1842-1949," 55-74；Thampi，*Indians in China 1800-1949*.

罗伯特·比克斯和伊莎贝拉·杰克逊挣脱了这种以地方为基础的研究框架，从帝国史的角度分析了这个话题。他们认为，锡克教徒不仅在地方治安和区域防务方面发挥了重大作用，而且也成了帝国权力的象征。他们进一步指出，在上海租界建立锡克警队的过程绝不仅仅是一个地方问题，还进一步揭示了英国殖民制度的运行机制。①

本章借鉴了比克斯和杰克逊的研究，进一步详细阐述了上海工部局如何与其他被殖民统治的地区，特别是港英政府，在警察部队的组织和改革等方面互动共进。由于地理和人口的因素，以及与英帝国的联系，位于租界的上海警察局从成立的第一天起就转向香港寻求帮助。上海警察局里的英国籍警察，是从香港招募过来的，他们一起带过来的还有香港警察局的各种制度及其相关知识。正是基于这种联系，上海警察局得以建立和发展。19世纪80年代，上海工部局在试图改革警察队伍时，又一次向香港寻求帮助。香港的锡克警察人员、警察制度和招聘模式，统统流传到上海，借此帮助上海警察局开创了自己的锡克警察分队。

事实上，跨地区的联系和互动，在塑造英帝国的地方政策方面发挥了关键作用。例如，尼亚萨兰（Nyasaland）在松巴（Zomba）②开设的第一所警察培训学校，为新学员提供现代警察技术和知识，

---

① Robert Bickers, *Empire Made Me : An Englishman Adrift in Shanghai* (London : Penguin, 2004), 86 ; Bickers, "Ordering Shanghai", 181 ; Jackson, "The Raj on Nanjing Road," 1674-1675.

② 译注：Nyasaland，尼亚萨兰，非洲东南部国家马拉维的旧称；Zomba，松巴，马拉维的一个城市地名。

实际上是由一名曾在英属南非警察局工作了十多年的国王非洲步枪队（King's African Rifles）前军官介绍的。20世纪40年代，尼亚萨兰的警察局改革，是在一位在巴勒斯坦服务了14年、经验丰富的殖民警官的领导下进行的。[1] 为了改革蒙巴萨岛（Mombasa）[2] 的殖民警察制度，英国殖民者不仅从印度引入了印度警察，还引入了与警察相关的制度、规范和程序。[3] 在亚丁，高级官员都是从伦敦或其他殖民地、殖民统治地区调来的，他们的专业知识有望帮助巩固殖民统治。[4]

除了人员、信息和制度在空间上流通之外，实践和思想也在历史这条时间线上流通。1854年，面对诸如"小刀会起义"这样的紧急状态，上海工部局向香港警方及相关机构求助。大约30年后，面对中法战争引起的社会动荡，上海工部局在引进锡克警察人员和警察制度方面再次求助于香港。我们在这里看到的，不是这些做法30年来的一味重复，而是旧做法在新环境下为了解决新挑战而不断进行的再创造。

循环史方法强调，跨地区联系和相互作用可以应用于帝国史的研究。印度以外的锡克警察的历史，或者在更大的背景下，整个殖

---

[1] John McCracken, "Coercion and Control in Nyasaland: Aspects of the History of a Colonial Police Force," *The Journal of African History* 27 (1986): 129-138.

[2] 译注：Mombasa，蒙巴萨岛，肯尼亚的一个城市地名。

[3] Wolf, "Asian and African Recruitment in the Kenya Police, 1920-1950", 401-412.

[4] Willis, "Colonial Policing in Aden, 1937-1967," 57-91.

民时期的警察，确实是帝国史上一幅多姿多彩的学术画卷。① 大多数帝国史研究实践，倾向于把英帝国分为两部分，英国和殖民地、殖民统治地区。② 他们的注意力，主要集中在英国对殖民地、殖民统治地区的影响上。③ 殖民主体，被描绘成这种压迫和剥削的被动受害者。④ 此外，殖民地、殖民统治地区一直被当作现代化实验的实验室，西方人在殖民地、殖民统治地区这里输出和试验他们的现代思想和制度。⑤ 总之，殖民地、殖民统治地区的现代官僚机构，如政治管

---

① 在 20 世纪 90 年代由曼彻斯特大学出版社出版的帝国主义历史研究系列著作《帝国主义研究》（*Studies in Imperialism*）中，收录了两本关于殖民警察的文集，参见 Anderson and Killingray, eds. , *Policing the Empire*；也参见 Anderson and Killingray, eds. , *Policing and Decolonisation：Politics, Nationalism and the Police, 1917-1965*（Manchester：Manchester University Press, 1992）。

② 尽管学者们倾向于将爱尔兰视为英帝国在 19 世纪和 20 世纪早期大不列颠和爱尔兰联合时期的殖民地，但本研究将爱尔兰作为英国的一个特殊部分，主要是因为，在政治结构、人口构成、跟英国的关系这三个方面，爱尔兰与同时期其他殖民地大不相同。有关帝国史学中的英国—殖民地、殖民统治地区二元对立，参见 Ann Laura Stoler and Frederick Cooper, "Between Metropole and Colony：Rethinking a Research Agenda," in *Tensions of Empire：Colonial Culture in a bourgeois World*, eds. , Ann Laura Stoler and Frederick Cooper（Berkeley：University of California Press, 1997）, 1-56。

③ 五卷本的《英帝国牛津史》。W. R. Louis and Alaine Low, eds. , *The Oxford History of the British Empire*（*5 vols.*）（Oxford：Oxford University Press, 1998）.

④ Michael Barratt-Brown, *The Economic of Imperialism*（London：Penguin, 1974）；Ronald Hyam, *Empire and Sexuality：The British Experience*（Manchester：Manchester University Press, 1990）；Ann Laura Stoler, *Race and the Education of Desire：Foucault's History of Sexuality and the Colonial Order of Things*（Durham：Duke University Press, 1995）.

⑤ Gwendolyn Wright, *The Politics of Design in French Colonial Urbanism*（Chicago：University of Chicago Press, 1991）；Paul Rabinow, *French Modern：Norms and Forms of Social Environment*（Chicago：University of Chicago Press, 1995）；Warwick Anderson, "Excremental Colonialism：Public Health and the Poetics of Pollution," *Critical Inquiry* 21（1995）：640-669.

理、强制性组织和工业部门，都是模仿或引进英国的。① 这种传播主义的分析框架，也可以在殖民警察这一现代压制性机构的研究中得以窥见。事实上，有关殖民警察的起源、发展和适应的争论一直由传播主义论者操控，他们声称，殖民警察制度是由驻守在爱尔兰的英国当局首先发明，然后随着英国军官在整个英帝国的部署而传播到其他殖民地、殖民统治地区的。②

---

① Bethwell Ogot, "British Administration in the Central," *Journal of African History 4* (1963): 249-273; Henrika Kuklick, *The Imperial Bureaucrat: The Colonial Administrative Service in the Gold Coast, 1920-1939* (Stanford: Hoover Institute Press, 1979); Kathryn Tidrick, *Empire and the English Character* (New York: Palgrave Macmillan, 1992); Charles Chenevix Trench, *Men Who Ruled Kenya: The Kenya Administration, 1892-1963* (London: Radcliffe Press, 1993); Anthony Kirk-Greene, *On Crown Service: A History of HM Colonial and Overseas Civil Services 1837-1997* (New York: I. B. Tauris Publishers, 1999); Penny Edwards, *Cambodge: The Cultivation of a Nation, 1860-1945* (Chiang Mai: Silkworm Books, 2008).

② 一些学者断言，英帝国殖民地警察的模式和策略都可以追溯到 1839 年在爱尔兰成立的爱尔兰皇家警察 (Royal Irish Constabulary)。爱尔兰皇家警察的主要目标是消灭农民叛乱，并加强英国在那里的统治。因此，与只执行公民任务的大都会警察不同，爱尔兰皇家警察被安置在装备重武器的兵营内，并从外地招募新兵。据说，类似于陆军的爱尔兰皇家警察的警务模式后来被输出到其他殖民地、殖民统治地区，特别是那些非白人定居点。关于爱尔兰皇家警察的形成和主要特点，参见 G. Broeker, *Rural Disorder and Police Reform in Ireland 1812-36* (London: Routledge & Kegan Paul, 1970); S. Palmer, *Police and Protest in England and Ireland, 1780-1850* (Cambridge: Cambridge University Press, 1988); W. J. Lowe and E. L. Malcolm, "The Domestication of the Royal Irish Constabulary, 1836-1922," *Irish Economic and Social History* 19 (1992): 27-48。关于传播论者的观点，参见 Jeffries, *The Colonial Police*; Surajit Mukhopadhyay, "Importing Back Colonial Policing System? Between the Royal Irish Constabulary, Indian Policing and Militarization of Policing in England and Wales," *Innovation* 11 (1998): 253-265; Clive Emsley, "Marketing the Brand: Exporting British Police Models, 1829-1950," *Policing: A Journal of Policy and Practical* 6 (2012): 43-54.

然而，对这一框架的重新评价表明，殖民地、殖民统治地区之间的差异被低估了，而在不同程度上广泛存在的西方因素的本地化也没有被考虑在内。① 所以，这是一个殖民化人口主体性的例子。② 从这个意义上说，英国和殖民地、殖民统治地区之间的互动经常被置于"冲击—回应"范式中，然后被简化为一种压抑关系。③

一些学者认识到帝国史研究方法的不足，试图改变这种研究范式，将自己的研究定位为新帝国史研究。④ 新帝国史的一个关键步骤是强调殖民地、殖民统治地区对英国的影响。⑤ 它认为，殖民主义不仅影响殖民地、殖民统治地区和当地人民，而且或明或暗地改

① Richard Hawkins, "The Irish Model and the Empire," 18-32.

② Stoler and Cooper, "Between Metropole and Colony," 6-7. 也参见 Adu Boahen, *African Perspectives on Colonialism* (Baltimore: Johns Hopkins University Press, 1989); Frederick Cooper, "Conflict and Connection: Rethinking Colonial African History," *The American Historical Review* 99 (1994): 1516-1545。

③ Brian Stoddart, "Sport, Cultural Imperialism, and Colonial Response in the British Empire," *Comparative Studies in Society and History* 30 (1988): 649-673; D. M. Peers and Nandini Gooptu, eds., *India and the British Empire* (Oxford: Oxford University Press, 2012).

④ 托尼·巴兰坦（Tony Ballantyne）注意到20世纪80年代的这种范式转变，他发现，修正主义者倾向于把以前采用自上而下和政治视角的历史著作称为"旧"帝国史，而把修正主义者的作品称为"新"帝国史，参见 Tony Ballantyne, "Introduction: Debating Empire," *Journal of Colonialism & Colonial History* 3 (2002): 1-21。

⑤ 参见 John MacKenzie, "The Persistence of Empire in Metropolitan Culture," in *British Culture and the End of Empire*, ed., Stuart Ward (Manchester: Manchester University Press, 2001), 21-36; Bernard Porter, *The Absent-Minded Imperialists: The Empire in English Society and Culture, c. 1800-1940* (Oxford: Oxford University Press, 2004); Catherine Hall and Sonya Rose, eds., *At Home with the Empire: Metropolitan Cultures and the Imperial World* (Cambridge: Cambridge University Press, 2006)。

变了它的诞生地。① 从文化上讲，殖民经历显著地重新配置和重塑了欧洲文学和艺术的形式，甚至改变了欧洲人对自己的认识。② 在政治领域，修正主义者不赞成那种认为殖民地、殖民统治地区人民只是西方政治意识形态的接受者的观点，无论西方政治意识形态是民族主义的、无政府主义的还是社会主义的，相反，修正主义者认为，殖民地、殖民统治地区的政治运动也重新描绘了英国本身的政治生态。③

出于同样的原因，修正主义者认为，殖民地、殖民统治地区警察的经历实际上对英国警察和爱尔兰皇家警察的形成做出了很大的贡献。④ 他们还指出，伦敦和都柏林的警务实践借鉴了许多殖民地、殖民统治地区警务的特色，殖民地、殖民统治地区警察甚至是英国

---

① 一些历史学家甚至认为，"新"帝国史的重点已经从非洲、亚洲和拉丁美洲转向了英国，尤其是转向了英格兰和苏格兰，参见 Durba Ghosh, "AHR Forum: Another Set of Imperial Turns?" *The American Historical Review* 117（2012）: 773。

② Edward Said, *Orientalism* (London: Routledge & K. Paul, 1978); Christopher Miller, *Blank Darkness: Africanist Discourse in French* (Chicago: University of Chicago Press, 1985); Sara Suleri, *The Rhetoric of English India* (Chicago: University of Chicago Press, 1992); Marry Louise Pratt, *Imperial Eyes: Travel Writing and Transculturation* (London: Routledge, 1992); Edward Said, *Cultural and Imperialism* (New York: Vintage, 1993); Gayatri Chakravorty Spivak, *In Other Worlds: Essays in Cultural Politics* (London: Routledge, 2012).

③ Stoler and Cooper, "Between Metropole and Colony," 23. Also see Chatterjee, *Nationalist Thought and the Colonial World*; Stephen Howe, *Anticolonialism in British Politics: The Left and the End of Empire, 1918-1964* (Oxford: Clarendon Press, 1993).

④ Robert Sigler and David King, "Colonial Policing and Control of Movements for Independence," *Policing and Society: An International Journal of Research and Policy* 3 (1992): 13-22; Randall Williams, "A State of Permanent Exception: The Birth of Modern Policing in Colonial Capitalism," *Interventions* 5 (2003): 322-344.

警察的起源。①

　　此外，跟那种主要局限于特定国族史的"旧"帝国史研究方法不同的是，修正主义者更愿意着眼于一个互动的全球网络。② 意识形态、制度、商品和人口在英国和殖民地、殖民统治地区之间的来回流动，展示了新帝国史的主要特征。③

　　然而，这个修正的范式与旧范式有相同的二分法。④ 通过强调殖民帝国对英国和殖民地、殖民统治地区的影响，新帝国史似乎在

---

① Mike Brogden, "The Emergence of the Police-the Colonial Dimension," *British Journal of Criminology* 27 (1987): 4-14; Surajit Mukhopadhyay, "Importing Back Colonial Policing System? Between the Royal Irish Constabulary, Indian Policing and Militarization of Policing in England and Wales," *Innovation* 11 (1998): 253-265.

② Hopkins, "Back to the Future," 198-243; Stephen Howe, "Introduction: New Imperial Histories," in *The New Imperial Histories Reader*, ed., Stephen Howe (New York: Routledg, 2010), 11.

③ Mrinalini Sinha, "Britain and the Empire: Toward a New Agenda for Imperial History," *Radical History Review* 72 (1998): 163; Mackenzie, "The Persistence of Empire in Metropolitan Culture," 21-36; Porter, *The Absent-Minded Imperialists*; Kathleen Wilson, ed., *A New Imperial History: Culture, Identity and Modernity in Britain and the Empire, 1660-1840* (Cambridge: Cambridge University Press, 2004); David Feldman, "The New Imperial History," *Journal of Victorian Culture* 9 (2004): 235-240; Andrew Thomson, *The Empire Strikes Back: the Impact of Imperialism on Britain from the Mid-Nineteenth Century* (New York: Pearson Longman, 2005); Catherine Hall and Sonya Rose, eds., *At Home with the Empire: Metropolitan Cultures and the Imperial World* (Cambridge: Cambridge University Press, 2006); James Thomson, "Modern Britain and the New Imperial History," *History Compass* 5 (2007).

④ 有关英国—殖民地、殖民统治地区二元对立的批判，参见 Stoler and Cooper, "Between Metropole and Colony," 1-56; Tomy Ballantyne, "Race and the Webs of Empire: Aryanism from India to the Pacific," *Journal of Colonialism & Colonial History* 2.3 (2001): 6; Tony Ballantyne, *Webs of Empire: Locating New Zealand's Colonial Past* (Wellington: Bridget Williams Books, 2012)。

努力地将刻板的欧洲中心观点去中心化，欧洲中心观点只关注西方对世界各地的影响。[①] 具有讽刺意味的是，旧帝国史的核心焦点即英国，在焦点从外围转回到英国之后，仍然得以保留甚至加强了。[②] 从这个意义上说，新帝国史所标志的全球互动网络，扩大了处于中心的英国与处于外围的殖民地、殖民统治地区之间的差距。在这种方式下，殖民地、殖民统治地区与旧帝国史记述中的英国互换了位置。[③] 其他联系形式，在很大程度上被忽视或折中了。[④]

循环史的方法将帝国史从英国—殖民地、殖民统治地区二元框架中解救出来了，将我们的注意力从垂直的英国—殖民地、殖民统治地区二分法转向水平的横向网络。托马斯·梅特卡尔夫和罗伯特·布莱斯令人信服地证明了，是印度而不是英国在塑造英帝国对东非、中东和东南亚的殖民活动中扮演了核心角色。英国在亚洲及其他地区的统治中心不是在伦敦，而是在印度的加尔各答。[⑤] 伊莎贝拉·杰克逊则更进一步声称，香港处于东亚一个扩展网络的中心。[⑥] 本章呼应了杰克逊的观点，指出香港的官员、制度和经验传

---

① 参见 Antoinette Burton, *At the Heart of the Empire: Indians and the Colonial Encounter in Late-Victorian Britain* (Berkeley: University of California Press, 1997)。

② 伯纳德·波特 (Bernard Porter) 已经注意到，过分强调殖民主义对英国的影响可能带来的弊端，参见 Bernard Porter, "Further Thoughts on Imperial Absent-Mindedness," *Journal of Imperial and Commonwealth History* 36 (2008): 101-117。

③ Fernando Coronil, "Beyond Occidentalism: Towards Non-imperial Geohistorical Categories," *Cultural Anthropology* 11 (1995): 51-87.

④ Stoler and Cooper, "Between Metropole and Colony," 34; Carol Appadurai Breckenridge and Peter Van der Veer, eds., *Orientalism and the Postcolonial Predicament: Perspectives on South Asia* (Philadelphia: University of Pennsylvania Press, 1993).

⑤ Blyth, *The Empire of the Raj*; Metcalf, *Imperial Connections*.

⑥ Jackson, "The Raj on Nanjing Road," 1682.

播到了新加坡、中国上海和其他中国通商口岸，并且影响了它们的行政政策。由此，我们可以更好地了解英国以外的英殖民帝国。

本章只着重研究英国政府在各个殖民地、殖民统治地区和租界的统治或管理，而锡克人的故事尚未论及。为什么那些家乡远在印度西北部的锡克教徒会愿意来上海工作？他们是如何来到上海的？他们在这个中国通商口岸工作和生活得怎么样呢？换句话说，自上而下的帝国史视角不足以重建锡克人在上海的确切经历。因此，本研究采用了自下而上的观点，将锡克人看作是英国殖民活动的积极参与者。

然而，"中心—外围"二分法的问题一直困扰着有关锡克侨民的研究。与帝国史学过分强调英国和殖民地、殖民统治地区之间彼此作用相类似的是，大多数关于锡克侨民的著作倾向于探索锡克人的故乡即旁遮普与锡克侨民各个海外定居点之间的相互作用。然而，锡克侨民的移民过程和散居社区之间的联系在很大程度上被忽视了。

第二章将以一名锡克侨民为例说明锡克侨民移居上海的大背景，这位锡克人20世纪初移民到上海，在上海警察局工作。第二章将强调，新加坡、中国香港和上海锡克人社区之间的跨地域互动如何影响上海锡克人的工作和日常生活，因此，第二章也超越了对锡克侨民的"祖国—定居点"二分法研究。

第二章

伊塞尔·辛格之旅：
上海的锡克移民

迄今为止，针对在上海租界的锡克人的研究，很大程度上是在英帝国的历史范围内进行讨论的。关于在新加坡、中国香港和上海的军事种族主义思想传播和锡克警队建立的叙述，主要是从英国政府的立场出发的。被殖民者的动机、思考、日常工作和生活都被忽略了。本章将注意力从英国政府转移到散居海外的锡克侨民身上。

本章以 1906—1911 年在上海警察局任职的锡克警察伊塞尔·辛格（Isser Singh）为例，展示锡克人移民上海租界的具体背景。作为一个全球微观史的研究，本章认为像伊塞尔·辛格这样的个体并不是一直受殖民政府操控的无声的臣民。相反，锡克人移民在各个殖民地、殖民统治地区、租界和定居点的政策制定中发挥了至关重要的作用。此外，锡克人已经准备好随时利用殖民网络来追求他们自身的利益。作为跨地区的历史研究，本章还论证了上海锡克警察的设施和供给，既不是新奇的，也不是当地发明的，而是制度、知识和信息在跨地域流通过程中的产物。

旁遮普农民的儿子

由于尚未发现任何锡克警察的信件、日记或回忆录，因此上海警察局中锡克警察的主要资料大部分来自政府档案、报纸和法庭证词。伊塞尔·辛格的案件也不例外，他的生活细节散落在有关日常犯罪和法庭调查的新闻报道中。通过对这些原始资料的重新整理，参照当代语境，下文试图重构伊塞尔·辛格的散居经历和他所居住的世界。

报纸等消息来源都没有指出伊塞尔·辛格究竟来自旁遮普的哪个地方。1910 年 7 月，伊塞尔·辛格参加了一场由旁遮普的马杰哈（Majha）地区的锡克教徒所组织的罢工，以抗议上海工部局解雇一名马杰哈锡克教徒翻译的决定，他可能来自旁遮普东部的马杰哈地区的一个村庄。① 事实上，在 20 世纪早期，上海警察局中近 70% 的锡克警察来自马杰哈地区，少数人主要来自马尔瓦（Malwa）地区，马尔瓦也位于旁遮普的东部。② 在其他英国殖民地、殖民统治地区、租界和定居点，马杰哈锡克教徒和马尔瓦锡克教徒同样都是锡克警队的兵源。旁遮普某些地区的代表性不是碰巧有的，而是具有当地社会经济基础的。

旁遮普在 1848 年第二次盎格鲁—锡克战争后被英国吞并了，这一地区的社会经济结构因而发生了戏剧性的变化。在锡克王朝时期，大多数高种姓的锡克男性都是在卡尔萨服役的职业军人。③ 锡克军队

---

① 有关罢工的详情，参见 "Trouble Among the Sikhs," *North China Herald*, July 22, 1910; "The Sikh Police," *North China Herald*, July 29, 1910。

② "REX (S. M. P.) v. Twenty Indian Police Constables," *North China Herald*, July 29, 1910.

③ 卡尔萨是古鲁·戈宾德·辛格（Guru Gobind Singh）于 1699 年建立的宗教秩序。它后来发展成为一个承诺为保护锡克教而战的军事组织，参见 W. H. McLeod, *The Sikhs: History, Religion, and Society* (New York: Columbia University Press, 1989), 143。

被打败后，在旁遮普的英国殖民政府因为担心他们会起来反抗英国的统治，于是开始采取措施解除锡克士兵的武装。随后，卡尔萨的数千名锡克士兵被强制交出武器，随后就地解散。① 对于这些失业的人来说，唯一的选择就是"以剑换犁"，放下屠刀，就地成为农民。②

在 19 世纪 50 年代，由于有更多的劳动力在土地上劳作，而旁遮普的天气又非常适合耕种，农业产量因此大幅增加。③ 然而，由于农产品价格下跌，连续的好收成并没有帮助锡克农民发家致富。④由于在旁遮普的英国殖民政府不像过去的锡克王朝那样以实物形式向锡克教徒征税，而是以现金的形式征收赋税，农作物价格急剧下跌，无法在市场上卖个好价钱，许多农民因此破产了。⑤ 于是，农民不得不求助于放债人，一路跌跌撞撞，直到跌进了贫困这个大陷阱。

为了安抚锡克农民的不满情绪，同时抵御俄罗斯在中亚的威胁，英国殖民政府在 19 世纪 50 年代斥资 300 多万英镑在整个旁遮普地区修建基础设施。⑥ 直至印度叛乱前夕，他们已经修建了 3600 英里的公

① Andrew Major, *Return to Empire*: *Punjab under the Sikhs and British in the Mid-Nineteenth Century* (New Delhi: Sterling Publishers, 1996), 139-140.

② N. M. Khilnani, *British Power in the Punjab*, *1839-1858* (Bombay: Asia Publishing House, 1972), 178.

③ *The First Punjab Administration Report* (*1849-1951*), 95, cite from Khilnani, *British Power in the Punjab*, *1839-1858*, 179.

④ Khilnani, *British Power in the Punjab*, *1839-1858*, 179.

⑤ Sir Richard Temple, *Lord Lawrence* (London: Macmillan, 1890), 58.

⑥ Major, *Return to Empire*, 126; Clive Dewey, "Some Consequences of Military Expenditure in British India: The Case of the Upper Sind Sagar Doab, 1849-1947," in *Arrested Development in India*: *The History Dimension*, ed., Clive Dewey (New Delhi: Riverdale Company, 1988), 123-142.

路，还修建了沟渠水道，用来灌溉贫瘠地区。① 广阔的公路，连绵的
铁路，特别是港口卡拉奇（Karachi），将旁遮普与外部世界连接起
来，于是，旁遮普的农产品可以从这里出口到世界各地。②

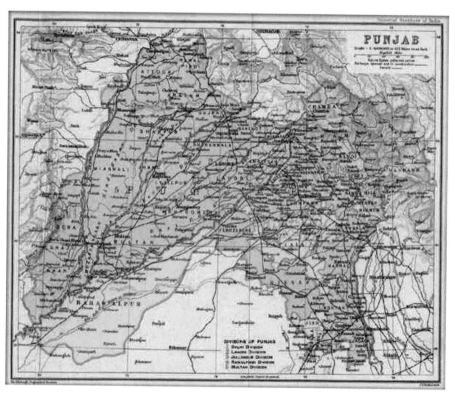

图7　英国统治印度时期的旁遮普地图（*旁遮普项目全景图* ［View Punjab Pro-
ject］*提供*）

① *The Second Punjab Administration Report* (1851-1953), 167-169；*The Third Punjab
Administration Report* (1853-1955), 62, cite from Khilnani, *British Power in the Pun-
jab, 1839-1858*, 212.
② Royal Rosenberry, *Imperial Rule in Punjab：The Conquest and Administration of Mul-
tan, 1818-1881* (New Delhi：Manohar Publications, 1987), 218.

　　由于大规模的基础设施建设，旁遮普省的农业经济得以对外部市场开放。① 这种以市场为导向的转变带来了从印度其他地区蜂拥而至的资本，锡克农民进一步被边缘化了。可耕土地主要集中到少数的印度教大地主、穆斯林大地主和放高利贷者手中，而大多数锡克教农民只拥有非常少的土地。在可能是伊塞尔·辛格家乡的马杰哈地区，大部分土地都是锡克教徒耕种，他们各自的耕地面积太小，无法出租。② 马尔科姆·达林（Malcolm Darling）将锡克教农民的农地碎片化归因于锡克教的传统法律，即父辈的土地要平均分割给儿子们。③ 从这个意义上说，即使一个锡克教农民拥有一块中等大小的土地，这片土地也会被他的后代分割成一小块一小块。由于锡克教的这个传统，每家每户的土地分割因而不可避免。④

　　作为小业主，锡克教农民面临着各种各样的不利条件。首先，他们不得不面对大地主的激烈竞争，即大地主的农产品是规模经济生产的，可以用相对较低的价格出售。此外，锡克农民别无选择，只能用自己的双手耕种土地，以此缴纳赋税养家糊口。这种勉强维持生计的耕作，迫使较穷的锡克人自己承担疾病、恶劣天气和其他意外事故招致的风险。⑤ 锡克农民为了改善他们的处境迫不得已向放债人借债来扩大他们的资产。这种疯狂借贷的后果是，到 20 世

---

① Sukhwant Singh, "The Peasants' Response to Colonial Environment in the Punjab," in *Precolonial and Colonial Punjab：Society，Economy，Politics and Culture，eds.*，Reeta Grewal and Shena Pall（New Delhi：Manohar，2005），289.

② Ian Talbot, *Punjab and the Raj 1849-1947*（New Delhi：Manohar，1988），12，30.

③ Sir Malcolm Darling, *The Punjab Peasant in Prosperity and Debt*（London：Oxford University Press，1947），28.

④ McLeod, "The First Forty Years of Sikh Migration," 35.

⑤ Darling, *The Punjab Peasant in Prosperity and Debt*, 28.

纪初，几乎所有的锡克农民都不同程度地背负债务。①

然而，借钱买更多的土地并不是锡克农民陷入债务困境的唯一原因。在整个殖民时期，杀害女婴在旁遮普的锡克教徒中十分猖獗，可谓臭名昭著。因此，年轻的锡克男子很难找到适龄女性娶妻成家，那些想要娶妻的人没有什么别的选择，只好花 1000—2000 卢比买一个老婆。②

除了花钱买新娘，锡克人还有举行奢华婚礼的传统，这就给丈夫的家庭带来更加沉重的经济负担。旁遮普省的锡克人婚礼，不单单是邀请几个客人来参加仪式，不仅要准备丰盛的菜肴，还要提供娱乐活动，最重要的是，要给新娘购买珠宝和衣装。因此，婚礼至少还得再花 1000 卢比。③ 面对如此巨大的开支，一个典型的锡克农民家庭，他们的积蓄平均只有 500 卢比，不得不借钱，结果发现自己处于高利贷者的摆布之下。总的来说，购买土地和安排婚姻，通常会耗尽一个锡克家庭的全部积蓄，并把这个家庭拖进负债累累的泥潭。

伊塞尔·辛格很有可能来自一个拥有一小块土地的普通农民家庭。跟旁遮普的大多数锡克教家庭一样，伊塞尔一家可能因为购买更多土地、准备婚礼或者建造砖房而陷入债务深渊之中。为了减轻

---

① 罗亚尔·罗斯伯里（Royal Roseberry）认为，旁遮普农民在殖民时期的负债，通常高达每年30%，这也是高利率的结果。参见 Roseberry, *Imperial Rule in Punjab*, 224.

② Darling, *The Punjab Peasant in Prosperity and Debt*, 50.

③ Ibid, 54-56.

债务负担，锡克人除了在地里干活，通常还会想方设法寻找额外的收入来源。一个主要的解决办法是鼓励家庭里的年轻男子去从军。在 20 世纪初，一名印度军队的士兵一年可以挣 84 卢比，远远超过他们在农地上脸朝黄土背朝天劳作的收入。① 印度政府还承诺，这些军人在长期服役几十年后，将在新开发的运河殖民地获得一大片土地。②

虽然参军比种地更有前途，但是并非每个锡克人都有平等的机会应征入伍。除了具有冒险精神，印度军队中的锡克人，必须来自特定的锡克人群体。那些居住在旁遮普东部马杰哈和马尔瓦地区的锡克农民，特别受到招募人员的青睐，因为英国人认为，由于马杰哈和马尔瓦生活环境恶劣，那里的锡克人依旧保持着锡克教的军事传统，身强体壮。③

伊塞尔·辛格是来自马杰哈的锡克教徒，一心想要挣钱养家，他应召入伍加入了印度军队。他被分配到驻扎在贝拉里（Bellary）

---

① Malcolm Yapp，"British Perceptions of the Russian Threat to India," *Modern Asian Studies* 21（1987）：647-665；Roy，*Brown Warriors of the Raj*，99-100；Tan Tai Yong，*The Garrison State：The Military，Government and Society in Colonial Punjab*，1849-1947（New Delhi：sage Publications，2005），79.

② Talbot，*Punjab and the Raj 1849-1947*，40. 第一个运河殖民地于 19 世纪 80 年代在木尔坦（Multan）地区开发。从那时起，运河殖民地已经扩展到马杰哈地区。有关运河殖民地的详情，参见 Darling，*The Punjab Peasant in Prosperity and Debt*，112-113。

③ Captain R. W. Falcon，*Handbook on Sikhs for Use of Regimental Officers*（Allahabad：Pioneer Press，1896），65；Tan Tai Yong，*The Garrison State*，65.

的旁遮普第 74 步兵团，月薪 7 卢比。① 和干农活相比，在此军队服役的报酬还算不错。然而，在 19 世纪末和 20 世纪初，印度军队一再警告说，它的锡克人士兵储备正在耗尽，而且在不久的将来，它将无法雇用到合格的锡克人士兵。印度政府将其招聘资源的枯竭归因于锡克人不断移居到世界其他地区，特别是往东南亚和东亚的英国殖民地、殖民统治地区、租界移居，因为，那里为锡克人提供了不菲的工资，远高于印度政府所能给付的。②

事实上，自印度兵变以来，英国军官逐渐将锡克人看作战斗民族。③ 曾在印度服役的英国军官将这种意识形态带到了英帝国网络的其他地方，并且宣传锡克人的非凡品质。于是，其他殖民地、殖民统治地区、租界对锡克人表现出了极大的热情，纷纷意欲招募锡克人保卫他们的领土、维护他们的社会秩序，而且提供诱人的报酬。④ 表 2 说明了，20 世纪初，在殖民地、殖民统治地区、租界警察部队和印度军队中服役的锡克士兵的年薪。

尽管伊塞尔·辛格在军队服役，可是由于锡克教徒的散居网络扩散了信息的传播，他很可能对海外的发展机会一清二楚。托

---

① 有关 20 世纪初旁遮普第 74 步兵团的运动，参见 "Native Infantry Reliefs," *The Times of India*, June 8, 1904。有关锡克战士的薪水，参见 Tan Tai Yong, *The Garrison State*, 79。

② "Indian Troops for Colonial Garrisons," *The Singapore Free Press and Mercantile Advertiser*, Feb. 7, 1901.

③ David Omissi, "Martial Races," 1-27.

④ 关于锡克人具有战士一样的特质的宣传，可参见 "How Sikhs Face the Foe," *The Straits Times*, May 1, 1902; "A Tribute to the Sikhs," *The Straits Times*, Nov. 12, 1904。

尼·巴兰坦认为，锡克侨民散居网络，不仅将旁遮普与某个特定的海外定居点联系在一起，而且还将各个海外定居点彼此联系在一起。在这个网络中，锡克移民从一个地区迁移到另一个地区，他们在这些地区的经验知识和发展前景也同样由此及彼地传播开来。①因此，一个地区的锡克人，由于经常四处奔波，可以很快就知道其他地区的薪酬。例如，1901 年 2 月，上海警察局中的锡克警察们获悉，不久前香港警察局已经给香港的锡克警察涨了工资，然而，上海警察局却没有任何相应的加薪计划，对此，上海的锡克警察焦躁不安，敦促上海警察局司长上书给上海工部局要求加薪。此外，上海警察局司长还警示上海工部局，如果不加薪，资质合格的警察后备人员，可能会被薪酬较高的香港吸引过去，而不再来上海租界工作了。听取了警司长的汇报后，尽管当年的行政预算相当紧张，上海工部局全体成员还是一致同意考虑这项加薪提议。②

表 2　1900 年锡克警察和锡克人士兵的年薪

新加坡警察	中国香港警察	中国上海警察	印度军队
272 卢比/年	377 卢比/年	525 卢比/年	48 卢比/年

不过，上海工部局不应该将这种给警察加薪的经济负担归咎于港英政府的加薪行为，因为加薪的始作俑者不是香港而是新加坡。1901 年 1 月，新加坡给锡克警察加薪的消息传到了香港，导致香港的锡克警察们群情激昂，于是，香港警察局的锡克警察也要求同等

① Ballantyne, *Between Colonialism and Diaspora*, 29-33.
② *The Minutes of Shanghai Municipal Council（Vol. 10）*, 723.

加薪。由于担心其警员可能会为了更高的薪酬而被新加坡吸引过去，港英政府批准，将警员工资提高 17%，与新加坡的薪酬齐平。①

这些信息也通过邮寄信件或者锡克教徒返乡后亲口讲述而传播到了印度。② 这些从海外归来的锡克人，带着他们的海外经历，随时准备跟亲戚朋友左邻右舍讲述他们在海外的所见所闻、所思所想和所挣钱财。③ 与此同时，货运公司和报纸杂志刊登的广告也在推波助澜地传播这些信息。④

由于接触到了来自四面八方的大量信息，伊塞尔·辛格一定逐渐意识到，他可以在海外赚到更多的钱。经过慎重考虑，伊塞尔·辛格于 1905 年左右离开军队，回到老家村庄稍作休整，准备再远走他乡淘金。跟其他渴望出国的锡克人一样，伊塞尔·辛格大概知道了如何反复掂量可能的目的地来优化他的移民计划。⑤

---

① CO 129/305, 103, 13 May 1901.
② 例如，在上海巡警司中，锡克巡警在服役满 5 年后，可获准 9 个月的半薪归乡假期。参见 SMA, U1-2-309, Shanghai Municipal Council: Terms of Service of Indian Police, Mar. 30, 1904。
③ W. H. McLeod, "The First Forty Years of Sikh Migration," 37.
④ Dusenbery, "Introduction: A Century of Sikhs Beyond Punjab," 4; N. G. Barrier, "Sikh Emigrants and Their Homeland," 55.
⑤ Harish Puri, "Pioneer Punjabi Migrants to North America: 'Revolutionaries' of Will," in *Precolonial and Colonial Punjab: Society, Economy, Politics and Culture*, eds., Reeta Grewal and Shena Pall (New Delhi: Manohar, 2005), 361.

优化移民计划

到了 20 世纪初，大多数锡克人移民特别青睐新加坡、中国香港和上海，把这些地方看作他们淘金的首选之地，因为这些地方可以提供相对较好的报酬。由于对锡克人的需求皆多，这三个城市之间的竞争在所难免。

19 世纪后期，在新加坡，锡克警察的平均年薪约为 120 块墨西哥银圆。[1] 与此同时，在香港警察局工作的锡克警察一人一年可以挣到 166 块港元。[2] 在上海警察局，锡克警察每人每年可以得到 168 块中国银两。[3] 就个人日常生活而言，这三个地方的锡克教徒所获薪资肯定是足够的，而且比当地民众的收入要高出很多。[4] 然而，锡克人赚的钱不仅仅是为了养活他们自己，更大程度上是为了补贴他们在旁遮普的家人。因此，他们还得将收入由当地货币兑换成印度卢比。从表 3 中可见，20 世纪初锡克警察在这三个地方的年薪（以印度卢比计算）对比。

---

[1] CO 277/20, pp. L50-L51, Civic Establishments, 1885.

[2] Hong Kong Blue Book 1905, P. J. 118, Civil Establishments of Hong Kong for the Year 1905.

[3] SMA, U1-1-917, p. 16, Municipal Council of Shanghai: Report for the Year 1905.

[4] CO 275/59, p. 418, Annual Report on the Straits Settlements Police Force, and On the State of Crime, for the Year 1899, 26 March 1900.

表3　20世纪锡克警察以当地货币和卢比计算的年薪

新加坡[a]	中国香港[b]	中国上海[c]
120 墨西哥银圆/年	166 港元/年	168 银两/年
200 卢比/年	237 卢比/年	525 卢比/年

a 关于20世纪墨西哥银圆（1905年后海峡殖民地银币）和卢比之间的汇率，参见丹泽尔，《世界汇率手册（1590—1914）》，伯灵顿：阿什盖特，2010年，第541—542页。（Denzel, *Handbook of World Exchange Rates, 1590-1914*. Burlington: Ashgate, 2010, 541-542.）

b 关于20世纪港元和卢比之间的汇率，参见丹泽尔，《世界汇率手册（1590—1914）》，第520页。

c 关于20世纪中国银两和卢比之间的汇率，参见丹泽尔，《世界汇率手册（1590—1914）》，第526页。

　　将三地的工资换算成卢比可知，在上海工作的锡克警察，其收入要远远高于在新加坡和中国香港工作的锡克警察。这一差距清晰地表明了，跟在其他两个地方的同乡相比，在上海的锡克人可以有更多的钱汇给他们在印度的家人。

　　新加坡政府和中国香港当局十分清楚，他们的货币和卢比之间的弱势汇率对他们招募锡克人造成了显著的负面影响。为了抵消这一不利因素，港英政府决定允许锡克警察按照44港元兑100卢比的固定汇率将工资汇给他们在印度的家人。① 与此同时，新加坡政府在伦敦请求英国首相采取措施，控制英帝国各殖民地、殖民统治地区、租界差别巨大的补偿汇率。由于英国首相拒绝了这一请求，新加坡效仿香港的做法，允许他们的锡克警察将其工资按照固定汇

---

① CO 275/56, pp. C321-322, From Robinson to Secretary of State for the Colonies, Proceedings of the Legislative Council 1898, 20 Oct. 1896.

率兑换，即44块墨西哥银圆兑换100卢比。① 表4 列举了在新加坡和中国香港实行外汇补偿政策之后，新加坡和中国香港、中国上海租界三地锡克警察的薪资对比情况。

表4　汇率补偿之后的薪资对比

新加坡	中国香港	中国上海
120 块墨西哥银圆/年	166 港元/年	168 银两/年
272 卢比/年	377 卢比/年	525 卢比/年

随着汇率的提高，新加坡的锡克警察每年的收入是 272 卢比，而不再是 200 卢比。中国香港的锡克警察每年的收入是 377 卢比，而不是 237 卢比。尽管如此，这些补偿金额仍然比中国上海警察局给付的工资少得多。

印度锡克人在上海获得的独家报酬，实际上是当地政策制定者为了保持竞争优势而刻意设定的。因为，上海工部局在了解到中国香港和新加坡锡克警察的工资情况后，承诺提供更多的津贴，以吸引符合条件的锡克人来上海当警察。②

20 世纪早期，不同地区之间巨大的收入差距，重新塑造了锡克人移民的趋势。当旁遮普省的锡克人得知，他们在上海的老乡比在其他地方打工的老乡能挣到更多钱的时候，许多人就蜂拥前往上

① CO 275/56，p. C321，From Secretary of State for the Colonies to Mitchell，Proceedings of the Legislative Council 1898，15 July 1897.

② SMA，U1-1-904，p. 32，Municipal Council of Shanghai：Report for the Year 1891.

海。1906 年，新加坡政府发现，来新加坡找工作的锡克人越来越少了，申请在新加坡做警察的锡克人也越来越少了。① 三年之后，新加坡的情况越发糟糕，因为新加坡警方既不能从旁遮普招募更多的锡克人，也留不住既有岗位上的锡克人。新加坡警察局局长承认，旁遮普的大多数锡克人不愿意来新加坡，因为一些远东城市，尤其是中国香港和上海租界，对他们更有吸引力。②

由于香港警察局提供的工资相对高于新加坡政府所能提供的，锡克人在 20 世纪头十年持续涌入香港。然而，许多来到香港的人，要么身体上不适合警务工作，要么想方设法被解雇好让自己移居到其他能赚更多钱的地方。例如，上海工部局在加强自身防御的同时，仅在一年之内就以较高的工资和津贴从香港警察局吸引到了 20 多名锡克警察来上海工作。③此外，当那些仍在香港警察局上班的锡克警察们得知，他们的老乡同行们在上海可以赚到更多的钱，便纷纷对自己现状不满，甚至举行了罢工，向港英政府施加压力，要求香港警局给他们提高工资待遇。④ 表 5 显示，新入职的锡克警察在抵达香港后不久即被解雇的比例相当高。

---

① CO 275/74，p. 63，Report on the Straits Settlements Police Force, and On the State of Crime, for the Year 1906，1 Apr. 1907.

② CO 275/81，p. 28，Report on the Straits Settlements Police Force, and On the State of Crime, for the Year 1909，17 Apr. 1910.

③ 《赴港招募警察》，《申报》，1906 年 11 月 13 日。

④ "Sikh Police Strike," *Hong Kong Daily Press*，Oct. 1，1906.

表5 1903—1907 年在中国香港被雇用和被解雇的锡克警察人数

	1903[a]	1904[b]	1905[c]	1906[d]	1907[e]
被雇用的	64	93	70	115	59
被解雇的	61	83	58	74	52

a 《1904 年提交香港立法会的文件》（Papers Laid before the Legislative Council of Hong Kong 1904），第 51 页，《1903 年香港警察局局长报告以及香港消防局局长报告》（Reports of the Captain Superintendent of Police, and of the Superintendent of Fire Brigade, for the Year 1903）。

b 《1905 年提交香港立法会的文件》（Papers Laid before the Legislative Council of Hong Kong 1905），第 95 页，《1904 年香港警察局局长报告以及香港消防局局长报告》（Reports of the Captain Superintendent of Police, and of the Superintendent of Fire Brigade, for the Year 1904）。

c 《1906 年提交香港立法会的文件》（Papers Laid before the Legislative Council of Hong Kong 1906），第 429 页，《1905 年香港警察局局长报告以及香港消防局局长报告》（Reports of the Captain Superintendent of Police, and of the Superintendent of Fire Brigade, for the Year 1905）。

d 《1907 年提交香港立法会的文件》（Papers Laid before the Legislative Council of Hong Kong 1907），第 204 页，《1906 年香港警察局局长报告以及香港消防局局长报告》（Reports of the Captain Superintendent of Police, and of the Superintendent of Fire Brigade, for the Year 1906）。

e 《1908 年提交香港立法会的文件》（Papers Laid before the Legislative Council of Hong Kong 1908），第 130 页，《1907 年香港警察局局长报告以及香港消防局局长报告》（Reports of the Captain Superintendent of Police, and of the Superintendent of Fire Brigade, for the Year 1907）。

  由于上海租界的工资高得多，旁遮普的锡克人热衷于来上海找工作。结果是，20 世纪初，当新加坡政府抱怨只有很少的锡克人自愿加入其警察队伍时，上海工部局却夸口说，招募合适的锡克人几

乎不费吹灰之力了。① 事实上，正如上海工部局所观察到的那样，
"涌入上海的锡克人和印度人正在不断增加"②。

表6清晰地表明，在新加坡和中国香港，锡克警察队伍的发展在
20世纪的头十年里几乎停滞不前。1901年至1909年期间，新加坡的
锡克警察人数仅仅增加了17.7%，中国香港的锡克警察人数的增长率
更是低到只有3.8%。与此形成鲜明对比的是，上海警察局的锡克警
察队伍，在这些年里经历了戏剧性的扩张，其人数增长了219%。

表6　新加坡、中国香港和中国上海的锡克警察人数[a]

	新加坡	中国香港	中国上海
1901	152	366	172
1902	160	367	187
1903	166	367	187
1904	171	375	209
1905	184	482	235
1906	184	410	235
1907	184	410	511
1908	188	388	555
1909	179	380	550

a　新加坡的数据，来自《海峡殖民地警察局年度报告》（Annual Report on
　the Straits Settlements Police Force）；香港的数据，来自《1907年提交香
　港立法会的文件》；上海的数据，来自《上海工部局年度报告》。

受益于锡克人的散居网络，上海租界薪资高这一信息可能很快

---

① SMA, U1-1-917, p. 20, Municipal Council of Shanghai: Report for the Year 1905.
② SMA, U1-1-920, p. 11, Municipal Council of Shanghai: Report for the Year 1907.

就传到了准备移民的伊塞尔·辛格那里。可以理解的是，上海是伊塞尔·辛格的移民首选之地。一般情况下，旁遮普的锡克人到上海找工作有两个渠道。如果他们有亲戚朋友已经在上海工作了，他们可以自己到上海去，请这些人给他们推荐一些岗位。[①] 假如他们在上海没有熟人，那么他们就只有寄希望于到旁遮普招募劳工的上海工部局了。由于上海工部局并不是经常派人来旁遮普招工，所以，大多数情况下，锡克人来上海找工作是通过第一个途径，他们联系到在上海的亲朋好友之后便下定决心自费来上海。然而，这种移民模式到了 20 世纪，随着印度政府劳工政策的变化而不断改变。

印度政府长期以来一直为这样一个事实所困扰，即它在旁遮普招聘劳工的劳务市场因海外需求量大竞争大而日渐萎缩。此外，英帝国的一些主要竞争对手，特别是俄罗斯和德国，也开始雇用漂泊海外的锡克人，这让印度政府更加不安。[②]

1903 年，印度政府要求英帝国的其他殖民地、殖民统治地区只能通过印度军队的代理来雇用锡克人。换句话说，英帝国殖民政府不再允许雇用那些自行申请警察职位的锡克人。[③] 虽然上海的公共租界并不是英帝国的一部分，可是，由于在上海当地招募到的锡

---

① 政府报告指出，在上海巡警司工作的锡克人经常把他们的亲属带到上海，一旦出现职位空缺，就推荐他们的亲戚加入巡警队伍。参见 SMA，U1-1-905，p. 48，Municipal Council of Shanghai：Report for the Year 1892。

② "Arraignment or General Stoessel," *The Straits Times*, Feb. 21, 1905.

③ SMA, U1-5-1, from Military Department to Lord George Francis Hamilton, Apr. 9, 1903.

克人工作表现差强人意，上海工部局于 1905 年开始决定不再从已经寄居在上海本地的锡克人中招工，而是到旁遮普去招募锡克人来当警察。①

通往上海之路

1905 年 12 月，一场排外情绪引发的骚乱使上海陷入了一片混乱。② 随着外国人受伤和外国建筑物被纵火的事件越来越多，上海工部局意识到了他们的治安力量太薄弱，根本无法保护租界。于是，加强上海的警备力量势在必行而且迫在眉睫。③ 由于锡克警察在暴乱中表现出了赤胆忠心和龙精虎猛，因此，有人提议应当大规模地扩充锡克警察队伍。④

根据印度的最新招募政策，1906 年 1 月，上海工部局向印度政府提交了申请，申请招聘 40 名锡克警察。⑤ 几个月后，印度政府批准了这一请求，并指示印度军队在阿姆利则的新兵训练营指派一支

---

① *The Minutes of Shanghai Municipal Council*（*Vol. 16*），606；"The Shanghai Sikh Police," *The Hong Kong Telegraph*，Nov. 5，1906.

② "Shanghai Under Arms," *North China Herald*，Dec. 22，1905；"The Shanghai Riots," *Eastern Daily Mail*，Jan. 2，1906.

③ *The Minutes of Shanghai Municipal Council*（*Vol. 16*），606；SMA，U1-2-309，p. 543，from Acting Commissioner of S. M. C. to H. M. Consul General，Mar. 5，1907.

④ "Shanghai Under Arms," *North China Herald*，Dec. 29，1905；SMA，U1-1-918，第 22-24 页。Municipal Council of Shanghai：Report for the Year 1906；*The Minutes of Shanghai Municipal Council*（*Vol. 16*），606.

⑤ SMA，U1-2-296，p. 528，July 18，1906.

由当地军官和向导组成的征兵工作组负责执行来自上海的招募计划。① 与此同时，为了进一步了解招募进展，上海工部局于 1906 年 10 月将实习警察芬顿（A. H. Fenton）和一名印度中士派往印度，协助当地的招募工作。②

招募工作组和芬顿访问了马杰哈地区的一些村庄，这些村庄通常专门为印度军队提供士兵预备人选。不难想象，伊塞尔·辛格居住的村庄，招募人员一定走访过。得知上海工部局提供的薪水比其他殖民当局要高，伊塞尔·辛格申请应聘。上海工部局挑选警察的标准是参照印度军队的标准而制定的。优先候选人应该是马杰哈的或者马尔瓦的锡克教徒，身高至少 160 厘米，胸围不可少于 89 厘米。③ 作为一名退伍军人，伊塞尔·辛格符合所有这些要求，因此成功应征入伍。

招募工作组将伊塞尔·辛格和其他新人带到阿姆利则，在那里，他们将乘坐火车赶往拉合尔（Lahore）汇合。与此同时，上海工部局已经派工作人员赶往拉合尔，把那些新聘的锡克人带回上海。④ 在拉合尔，印度政府的一名民事外科医生对这些新聘人员进行了常规的体检，确认他们的听力、牙齿和语言能力都是健康达标的。⑤ 此外，这些初选的新人，若有体内组织破裂、脑积水、水痘、

---

① *The Minutes of Shanghai Municipal Council*（*Vol. 16*），663.

② "The Municipal Council," *North China Herald*, Oct. 26, 1906.

③ CO 275/69, pp. c107-c108, "Extract from the regulations as to the physical examination of Candidates for Appointments under the Government of India," Proceedings of the Legislative Council of the Straits Settlements for the Year 1904.

④ *The Minutes of Shanghai Municipal Council*（*Vol. 16*），664.

⑤ SMA, U1-1-898, p. 46, Municipal Council of Shanghai: Report for the Year 1885.

皮肤病或其他慢性疾病症状的，则不被录用，他们的应征资格也将被取消。① 体检顺利通过之后，伊塞尔·辛格等一行人再乘火车前往孟买，在孟买他们将转乘一艘客轮（该轮船隶属于半岛和东方蒸汽航运公司［the Peninsular and Oriental Steam Navigation Company］，后者在 20 世纪初与上海工部局签订了运输合同），这艘客轮把这批锡克人运往香港，最后再送达上海。②

接纳锡克人

1906 年 11 月，当伊塞尔·辛格抵达上海时，他发现这个大都市已经有了一个商业发达、设施完善的锡克人社区。比如，有一所专门为锡克人看病的医院，几年前就已经建成且投入使用了。而且，为了满足锡克人的宗教需要，一座锡克教徒的礼拜场所，也就是锡克教寺庙"谒师所"也正在建设中。此外，还有一所警察学校，定期为锡克警察提供必要的特定培训和教学。上海工部局希望，有了这些设施，可以提高锡克警察队伍的工作效率。事实上，为锡克警察提供定制配套设施的想法，并不是上海最初发明的。在 20 世纪初，上海工部局从中国香港和新加坡引进了许多与锡克教有关的机构和制度，并且将之本土化。换句话说，锡克人医院、锡克

---

① CO275/69, p. c108, "Extract from the regulations as to the physical examination of Candidates for Appointments under the Government of India," Proceedings of the Legislative Council of the Straits Settlements for the Year 1904.

② SMA, U1-5-1, from Peninsular and Oriental Navigation Company to J. C. P. Bland, Jan. 22, 1906.

教寺庙和警察学校都是跨地区网络下的产物，这种网络促进了知识和信息从一个地区传播到另一个地区。

英帝国在东南亚和东亚的殖民当局认为，锡克人作为战斗民族生存能力强，可以很容易地适应恶劣环境，所以，英帝国殖民者热衷于雇用他们。然而，具有讽刺意味的是，英国人很快便发现，锡克人特别容易感染热带疾病，尤其是疟疾和登革热，在香港警队中，锡克警察生病住院的人数一直居高不下，遥遥领先其他族群警察的生病人数。

同样地，新加坡政府也经常为锡克警察的健康状况所困扰。新加坡政府的一项调查显示，在这个热带岛屿上，锡克人特别容易感染肺结核和间歇性发烧，而且锡克人患病的比例比警队的其他族群要高出很多。[①] 在新加坡警察总监的 1909 年年度报告中，锡克警队被宣布为最不健康的一支队伍。[②] 20 世纪初，上海的锡克警察同样也很容易出现健康问题。上海工部局每年的年度报告显示，锡克人经常因各种疾病或其他情况而被送进医院，甚至最终死亡，此类病例屡见不鲜。[③]

---

① CO 275/57，p. 71，Straits Settlements Annual Reports for the Year 1898；CO 275/59，p. 419，Straits Settlements Annual Reports for the Year 1899.

② CO 275/81，p. 29，Annual Departmental Reports of the Straits Settlements for the Year 1909.

③ SMA，U1-1-913，p. 40，Municipal Council of Shanghai：Report for the Year 1900；SMA，U1-1-916，p. 30，Municipal Council of Shanghai：Report for the Year 1904.

表7　1901—1909 年中国香港医院收治的警务人员

	欧洲人	锡克人	华人
1901[a]	163	493	215
1902[b]	141	498	299
1903[c]	122	407	193
1904[d]	111	317	226
1905[e]	102	407	187
1906[f]	98	375	224
1907[g]	132	427	187
1908[h]	97	394	136
1909[i]	72	471	136

a 《港英政府网上报告，1902 年会议文献》，第 105 页，《1901 年警察与犯罪报告》（Report on the Police and Crime, for the Year 1901）。

b 《港英政府网上报告，1903 年会议文献》，第 158 页，《1902 年警察与犯罪报告》。

c 《港英政府网上报告，1904 年会议文献》，第 50 页，《1903 年警察与犯罪报告》。

d 《港英政府网上报告，1905 年会议文献》，第 87 页，《1904 年警察与犯罪报告》。

e 《港英政府网上报告，1906 年会议文献》，第 421 页，《1905 年警察与犯罪报告》。

f 《港英政府网上报告，1907 年会议文献》，第 196 页，《1906 年警察与犯罪报告》。

g 《港英政府网上报告，1907 年会议文献》，第 122 页，《1907 年警察与犯罪报告》。

h 《港英政府网上报告，1909 年行政报告》，第 105 页，《警察局警司长报告》。

i 同上。

　　雇用锡克警察的殖民当局采取了各种措施来改善锡克警察的健康状况。自 19 世纪 60 年代起，港英政府就开始从印度进口药物医治生病的锡克人，① 另外，所有锡克病人都被送往政府医院进行治疗。② 在新加坡，一名外科医生被特聘为警察，负责处理所有锡克警察的健康问题。那些患有严重疾病的人，将会被送入由政府出资修建的新加坡中央医院住院治疗。③ 医院还为锡克病人提供了特定的锡克教饮食。④

　　新加坡和中国香港发生的这些事例表明，在东南亚和东亚，锡克人特别容易感染疾病，应该为他们制定一些特别的措施来纾困这些医疗保健问题。于是，上海工部局深刻地吸取了新加坡和中国香港两地的经验教训，格外重视在上海的锡克警务人员的医疗保健。当伊塞尔·辛格抵达上海时，上海警察局已经开始效仿新加坡警察局，也特聘了一名外科医生警员负责锡克警察们的医疗保健事务。⑤ 上海警察局里生病的锡克警察，首先由这名外科医生警员做出初步诊疗，严重的再送去上海工部局的综合医院（由上海工部局出资建立）接受进一步的免费检查和免费治疗。⑥ 为了更好地接纳锡克人，上海工部局甚至在1919年建立了一所印度医院。⑦ 该医院的医

① CO 129/135, from Under-Secretary of State to War Office, 8 Apr. 1868.
② Hong Kong Government Reports Online, Administrative Reports for the Year 1910, 16, Government and Aided Institutions.
③ CO275/74, p. 341, Annual Departmental Reports of the Straits Settlements for the Year 1906.
④ CO275/50, p. 34, Annual Report on the Straits Settlements Police Force for the Year 1895, Feb. 7, 1896.
⑤ SMA, U1-1-898, p. 46, Municipal Council of Shanghai: Report for the Year 1885.
⑥ SMA, U1-5-1, Shanghai Municipal Council: Terms of Service of Indian Police, Mar. 30, 1904.
⑦ 这家印度医院是专门为锡克警察及其妻子和孩子所建的。

图 8　20 世纪老闸警察学校接受训练的锡克骑警（中国项目历史照片提供）

疗决策者们，同样采用了新加坡的做法，为生病的锡克警察提供特定的锡克教食物，而且，如果锡克警察的妻子或者孩子生病了，一样可以去这家医院看病。[1]

　　上海工部局不仅建造了良好的医疗设施，而且还给锡克警察提

_____

[1]　SMA. U1-14-6714，from A. Hilton Johnson to the Acting Secretary S. M. C.，July 21，1917.

供了专门培训和特定教育。1896 年，上海工部局创建了一所印度人学校，所有新近招聘的锡克警察，来上海之后的最初半年都必须在这所学校里接受专项培训，培训的内容包括英语和汉语的必修课程、步枪射击和警察条例等语言能力和专业技能培训。① 上海的印度人学校的这些规章制度，跟医疗保健制度一样，都是效仿其他殖民地、殖民统治地区的做法。

1868 年，港英政府成立了锡克警察分队，香港总督同时开办了一所锡克警察学校，教授锡克警察如何使用毛瑟枪，同时教他们说英语和汉语。② 锡克警察在警校的语言学习，还与他们日后的晋升挂钩，只有通过语言考试的人，才有可能晋升到更高的职位。③ 香港警校的课程设置，随后得到了进一步的扩增，例如，增设的课程有，"警察条例和一般注意事项""路段与路况""地方性知识""警察法庭例行程序""观摩教学""柔术""体能训练"和"伤员急救"，这些课程都要给锡克警察讲授。④

新加坡的锡克警察学校在很大程度上是效法中国香港的。1879 年，新加坡殖民政府打算成立锡克警察部队，于是主要借鉴了香港

---

① 有关警察条例教育，参见 SMA，U1-1-898，34，Municipal Council of Shanghai：Report for the Year 1886。有关语言教育和锡克巡警学校，参见 SMA，U1-1-909，35，Municipal Council of Shanghai：Report for the Year 1896。有关步枪射击训练，参见 SMA，U1-1-909，35，Municipal Council of Shanghai：Report for the Year 1896。

② Hong Kong Government Reports Online，Hong Kong Government Gazette 1870，p. 188，Government Notification，Apr. 16，1870.

③ Hong Kong Government Reports Online，Sessional Papers 1902，105，Report on the Police and Crime，for the Year 1901.

④ Hong Kong Government Reports Online，Administrative Reports for the Year 1921，p. k17，Report of the Captain Superintendent of Police.

图9 2007年槟城的瓦达锡克教寺庙（尼克·胡塞瑞·易卜拉欣［Nik Khusairi Ibrahim］拍摄）

雇用和管理锡克警察支队的经验。1881年，新加坡为锡克警察建立了一所警察学校，跟香港一样也要求锡克籍警务人员必须参加该警校提供的语言课程培训和语言水平测试。①

　　除了新加坡，位于租界的上海工部局也是香港的一个学生。为了提高锡克警察分队的工作效率，上海工部局一再求助香港传授经

---

① CO 275/23, p. cclxxii, Report of the Police Commission, Sept. 1, 1879；CO 275/27, p. 9, Report on the Straits Settlements Police Force, and on the State of Crime, for the Year 1881.

验，比如，如何给锡克警察提供专业知识的教育和培训。早在1885年第一批锡克人抵达上海时，上海工部局便仿效香港警察局的做法，给所有新入职的锡克警察开设中英文语言课程。① 随着锡克警察分队的迅猛发展，上海工部局要求其警官们前往香港学习管理知识。② 按照香港的模式，上海工部局在1896年专门成立了一所锡克警察学校，开设了步枪射击、警察条例教导和地方性知识等课程。③

由于锡克教是锡克人认同感的基础，所以大多数锡克人即便身在国外也希望能够继续在锡克教寺庙"谒师所"举行宗教仪式。随着越来越多的锡克教徒在20世纪初迁移到东南亚和东亚，锡克教寺庙也在这些地区如雨后春笋般渐次兴立了。④ 1901年，为了纪念维多利亚女王的登基钻禧，马来西亚槟城建立了马来半岛海峡殖民地的第一个锡克教寺庙。⑤ 依据当时的报道，槟城的锡克教寺庙，给马来半岛海峡殖民地的锡克教徒和马来半岛的锡克教徒都提供了宗教活动场所。⑥

---

① SMA，U1-1-898，p. 34，Municipal Council of Shanghai：Report for the Year 1886.

② *The Minutes of Shanghai Municipal Council*（*Vol. 9*），p. 717；*The Minutes of Shanghai Municipal Council*（*Vol. 13*），p. 570.

③ SMA，U1-1-899，p. 34，Municipal Council of Shanghai：Report for the Year 1886；SMA，U1-1-904，p. 32，Municipal Council of Shanghai：Report for the Year 1891；SMA，U1-1-909，p. 35，Municipal Council of Shanghai：Report for the Year 1896.

④ 在英属北婆罗洲（British North Borneo），早在1887年，那里的锡克教士兵就有一座锡克教寺庙，参见"British North Borneo News，"*The Straits Times*，Sept. 15，1887。仰光的锡克教徒在1898年建立了他们的锡克教寺庙，参见"Untitled，"*The Singapore Free Press and Mercantile Advertiser*，Nov. 18，1898。

⑤ "Sikhs in Penang，"*The Straits Times*，Sept. 1，1899；"Shipping News，"*The Singapore Free Press and Mercantile Advertiser*，June 7，1901.

⑥ "Diamond Jubilee Sikh Temple in Penang，"*The Singapore Free Press and Mercantile Advertiser*，Sept. 1，1899.

图 10　2013 年中国香港湾仔锡克教寺庙（曹寅摄）

　　港英政府对在马来半岛海峡殖民地建造锡克教寺庙的情况十分
了解，认为有必要开始为他们自己的锡克教徒员工们建造一所香港
的锡克教寺庙。① 1902 年，也就是槟城锡克教寺庙落成一年之后，
香港在港岛湾仔跑马地也建造了一座锡克教寺庙。虽然场地是由港
英政府免费提供，但是建造这座建筑的资金则是由在香港担任士
兵、警察和看守的锡克教徒们筹集的。②

---

①　"Sikh Temples," *The China Mail*, June 14, 1901.

②　"New Sikh and Hindu Temple," *The Hong Kong Telegraph*, May 12, 1902；"Opening of a Sikh Temple in Hong Kong," *The Hong Kong Weekly Press*, May 19, 1902.

值得注意的是，上海工部局还给香港的锡克教寺庙捐款了大约600港元。[①] 事实上，在20世纪最初十年内，上海工部局迫切需要提高锡克警察们的士气和工作效率。上海工部局认为，如果能够建成一个锡克教的宗教组织，那么该组织可能会有助于监督和纠正每位锡克教徒的行为，所以，上海工部局对于香港的锡克教寺庙建造事宜愈发感兴趣。[②] 上海工部局在经过多年的考量和观察之后，于1906年批准了在上海建造一座锡克教寺庙的计划。[③] 于是，上海工部局很快便派代表前往香港，了解建造锡克教寺庙的具体细节，代表们拿到了香港锡克教寺庙的蓝图和方案，把这些资料带回到上海。[④]

1908年6月，上海工部局按照香港的模式，在四川北路建造了一所锡克教寺庙。[⑤] 上海工部局希望，这座寺庙可以极大地帮助它管理所有上海锡克侨民，包括锡克警察、锡克人看守以及没有工作的锡克游民。在锡克教寺庙牧师的帮助下，上海工部局想要对这些锡克人加强锡克教的宗教教导，从而促进纠正锡克人的不当行径。此外，该寺庙还为穷困潦倒或无家可归的锡克人提供食宿。锡克人之间的纠纷，通常也是在锡克教寺庙而不是在法庭上得以解决。[⑥]

[①] "New Sikh and Hindu Temple," *The Hong Kong Telegraph*, May 12, 1902.

[②] "Late telegraphs," *North China Herald*, Aug. 9, 1907.

[③] *The Minutes of Shanghai Municipal Council* (*Vol. 16*), 620.

[④] SMA, U1-1-918, pp. 22-24, Municipal Council of Shanghai: Report for the Year 1906.

[⑤] SMA, U1-1-921, pp. 13-14, Municipal Council of Shanghai: Report for the Year 1908; "The Sikh Gurdwara: Opening Ceremony," *North China Herald*, July 4, 1908.

[⑥] "The Sikh Gurdwara," *North China Herald*, Aug. 16, 1907; "The Sikh Gurdwara: Opening Ceremony," *North China Herald*, July 4, 1908.

图 11　1910 年代中国上海四川北路的锡克教寺庙（上海市档案馆提供）

　　伊塞尔·辛格到达上海的时候，所有这些先进的设施都已经建造完成了。跟所有其他锡克警察一样，伊塞尔·辛格落地上海后随即参加了警务知识的相关培训，这个培训是依据印度政府的警察培训手册而展开的。[1] 刚开始的半年里，伊塞尔·辛格必须每周参加三次英语课程学习。[2] 上海工部局一再强调，它的警察队伍也是防卫部队，一旦有危急情况发生，工部局将会调遣这些警察来保护租界，因此，上海工部局还给新入职的警察们开设了射击等军事化

---

[1]　SMA, U1-1-898, p. 34, Municipal Council of Shanghai: Report for the Year 1886.

[2]　SMA, U1-1-914, p. 42, Municipal Council of Shanghai: Report for the Year 1901.

课程。①

伊塞尔·辛格在经过强化培训后，被派往虹口警察房，负责检查虹口地区的非法活动。他被安置在一个专门为新雇用的锡克警察而建造的兵营里。② 这个营地不对外开放，它更像是一个军事堡垒，因为上海工部局本来就打算把它建造成为租界的防御总部。③ 住在这个营房里，生活难免枯燥乏味，而且工作也很艰辛，平时每天工作 8 个小时，在街上追贼、指挥交通、逮捕醉汉，风尘仆仆又危机四伏。

酗酒是当时沪上锡克人最常见的休闲活动。事实上，生活在旁遮普的锡克教徒有一个传统，那就是，在繁重的体力劳动过后，他们会肆意饮酒来缓解自己的疲惫不堪。④ 在 20 世纪早期，有一项社会调查表明，100 名贾特锡克人平均每年可以消费掉 5 加仑的酒精，而整个旁遮普的平均水平仅为 2. 25 加仑。⑤ 锡克侨民们把这种嗜酒习性也带到了海外。在新加坡，殖民政府将锡克警察的不当行为主要归咎于他们普遍的酗酒习气。⑥ 在香港，锡克人过度饮酒的现象也十分常见。港英政府极力宣扬锡克教，其中一个重要原因就是锡克教的教义是禁止酗酒的。⑦ 上海租界的锡克人也不例外，与饮酒

① SMA, U1-1-909, p. 35, Municipal Council of Shanghai: Report for the Year 1896.

② *The Minutes of Shanghai Municipal Council* (*Vol. 16*), 627.

③ Ibid, 616.

④ Khushwant Singh, *A History of the Sikhs Vol. 2: 1839-1988* (Delhi: Oxford University Press, 1966), 153.

⑤ Darling, *The Punjab Peasant in Prosperity and Debt*, 48.

⑥ CO 275/84, p. 425, Straits Settlements Annual Reports for the Year 1910.

⑦ "New Sikh and Hindu Temple," *The Hong Kong Telegraph*, May 12, 1902.

有关的各类案件也层见叠出。① 上海工部局甚至声称，"酗酒，是锡克人最常见的罪行"②。伊塞尔·辛格跟他的同乡一样，偶尔也会沉湎于酒精。然而，具有讽刺意味的是，伊塞尔·辛格的主要工作之一就是上街检查醉汉。

维护虹口的治安

上海警察局中锡克警察的治安风格是英国警察和殖民地、被殖民统治地区、租界警察的混合版。现代警察诞生于英国，19 世纪早期，英国资本主义经济需要大量训练有素的劳动力，以便最大化地获取它的工业利润，与此同时，英国蓬勃发展的资产阶级竭力将其行为规范强加给工薪阶层，从这个意义上说，英国的警察部队不仅负责侦查非法活动，而且还负责约束人民的日常行为，并把统治阶级的愿望强加给老百姓。③ 随着英帝国的扩张，警察部队也在各个殖民地、殖民统治地区和租界建立起来了。然而，殖民地、殖民统治地区和租界的警察跟英国的警察截然不同。这些地区警察的职责

---

① "H. B. M.'s Police Court," *North China Herald*, Dec. 8, 1887; "H. B. M.'s Police Court," *North China Herald*, Aug. 11, 1893; "R. v. Nerain Singh," *North China Herald*, Oct. 30, 1899.

② SMA, U1-1-920, p. 11, Municipal Council of Shanghai: Report for the Year 1907.

③ D. G. Brown, *The Rise of Scotland Yard: A History of the Metropolitan Police* (Edinburg: Harrap, 1956); Thomas Critchley, *A History of Police in England and Wales* (London: Constable & Robinson Ltd., 1978); David Ascoli, *Queen's Peace: The Origins and Development of the Metropolitan Police, 1829-1979* (London: H. Hamilton, 1979); E. P. Thompson, *The Making of the English Working Class* (Toronto: Penguin Books, 1991); Clive Emsley, *The English Police: A Political and Social History* (London: Routledge, 2014).

不是教导当地人如何满足英国中产阶级的期望，而是通过镇压骚乱和监管当地人来加强在境外、有时甚至是在敌对领土上的殖民统治。因此，殖民地、殖民统治地区和租界警察住在兵营里，还装备了重武器，又接受了军事化的技能训练。①

　　上海警察局结合了英国警察和殖民地、殖民统治地区和租界警察这两种模式。② 一方面，当时的上海在很大程度上是一个商业活动为主并且政治稳定的特立独行的外国租界，上海公共租界的外国侨民，渴望在此建立一套符合西方社会规范的法律和秩序，希望上海居民能够遵守西方社会特色的法律制度，他们相信这样就可以维持上海租界的和平和稳定。他们还相信，如果能做到的话，上海公租界必将井然有序，定能吸引更多的人移居上海，势必吸引更多资本流入上海。为了实现这一愿景，上海警察局聘用训练有素的警察，督促他们做好表率，不折不扣地完成此类教化和规训的工作。对于那些不遵守交通规则的人，对于那些在大街上喝得酩酊大醉的人，对于那些在公共场合制造骚乱的人，警察都要逐一施加惩罚，通过此类惩罚向社会各界表明，警察的存在就是为了惩罚这些不端行为。另一方面，由于从 19 世纪 60 年代开始，华人已成为上海当地人口的主体，因此上海租界的人口结构与加拿大、新西兰等其他白人定居点的人口结构不太相似，而与中国香港、新加坡等地的人

---

① Jeffries, *The Colonial Police*; Arnold, *Police Power and Colonial Rule*; Anthony Clayton and David Killingray, *Khaki and Blue: Military and Police in British Colonial Africa* (Athens: Ohio University Press, 1989); Brogden, "The Emergence of the Police," 4-14; Dilip Das and Arvind Verma, "The Armed Police in the British Colonial Tradition: The Indian Perspective," *Policing: An International Journal of Police Strategies & Management* 2 (1998): 354-367.

② Bickers, "Ordering Shanghai," 178-179.

口结构更接近，正是这种环境迫使上海警察局引入了中国香港和新加坡的许多治安措施，包括招募锡克人做警察。

在 1883 年关于警察改革的辩论中，上海工部局监察委员会主任霍利迪认为，警察的有些职责是华人难以胜任的，可是成本高昂的欧洲警察因为人手太少也无法独自完成。① 上海租界警察的一项主要职责是，镇压华人的骚乱，防范中国军人潜在的攻击。霍利迪认为，在这样一个动荡的时期，上海警察局的华人警察不可信任。然而，由于欧洲籍警察的薪水非常高，上海工部局无法在这个多事之秋扩编足够多的欧洲籍警察。因此，引入锡克警察，作为加强英帝国管理上海租界的补充力量，便是不二选择。②

霍利迪在另一次演讲中强调，印度人比亚洲任何其他国家的人都更加熟悉英国的风俗和法律。③ 如上所述，上海公共租界外国侨民，倾向于将英国的法律和规范强加给租界，强迫租界居民遵守这些法规，他们的目标是要把上海公共租界变成另一个伦敦，在上海公共租界，交通顺畅，街道干净，卖淫和赌博受到严格控制，一切都有条有理。上海警察局的警务人员是负责执行这种教化工作的最重要的武装力量之一。如果一定要警察执行这项教化职责，那么警察们必须从一开始就熟悉且遵守英国的法律。然而，大多数华人警察，即便自己没有违反英国民事法规，对于英国法律也是不知所谓，因此，让他们指导别人遵守这些规则往往是徒劳无功的。由

---

① "Special Meeting of Ratepayers," *North China Herald*, Oct. 10, 1883.

② SMA, U1-1-918, Annual Report of the Shanghai Municipal Council, 1905.

③ "Special Meeting of Ratepayers," *North China Herald*, Oct. 10, 1883.

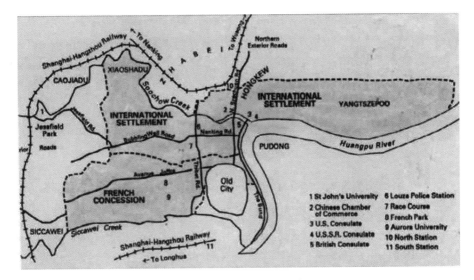

图 12　20 世纪 20 年代的中国上海地图（旧上海故事项目提供）

于锡克人被认为比华人更了解英国的习俗和规则，锡克警察们有义务在上海公共租界的大街小巷上进行文明教化工作。

　　伊塞尔·辛格被指派在虹口执行教化这一任务。虹口位于上海公共租界的北部，在 1848—1863 年期间主要受美国租界的管理，1863 年，美国租界与英国租界合并，虹口成为上海公共租界的一部分，事实上，虹口比上海公租界的其他地方更不安全。[①]

　　在 19 世纪末、20 世纪初，上海是亚洲最大和最繁忙的港口之一，来自世界各地的水手在上海口岸登陆消遣，他们特别喜欢饮酒

---

① 　史梅定：《上海租界志》，第 93—96 页。

取乐。酩酊大醉的水手，是破坏上海租界秩序的极端危险分子。水手们喝醉了酒，或是彼此拳打脚踢，或是欺负华人，或是破坏财物。水手们的粗暴行为激起了上海公共租界外国侨民的强烈不满，后者希望上海成为租界的模范生，大家可以在一个稳定、安全的地方做买卖。锡克警察们负责纠正这些惹是生非的海员的不当行为，逮捕那些在公共场所制造事端的人。

虹口因为水手的犯罪和惹事而臭名昭著，伊塞尔·辛格经常遇到这些水手。1906 年 12 月 19 日子夜，伊塞尔·辛格在余杭路巡逻时，发现一名醉酒的美国巡洋舰水手，当伊塞尔·辛格试图拘留这名醉汉时，醉汉袭击了他，一场打斗随即发生，多亏伊塞尔·辛格以前当过兵，很快就控制住了这名美国人，并把他带到了巡捕房。[①] 1907 年 5 月 23 日，一名俄国巡洋舰水手喝醉酒了躺在蓬路上阻碍交通，随时待命的伊塞尔·辛格冲到现场将他拘捕，这个人后来被送回到他的舰艇上接受惩罚。[②]

事实上，对于锡克警察来说，像伊塞尔·辛格这样遇见行为不端的水手不足为奇。1887 年 4 月 1 日的早晨，几个英国水手在百老汇路上打起架来，百老汇一带是水手们经常找乐子的好去处。据报道，他们大打出手，舞棍弄棒甚至动刀子。随后，一群锡克警察奉命前往现场平息冲突。水手们在警察到来之前就散去了，但是锡克警察还是设法抓住了其中两名水手。[③] 然而，并不是所有的酒鬼都

---

① "A Correction," *North China Herald*, Dec. 21, 1906.
② "The Week's Mails," *North China Herald*, May 31, 1907.
③ "Summary of News," *North China Herald*, Apr. 6, 1887.

图 13 20 世纪 20 年代的中国上海虹口（上海市档案馆提供）

不加反抗地拔腿逃跑。1892 年 8 月 30 日，两名英国海员在"旅行者"（travelers）酒馆外喝醉了，他们寻衅滋事，影响到了路上的交通。随后，一名锡克警察接到指示，将他们带到了巡捕房，当这名锡克警察走近这两名男子时，后者把他打倒在地，夺去他的警棍，击打他的头部。①

除了检查酒鬼，伊塞尔·辛格还负责检查卫生问题和火灾等事务。此外，时有恶犬咬伤行人，也时有居民投诉犬吠噪声扰民，上海工部局认为，这些动物不仅野蛮，而且还破坏了安静的居住环境。于是，锡克警察接到命令，把街上所有的流浪狗都抓捕起来。而那些无法控制自己恶犬的居民，有时也会面临相应的惩罚。②1907 年 6 月 30 日的早晨，伊塞尔·辛格在四川北路捉到了一条"流浪狗"，当时并没有发现这只狗是有主人的。就在伊塞尔走回警察房的路上，狗的主人突然现身，要求把狗归还给他。尽管那名男子坚称是伊塞尔把他的狗引诱到马路上的，法院还是以没有给狗戴嘴套的罪名对他处以 10 块钱的罚款。③

这些记录显示，在 1906 年 11 月到 1907 年 5 月这六个月试用期间，伊塞尔·辛格工作表现突出，因而被提升为 6 级警察。当时他

---

① "R. v. Coll. And Eade," *North China Herald*, Sept. 2, 1892.
② "U. S. v. Graham," *North China Herald*, Aug. 7, 1890; "Municipal Council v. Anderson," *North China Herald*, Mar. 27, 1899; "Municipal Council v. Little," *North China Herald*, Mar. 27, 1899; "R. v. Harris," *North China Herald*, Aug. 7, 1899; "R. v. Bent," *North China Herald*, Aug. 14, 1899.
③ "S. M. Police v. Wm. Rancee," *North China Herald*, July 5, 1907.

的月薪约为 16.50 块墨西哥银圆。跟大多数同事一样，伊塞尔·辛格一拿到工钱，可能就把这笔钱几乎全部寄回印度老家，接济家人。克劳德·马科维茨（Claude Markovits）分析了 1895—1931 年在上海去世的锡克警察的四份遗嘱，惊奇地发现，这些锡克人账户中结余存款极少。马科维茨进一步指出，鉴于上海锡克警察的农民背景，他们将大部分收入都汇给了在旁遮普的农村老家。① 这一观点在警察索兰·辛格（Sorlan Singh）案件中得到进一步的证明，索兰因为酗酒和行为不端被罚款 10 块墨西哥银圆，可是却没有钱支付罚款，因为他不久前把大部分工资都寄给了在印度的妻子，结果被判监禁一个月。②

除了现金收入，伊塞尔·辛格还享有一些其他形式的福利待遇，如制服、饮食和照明都是免费的。③ 1905 年，上海工部局甚至雇用了三名锡克厨师为所有锡克员工烹饪旁遮普食物。④ 事实上，如果伊塞尔·辛格能够继续表现出色，一年之后他就很可能被提升为 5 级警官。⑤ 可是，由于对上海工部局颁布的规章制度缺乏了解，伊塞尔·辛格在该警队的职业生涯遭受搁浅。

---

① Markovits, "Indian Communities in China, 1842-1949," 55-74.
② "A Police Constable in the Dock," *North China Herald*, Dec. 8, 1887.
③ SMA, U1-2-309, p. 666, Shanghai Municipal Council: Terms of Service of Indian Police, Mar. 30, 1904.
④ SMA, U1-1-917, p. 16, Municipal of Shanghai: Report for the Year 1905.
⑤ SMA, U1-2-309, p. 664, Shanghai Municipal Council: Terms of Service of Indian Police, Mar. 30, 1904.

闯下了大祸的人

1907 年 5 月，上海工部局董事会主席收到了上海道台的一封信，[1] 这封来信投诉一名印度警察持枪闯入租界外并且欺负中国人。[2] 事实上，在上海，锡克警察对华人的严厉态度经常引起当地人的反感，甚至引发抗议和示威。[3] 比如，当锡克警察试图用武力没收无证马车或无证黄包车时，该警察通常会召集更多的锡克警察过来，他们一哄而上对华人马夫或黄包车苦力大打出手。[4] 还有报道称，中国黄包车苦力经常遭到锡克警察的殴打和驱逐，仅因为他们的人力车堵塞了交通或是走错了方向。[5] 此外，由于锡克警察很少能用中文交流，[6] 这些警察跟治安管理对象之间常常产生误解并导致争吵。[7] 在一起案件中，一名锡克警察被指控殴打一名华人马夫，因为该马夫把他的马车停在不当的地方，阻碍了交通。事后调查显

---

[1] 上海道台是清代上海县和松江县的县长。第一次鸦片战争后，上海道台受命负责上海的外交事务，参见 Leung Yuen-Sang, *The Shanghai Taotai: Linkage Man in a Changing Society, 1843-1890* (Honolulu: University of Hawai'i Press, 1991)。

[2] "Policing Beyond Limits," *North China Herald*, July 27, 1907.

[3] 姚克明，《海上洋泾浜》，上海：学林出版社，2004 年，第 62 页。

[4] "Summary of News," *North China Herald*, May 5, 1890.

[5] "The Sikh Police," *North China Herald*, Sept. 16, 1892.

[6] 19 世纪 90 年代末，上海工部局注意到了锡克巡警的语言问题。1897 年，上海工部局专门为训练新入伍的锡克人而设立了一所英语学校。在 20 世纪早期，所有的锡克人都要求参加英语课程学习。通过语言测试的锡克巡警将获得至多 5 块墨西哥银圆，参见 SMA, U1-1-910, Annual Report of the Shanghai Municipal Council, 1897。

[7] 伊莎贝拉·杰克逊还观察到锡克巡警在指挥交通时的粗暴行为，参见 Jackson, "The Raj on Nanjing Road," 1690-1691.

示，冲突的主要原因是他们俩沟通不畅，因为该锡克警察不会说中文，他的命令被马夫误解了，马夫的不服从也激怒了锡克警察，后者便夺过马鞭殴打了马夫。①

然而，上海道台投诉的案子情况特殊，因为它发生在上海公共租界之外。华文报纸进一步报道称，这名印度警察是应一名华人恶棍的邀请进入了公共租界之外的中国领土，而且，这个警察为虎作伥，合力欺负一些店家。在这个印度人的协助下，这个流氓还殴打了前来查案的一名华人警察。② 上海道台对此十分愤怒，认为这个印度警察要么是被那位华人恶棍私人雇用的，要么是受上海工部局委托故意违反中国清朝的律法。所以，上海道台要求上海工部局全面调查这一事件，并且要求对这个印度警察严惩不贷。③

上海工部局随后展开调查发现，这名印度警察正是伊塞尔·辛格。伊塞尔·辛格说，1907 年 4 月 29 日，他在梧州路街道巡逻时，接到一名中国男子的报警，报警人说他在公共租界外的房子里冒出了很多流浪汉。伊塞尔·辛格随后跟着那个人去了现场，结果发现那里并没有什么流浪汉，随后立即返回自己的工作岗位。根据这一调查结果，上海工部局认为，中方的指责夸大其词了，似乎没有必要再关注这个问题。④ 虽然伊塞尔·辛格没有为这次越界事件负责，但他无疑给长官们留下了难忘的负面印象，正如锡克警察支队的队

---

① 《停车肇事》，《申报》，1885 年 5 月 7 日。

② 《沪道查究印捕越界帮凶》，《申报》，1907 年 5 月 3 日。

③ "Policing Beyond Limits," *North China Herald*, July 27, 1907.

④ Ibid.

长后来所评议的那样："他（伊塞尔·辛格）可给长官们闯下大祸喽。"①

1907 年 8 月 2 日，伊塞尔·辛格拒绝服从命令外出执勤，因为他发现自己放在营房宿舍里的钱不见了，此外，伊塞尔还声称自己受到了锡克籍高级长官的不公对待。不服从高级长官的命令，这等事情在上海的锡克警察中并不是第一回了。在 20 世纪早期，上海工部局老是抱怨锡克警察支队的纪律日益恶化。② 然而，上海工部局的领导层通常的做法是安抚锡克警察，因为他们严重依赖锡克警察来保卫上海公共租界。③ 例如，1908 年 5 月 28 日，两名锡克警察违抗一名印度总警长的命令，其中一名警察甚至用污言秽语攻击这位警官。两人都被带到警察法庭，可是，判决结果却相当轻微，其中一个人判罚了 3 天的苦役，另一个人判罚了 7 天的苦役。④

相比之下，伊塞尔·辛格被判罚一个月的劳役，主要是因为法庭认为他给警察司惹下过大麻烦。⑤ 伊塞尔·辛格于 1907 年 9 月获释时，法官给了他两个选择：要么找到两个各有 500 块墨西哥银圆资产的担保人，担保他回归锡克警察支队上班，要么卷铺盖走人回

---

① 《沪道请上西捕勿再越界》，《申报》，1907 年 7 月 1 日；"REX（S. M. P.）v. Isser Singh," North China Herald, Aug. 9, 1907。

② The Minutes of Shanghai Municipal Council（Vol. 16），655；SMA, U1-1-922, p. 35, Municipal Council of Shanghai: Report for the Year 1909；"Shanghai Sikh Police: Deportation Order Disobeyed," The Hong Kong Telegraph, Oct. 23, 1909；SMA, U1-1-923, p. 36, Municipal Council of Shanghai: Report for the Year 1910.

③ 外界观察家早就注意到了，上海巡警司是用轻刑惩罚非法的锡克教徒，以换取他们的忠诚，参见 "The Valueless Sikh," The China Mail, July 31, 1907。

④ "REX v. Pumun Singh and Ujazar Singh," North China Herald, May 30, 1908.

⑤ "REX（S. M. P.）v. Isser Singh," North China Herald, Aug. 9, 1907.

印度去。① 后来，伊塞尔·辛格在朋友的帮助下，成功地找到了两名担保人，最终得以被允许恢复他在警察支队的工作。

在接下来的三年里，伊塞尔·辛格似乎不再上街抓什么醉酒的人，在这段时间里，他也没有越界或制造任何麻烦。1910 年 7 月，伊塞尔·辛格由于参加了一场罢工，再次被监禁。上海锡克警察举行罢工也是常有的事情，特别是当他们感受到不公平待遇的时候，一言不合就罢工。1891 年 8 月 8 日，上海警察局的总督察实地视察一座锡克警察营房，发现营房里虫子随处可见，到处邋里邋遢。由于卫生环境龌龊不堪，监察委员会对住在该营房的 27 名锡克警察每人罚款 3 块墨西哥银圆。于是，这一天住在营房里的人都拒绝上班，显然他们被这种惩罚激怒了。他们的罢工后来得到了其他营房 13 名锡克警察的支持，后者倒是没有被罚款。监督委员会立即召开会议，很快得出了结论，即住在那个营房里的锡克警察们对这个卫生问题没有直接责任，所以对他们的惩罚是有点过重了。监督委员会随后通知那些锡克警察，他们不会被罚款，但是，如果有人要是继续罢工的话就会被罚款，要罚一天的工钱。双方互相妥协后，那 27 名锡克警察于当日重返工作岗位。②

然而，并非所有的罢工都以妥协告终。在大多数情况下，罢工只会导致更严重的惩罚。1897 年 3 月 19 日，老闸巡捕房的锡克警察们拒绝报到归队，他们声称受到了英国警官的虐待，因为该名警官命令他们在雨中操练，并用粗言秽语辱骂他们。锡克警察们向监

---

① "REX v. Isser Singh," *North China Herald*, Sept. 6, 1907.
② *The Minutes of Shanghai Municipal Council* (*Vol. 10*), 757.

察委员会提交了一份请愿书，请求重新考虑这种操练的频率次数，同时要求从印度聘请一名锡克督察员。在评估了这一申诉和锡克警察们的请求后，监察委员会通知这些锡克警察，他们的申诉是吹毛求疵夸大其词，命令他们必须复岗复工。这一纸判决让那些提出诉求的锡克警察们十分不满，更加刺激了他们的受伤之心，于是，不仅有老闸巡捕房自己的警察，还有卡特路巡捕房的，一共59名锡克警察联合举行了罢工。面对这一危机，监察委员会重申，锡克警察们的要求是无理取闹，对这些锡克警察的胡闹将进一步采取严厉手段，杀一儆百，以防今后再有人胡搅蛮缠提出类似无理要求。最后，15名有不良记录的锡克警察被解雇。其余罢工的人也都收到了警告，如果他们不立即复工也会遭受同样的解雇惩罚。最后，所有的锡克警察都放弃了他们的抗议，回到了各自的工作岗位。[1]

可是，伊塞尔·辛格参加的罢工则不同，他们不是为了抗议遭受英国人的不公待遇，而是由于上海锡克警察不同群体之间的竞争冲突。20世纪早期，在上海警察局服役的锡克人主要有两个派系。一派来自旁遮普比阿斯河（Beas River）和拉维河（Ravi River）之间的马杰哈地区；另一派来自旁遮普萨特雷季河（Sutlej River）以南的马尔瓦地区。[2] 虽然这两个派系拥有相同的宗教信仰，而且在印度都是生活在一起的邻居，但由于对种姓制度的看法不同以及经济利益之间的矛盾激化，这两派之间的相互歧视、争吵甚至冲突由

---

[1] *The Minutes of Shanghai Municipal Council* (*Vol. 13*), 486-488.

[2] 关于马瓦尔和马杰哈地区的地理位置，参见 Joyce Pettigrew, "Some Notes Oil the Social System of the Sikh Jats," *Journal of Ethnic and Migration Studies*, 1 (1972): 363。

来已久。① 当他们背井离乡漂泊海外谋生时，这两个地区的锡克人也把这种旧的敌意带到了这片新的土地上，旧恨生新仇。②

在上海，两派锡克人之间的敌对状态一再惹恼上海工部局。③ 1910 年 7 月，一名来自马杰哈派系的锡克口译员被上海工部局开除了。有传言说，这个翻译被解职的幕后黑手是马尔瓦派锡克人。1910 年 7 月 15 日下午，愤怒的马杰哈锡克人聚集在老闸巡捕房，要求恢复他们翻译员的工作，并给予他们一些更多的特权。作为一名马杰哈锡克教徒，伊塞尔·辛格觉得自己有义务与同乡人站在一起，表达自己对他们的支持。他寻思这只是一个和平的请愿，不会有什么严重的后果，这才于当日午后从虹口前往老闸巡捕房。然而，由于上海警察局的警司长拒绝与马杰哈锡克教徒们直接对话，这些锡克人也拒绝服从长官要求他们解散离场的命令，反而继续聚众抗议。第二天，所有参加游行的锡克教徒，包括伊塞尔·辛格，都被逮捕关进了监狱。④ 然而，由于工部局不想在上海的锡克教徒中激起反英情绪，这些被关押的人大多数几天后就被释放了。⑤ 可是，伊塞尔·辛格比其他人多拘留了两天，据说因为这是他第二次

---

① Rajwant Singh, "Sikh Sects," *International Bibliography of Sikh Studies* 1 (2005): 355-362; Opinderjit Kaur Takhar, "Sikh Sects," in *The Oxford Handbook of Sikh Studies*, eds., Pashaura Singh and Louis Fenech (Oxford: Oxford University Press, 2014), 350-359.

② "Nationalities in India," North China Herald, June 5, 1909.

③ SMA, U1-1-923, p. 36, Municipal Council of Shanghai: Report for the Year 1910.

④ "Trouble among the Sikhs," *North China Herald*, July 22, 1910; "The Sikh Police," *North China Herald*, July 29, 1910.

⑤ *The Minutes of Shanghai Municipal Council* (*Vol. 18*), 440.

违抗命令。① 由于上海工部局不想失去这群经验丰富的锡克警察，也不想承担将他们遣返回印度的高额开支，因此，几乎所有被拘留的锡克教徒，包括伊塞尔·辛格都被召回警队上班。

不过，伊塞尔·辛格重新走向工作岗位的时候，街头醉汉再次成为他不得不打交道的对象。1911 年 3 月 16 日，伊塞尔·辛格发觉一个喝醉的锡克人卧倒在东汉璧礼路（现东汉阳路）上，就把他带回了巡捕房。② 可是，一个月之后，伊塞尔·辛格自己也遭遇了他所缉捕的那个酒鬼同样的厄运。1911 年 4 月 13 日晚，有人发现伊塞尔·辛格在四川北路喝得烂醉如泥，仗气使酒，毒手尊拳，在酒精的作用下，他把一名华人男子拖过马路对之一番拳打脚踢。随后他被逮捕，并被判处 7 天的劳役和 10 块墨西哥银圆的罚款。③

没有结局的结局

酗酒，是关于伊塞尔·辛格的最后一条信息。此后，再也没有发现伊塞尔·辛格的任何消息。伊塞尔·辛格很可能在 1911 年任期结束后离开了上海，在上海警察局服役的锡克警察一般签约 5 年，合约期满之后，他们可获得 9 个月的半薪假期以及 10 块墨西

---

① "REX（S. M. P. ）v. Twenty Indian Police Constables," *North China Herald*, July 29, 1910；"REX（S. M. P. ）v. Indian Constables no. 229," *North China Herald*, July 29, 1910.

② "REX（S. M. Police）v. Dial Singh," *North China Herald*, Mar. 24, 1911.

③ "S. M. P. v. Isser Singh," *North China Herald*, Apr. 22, 1911.

哥银圆的差旅费。如果上海工部局对警察在任期内的表现感到满意的话，这名警察在休假结束后可以返回警队继续工作。① 显然，鉴于伊塞尔·辛格在过去 5 年里犯下的不端行为，他并不是上海工部局第二期合约聘用的理想人选。

伊塞尔·辛格带着他在上海警察局任职期间积攒下来的工钱，有可能是荣归故里，回到了他家在旁遮普的村庄，最终成为一名农民，他有足够的钱财在那里养家糊口。然而，更有可能的是，伊塞尔·辛格继续留在了上海，做起门卫看守或是放债人的营生。由于上海有更高的工资和更多的机会，大多数被解雇或退休的锡克警察都会选择留在上海，寻找另一份差事。② 由于锡克人作为"战斗民族"名扬天下，上海本地人也都愿意将他们聘作看守。③ 虽然锡克看守员的工资比他们在上海警察局供职的同乡的工资要低（一个锡克看守的月工资是每月 15 块墨西哥银圆，而一个锡克警察的月工资则是每月 18 块墨西哥银圆），但他们仍然比 19 世纪后期的华人警察（每月 10 块墨西哥银圆）挣得多。④ 实际上，锡克看守经常出没于上海这座城市各处的茶馆、剧院、仓库和银行里。⑤ 1907

① SMA，U1-2-309，p. 664，Shanghai Municipal Council：Terms of Service of Indian Police，Mar. 30，1904.

② *The Minutes of Shanghai Municipal Council*（*Vol. 10*），760-761. Jackson，"The Raj on Nanjing Road，" 1680.

③ SMA，U1-1-925，Annual Report of the Shanghai Municipal Council，1912.

④ "Gurdah Singh v. F. Mann，" *North China Herald*，Oct. 26，1894；*The Minutes of Shanghai Municipal Council*（*Vol. 10*），759.

⑤ 《英公堂锁案》，《申报》，1886 年 9 月 2 日；"R. v. Singh，" *North China Herald*，Dec. 16，1892；"R. v. Meah Singh，" *North China Herald*，June 2，1893；"R. v. Comanda Singh，" *North China Herald*，Aug. 11，1893；"Chait Singh v. Abdur Singh，" *North China Herald*，Sept. 15，1893。

年，在上海的 800 多名锡克人中，近一半的人都是看守员。[①] 在上海的锡克人，除了通过做警察或当看守挣钱之外，他们中大多数人还热衷于从事借贷业务，赚取以钱生钱的额外收入。通常而言，锡克人将利率设定在 10% 左右，这是一个比较安全的利率水平，既可以为他们带来一些利润，同时又减少了拖欠贷款的风险。他们不仅借钱给印度同胞，还跟华人和欧洲人做起借贷生意。[②]

伊塞尔·辛格的第三种可能是，他后来移居到世界的其他地方了。20 世纪中期，有关北美国家、澳大利亚和俄罗斯给锡克人开出高工资的传闻开始在世界各地的锡克人中流传。仅在 1906 年的一年光景里，旁遮普就有 2400 名锡克人移民到加拿大。[③] 那些在海外服役的锡克人，也将目光转向了有可能赚更多钱的地方。港英政府早就察觉到了，大量的锡克员工离开了他们的岗位，搬家到了亚瑟港（Port Arthur，中国旅顺）和俄罗斯东海岸的符拉迪沃斯托克（Vladivostok），那里的工资更高，对他们更有吸引力。[④] 据报道，在日俄战争期间，一些在旅顺港被日本俘虏的锡克人，就是从马来半岛海峡殖民地移民过来的。[⑤] 在上海，工部局声称，"许多锡克人辞职是为了去西伯利亚或者北美以便获取更好的报酬"[⑥]。由于

---

① SMA，U1-1-920，Annual Report of the Shanghai Municipal Council，1907.
② "R. v. Singh，" *North China Herald*，Dec. 16，1892；"Chait Singh. v. Abdur Rahmin，" *North China Herald*，Sept. 15，1893；"AH Jahib Singh. v. W. J. Roberts，" *North China Herald*，Aug. 3，1894；"Sunt Singh. v. Heard，" *North China Herald*，Oct. 15，1897；*Minutes of Shanghai Municipal Council（Vol. 13）*，526.
③ "Emigration of Sikhs，" *The Straits Times*，Dec. 18，1906.
④ CO 129/314，Sikhs in Foreign Employ，July 25，1902；CO 129/314，Sikhs in Foreign Employ，Sept. 21，1902.
⑤ "Arraignment or General Stoessel，" *The Straits Times*，Feb. 21，1905.
⑥ SMA，U1-1-920，p. 11，Municipal Council of Shanghai：Report for the Year 1907.

上海工部局每年只允许 20 名锡克警察花钱买退役，[1] 所以，一些锡克警察甚至故意做出恶劣行径，希望自己能够被开除，这样就可以立马前往美洲。[2] 考虑到这一社会背景，伊塞尔·辛格的海外旅程可能不会只在上海告终。

小结

就研究方法而言，本章受益于罗伯特·比克斯的专著《帝国造就了我：一个英国人在旧上海的往事》（*Empire Made Me：An English-man Adrift in Shanghai*）。罗伯特的这本专著，讲述了 20 世纪早期一个普通的英国人理查德·莫里斯·廷克勒（Richard Maurice Tinkler）在上海警察局当警察的故事，作者以此为例，揭示了身处英帝国边缘的英国工人阶级的日常生活。[3] 理查德·莫里斯·廷克勒，1898 年出生于英格兰兰开夏郡（Lancashire）的一个贫困家庭。廷克勒 1915 年参军，1916 年被派往法国与德国作战，战争结束后返回家乡，由于英国经济不景气，他基本上没有找到稳定工作。廷克勒看到了上海警察局招募广告，申请上海警察局的警察职位，成功应聘被录用。廷克勒于 1919 年到达上海，在警察队中工作了十多年，可是，他对华人有种族歧视而且脾气又很坏，因此他在 1931

---

[1] SMA，U1-3-1466，p. 1896，Police Force Indian Branch：Terms of Service，Jan. 1，1927.

[2] SMA，U1-1-922，p. 35，Municipal Council of Shanghai：Report for the Year 1909.

[3] Bickers，*Empire Made Me*. 我们承认，本研究在第一手资料方面与罗伯特·比克斯的专著有所不同。在描述理查德·廷克勒的经历时，比克斯主要依赖于廷克勒的私人信件。而就伊塞尔·辛格而言，由于没有发现私人信件等个人写作的记录，本研究资料主要来源于法庭记录。

年被迫辞职。辞职之后，廷克勒一直待在上海，直到 1939 年被一群日本士兵杀害。

伊塞尔·辛格在许多方面与廷克勒的经历很相似。他们都曾在军队服役过，加入上海警察局主要都是因为更好的工作机会，另外，他们都闯下大祸，而且都是因为工作表现不佳而丢了工作。通过廷克勒的案例，比克斯认为，海外英国工人阶级的身份是如此模糊，以至于都不符合殖民者和被殖民者的刻板二分法。一方面，英帝国为普通英国人提供了在英国可能永远得不到的机会和特权；另一方面，这些海外普通英国人被夹在上层英国侨民和当地社会之间，因此被边缘化了。比克斯进一步认为，正是英帝国的背景，使得这些下层阶级的白人的身份复杂化了。[①] 同样的，像伊塞尔·辛格之流的锡克警察的身份，也是如此。在旁遮普，伊塞尔·辛格是一个农民，几乎不可能接触到现代化事物，可是在上海，他不仅是上海警察局这个现代化项目的执行者，也是该项目的主体。从这个意义上说，英帝国似乎对下层英国人和殖民地、殖民统治地区和租界居民的生活都产生了差不多同样的影响。

关于殖民主义如何影响了英国居民人生和殖民地、殖民统治地区居民人生这两个主题，目前已有足够多的研究，尽管如此，这两个主题研究流派彼此没有联系，也就是说，研究英国居民即殖民者与研究殖民地、殖民统治地区居民即被殖民者基本上各自为政。学

①　Robert Bickers, "Who were the Shanghai Municipal Police, and Why Were They There? The British Recruits of 1919," in *New Frontiers*: *Imperialism's New Communities in East Asia*, eds., Robert Bickers and Christian Henriot (Manchester: Manchester University Press, 2000), 170-191。

界认为，在帝国的背景下，即便是工人阶级的西方人，也跟被殖民者有着截然不同的人生。被殖民者，在当前研究中通常被认为是殖民结构中静态的、被动的主体，被殖民者即使移民出国，他们的移居也被视作不自由的、受契约束缚的。[1] 相反，像廷克勒这样的非精英殖民者，却被描述成有广泛旅行的自由意志，同时在殖民当局所辖社区有找工作的特权。[2]

　　跟其他研究不同的是，本章表明，英帝国是由多种跨地区网络构成的，如殖民地、殖民统治地区、租界网络和锡克侨民散居网络等，这种殖民结构对于英国居民和殖民地、殖民统治地区、租界居民同样不断产生影响，换句话说，这种跨地区网状殖民结构把殖民者和被殖民者编织在一张网上，二者虽然身份不同，却都是在同一条船上，彼此之间相互影响。例如，正是借助这种跨地区网状殖民结构，上海工部局才得以在兰开夏郡发布了招工广告，雇用英国工人阶级，而且，也正是借助这种跨地区网状殖民结构，上海工部局才得以学习和引进高度定制的供应和设施，为接纳锡克员工做好准备。另外，被殖民者就像他们的西方人同行一样，能够很好地利用英帝国的优势，促进信息的流通，促进经济利益的最大化。被殖民者伊塞尔·辛格跟殖民者廷克勒一样，在盘算和规划海外职业生涯的方式上，似乎也没有什么不同。

---

[1] Mckeown, *Melancholy Order*, 45.

[2] 此类学派专注于研究非西方精英的跨境流动，其中有 Lambert and Lester, eds., *Colonial Lives across the British Empire*；Robert Bickers, ed., *Settlers and Expatriates: Britons over the Seas* (Oxford: Oxford University Press, 2006)；Magee and Thompson, *Empire and Globalisation*；Ann-Marie Brady and Douglas Brown, eds., *Foreigners and Foreign Imperialism in Republican China* (London: Routledge, 2013)。

伊塞尔·辛格及其同事不仅积极参与殖民事业，而且分别以各自的方式共同改造了英帝国。锡克警队，是上海警察局所有警队中的第二大警队（仅次于华人警队）。① 从 1884 年到 1941 年，锡克警队被上海工部局视为当地治安防御的中坚力量。② 此外，像伊塞尔·辛格这样的锡克警察积极参与民众管教、暴乱控制和社会秩序维护的职责。③ 20 世纪 20 年代和 30 年代，劳工罢工对上海租界稳定构成最大的威胁，锡克警队也被编入上海警察局的后备役军事部队，以遏制街头愤怒的工人们，这个部队后来被勒罗伊·汤普森（Leroy Thompson）确定为世界上第一个特警队（Strategic Weapons and Tactics，战略武器和战术团队），它的意识形态、战术、装备和组织结构，对于后来在世界其他地方成立的特警部队有着深远的影响，直到今天这种影响力依旧存在。在这个后备役军事部队中，锡克人占了总人数的三分之一。华人警察和西方人警察一般都是携带警棍，手枪却是藏而不露的，可是，锡克警察作为警察司的骨干力量却大摇大摆地手持卡宾枪和警棍。④ 总而言之，无论是街头斗殴、交通堵塞、言行污秽，还是劳工罢工，戴红头巾的锡克警察总会出现在事发现场。事实上，正是通过锡克警察维护社会秩序和规范居民日常行为的积极工作，上海公共租界的社区景观才得以极大地改观。

除了作为上海现代化进程的一部分，缠红色头巾的锡克警察还

---

① Bickers, *Empire Made Me*, 64-65.

② SMA, U1-1-909, Municipal Council of Shanghai: Report for the Year 1896, 33.

③ Bickers, "Ordering Shanghai," 188.

④ Leroy Thompson, *The World's First SWAT Team: W. E. Fairbairn and the Shanghai Municipal Police Reserve Unit* (London: Frontline Books, 2012).

在另外两个方面影响了华人。第一个方面是，他们在执行任务时对华人居民态度粗鲁激起了后者的强烈反感，华人的种族主义观念同时进一步加深了这种反感。一位华人作家 1930 年在上海发表的一篇文章中这样写道：

> 对于红头巾的锡克教徒，我总是怀有一种莫名的厌恶。他们巨大的身躯、愚蠢的脑袋和卷曲的胡子给人留下了持久的恶心印象。①

这种种族主义言论，在当时的上海很普遍。例如，另一位作家在其文章中声称：

> 戴红头巾的锡克人，很久以前就失去了他们的国家，被奴役了。现在，他们在上海和香港为英国人工作，监督中国人。他们是世界上最无耻的人。我们中国人怎么能受这类人的统治和帝国主义的压迫？我们要起来反抗英国帝国主义和日本帝国主义。②

这样一来，锡克警察不仅加强了英国人在上海的优势感，同时也激化了中国人的民族主义，削弱了英国的利益。

锡克警察对华人产生的第二个影响是，锡克警察即便遭受到华人的鄙视，可是他们纪律严明工作高效，也给中国民族主义者留下

---

① 李阙，《小篇三则：红头阿三》，《现代文艺》1931 年第 1 期，第 150 页。
② 李颖，《红头阿三之不如》，《艺苑》1931 年第 1 期，第 302 页。

了深刻的印象，并且对 20 世纪 30 年代由中国国民党政府组建和管理的上海市公安局即上海市特别行政区警察部队的形成也产生了一定的影响。① 正如魏斐德（Frederic Wakeman）指出的那样：

> 上海的中国警察部队，模仿上海警察局，试图有效地处理上海的公共卫生、住房、交通、商业许可证、娱乐、工会、绑架、审查、毒品、卖淫和诈骗等问题，控制民众的混乱与不安。②

虽然锡克人在上海警察局里显然是不可或缺的力量，然而，当下的学派迄今为止一直专注于研究上海警察局里的欧洲籍警官和警员，③却鲜少关注锡克警察的工作和日常生活。④ 这种忽视，背后可能存在两个原因。原因之一是锡克警察作为英帝国在中国统治的象征，在上海扮演了重要的角色，这种角色在胜利的民族历史和反帝国主

---

① 中国国民党政府认为，中华民族现代化的一个必要条件是对中国人的现代化规训。一支现代化的警察部队对管教人民很有必要。上海是中国最早拥有现代警察的城市之一。参见 Henrietta Harrison, *The Making of the Republican Citizen: Political Ceremonies and Symbols in China 1911-1929* (New York: Oxford University Press, 2000)。

② Frederic Wakeman Jr., *Policing Shanghai, 1927-1937* (Berkeley: University of California Press, 1995), xiv.

③ Maurice Springfield, *Hunting Opium and Other Scents* (Halesworth: Norfolk and Suffolk Publicity, 1966); Ted Quigley, *A Spirit of Adventure: The Memoirs of Ted Quigley* (Lewes: The Book Guild Let., 1994); Peter Robins and Nicholas Tyler, *The Legend of W. E. Fairbairn: Gentleman and Warrior, the Shanghai Years* (Harlow: cqb Publications, 2006); W. E. Peters, *Shanghai Policeman* (Hong Kong: Earnshaw Books, 2011); Bickers, *Empire Made Me.* There are very few wirings on the Chinese branch of the SMP, see K. M. Bourne, "The Shanghai Municipal Police: Chinese Uniform Branch," *Police Journals 64* (1991): 229-237.

④ 例外的研究，有 Jackson, "The Raj on Nanjing Road"; Thampi, *Indians in China 1800-1949*; Markovits, "Indian Communities in China, 1842-1949"; Anand Yang, "China and India Are One"。

义的叙事中已经被淡化了。原因之二是锡克人虽然是上海工部局在加强西方人优越感、增强社会稳定和实施文明工程等方面的中坚力量，但他们本身也是底层人，传统的帝国历史叙事往往也会忽略掉他们。①

正如伊塞尔·辛格的故事那样，1910 年左右，许多在上海的锡克人纷纷前往北美谋生。他们在北美遭遇到歧视，却反而激起了自己的民族主义情绪，成立了自己的革命政党。许多居住在北美的锡克人，后来回到了亚洲，参与了印度民族独立运动。我们将在下一章探讨，锡克人如何利用散居海外的锡克侨民网络帮助他们向北美迁移，以及后来有政治倾向的移民是如何利用这个网络从事他们在亚洲的革命活动。

---

① Bickers, *Empire Made Me*, 11.

第三章

杀死布达·辛格：上海的印度民族主义运动（1914—1927）

伊塞尔·辛格于 1911 年离开了上海警察局，在那个时候，锡克人移民加拿大的热潮风起云涌，成千上万的锡克人漂洋过海来到香港和上海，期待在那里可以搭乘远洋船只踏上太平洋的彼岸。伊塞尔·辛格可能也抱有这同一个梦想，然而，他很快就发现，由于加拿大政府实行严格的移民法，锡克人前往加拿大比登天还难。伊塞尔作为一名士兵，曾为英帝国服务多年，他有充分的理由感到愤懑，作为同一帝国的良民，进入同一帝国管辖的另一块区域怎么就被拒绝了？① 这种挫败感，不仅为伊塞尔一人所独有，世界各地的众多锡克人都同感沮丧，这种沮丧悲愤直接导致了戈达尔党的诞生。戈达尔党，是 20 世纪早期印度海外民族主义运动中影响力最大的组织。

本章将会论述，锡克侨民散居网络是戈达尔党在亚洲运动机制的关键所在，而上海租界就是这一网络的一个主要中心节点。从 1914 年起，在德国人、共产国际、中国共产党和中国国民党的支持下，戈达尔党不遗余力地把上海建成一个反英据点，而英国政府和亲英的锡克人则重拳回击该据点的一切反英活动。20 世纪 20 年代

---

① 有关帝国主义臣民身份的讨论，参见 Daniel Gorman, *Imperial Citizenship: Empire and the Question of Belonging* (Manchester: Manchester University Press, 2010)。

在上海最有影响力的锡克人布达·辛格被杀，就是这种斗争的一个血淋淋的例子。本章通过研究这个案例试图说明，上海锡克人社区在全球反帝国主义运动的背景下是如何得以政治化的，戈达尔党的跨地区运动又是如何刺激了英帝国监视网络的形成——这个监视网络在 20 世纪 20 年代末和 30 年代逐渐遏制住了它的反对者。①

去北美!

到了 20 世纪初，成千上万的锡克教徒从旁遮普家乡开始往五湖四海迁徙。他们的定居点遍布全球，从缅甸和英属马来亚再到中国的通商口岸如上海和汉口，不一而足。这些地区的锡克人社区并非彼此隔离，相反却是高度互通紧密联系的。由于蒸汽船和火车带来的便捷交通，锡克移民可以很方便地在几天之内从一个地区远行到达另一个地区。此外，锡克人在某个地区发出的讯息，借助电报可以即刻为其他地区的锡克人所知晓。现代快捷的交通和通信编造了一张大网，把海外锡克人群体紧密地网罗在一起。这种跨边界的网络，在东南亚和东亚尤其明显，因为在 19 世纪末和 20 世纪初已经有大量的锡克移民开始定居在东南亚和东亚。②

---

① 将本地故事与全球潮流和跨境联系联系起来的研究方法，是受到了蒂姆·哈珀（Tim Harper）文章的启发，该文章探讨了 1915 年的新加坡兵变如何反映了 20 世纪前 20 年的亚洲反殖民网络，参见 Tim Harper, "Singapore, 1915, and the Birth of the Asian Underground," *Modern Asian Studies 47* (2013): 1782-1811。

② N. G. Barrier and V. A. Dusenbery, eds., *The Sikh Diaspora: Migration and the Experience Beyond Punjab* (Delhi: Chanakya Publications, 1989), 5-6.

大约在 1905 年，有关美国和加拿大高薪工作的报道，开始在东南亚和东亚的锡克侨民中流传。据说，是在印度、马来亚和中国香港的锡克士兵们首先注意到了这种关于北美"钱途光明"的就业信息。1897 年，他们在伦敦参加了维多利亚女王登基 60 周年庆典之后回国途经加拿大时发现，北美的收入远高于他们在亚洲的收入。20 世纪初，北美普通工人的日薪为 1～2 美元。① 而在当时 1 美元相当于 3 卢比，所以，在北美的印度工人，一个月工作 20 天可以挣到 60～120 卢比。可是，20 世纪在香港做警察的印度人，同样的工作量，每月只能挣到 30 卢比。②

随着这些锡克士兵返回亚洲，在北美可以挣到更多钱的消息便广为传播。航运公司的广告进一步激发了人们对在北美可能致富的向往。③ 航运代理们一方面了解到锡克人急于寻求更好的生计，另一方面也了解到人口稀少的北美西部地区雇主急需廉价的劳动力。于是，他们发现了一种新的生财之道，那就是把锡克人转运到太平洋的彼岸赚取佣金。④ 因而，船运公司将北美描绘成天堂的广告，显眼地出现在锡克人出现的每个角落。⑤

---

① Gurdev Singh Deol, *The Role of the Ghadar Party in the National Movement* (Delhi: Stern Publishers Ltd., 1969), 38-39.

② Hong Kong Blue Book 1905, p. J118, Civil Establishments of Hong Kong for the year 1905.

③ William Mackenzie King, *Report of the Royal Commission Appointed to Inquire into the Method by which Oriental Laborers Have Been Induced to Come to Canada* (Ottawa: King's Printer, 1908), 76.

④ 马德哈维·泰皮（Madhavi Thampi）认为，加拿大和美国对中国和日本移民施加的限制，刺激了北美对印度劳工的需求，参见 Thampi, *Indians in China 1800-1949*, 181。

⑤ Arun Coomer Bose, *India Revolutionaries Abroad, 1905-1922: In the Background of International Developments* (Patna: Bharati Bhawan, 1971), 43.

在如此美好"钱途"的诱惑下，从 1906 年开始，东南亚和东亚的大量锡克人开始前往加拿大和美国西海岸。据报道，在上海租界，许多在上海工部局上班的锡克警察故意违反各类规章制度，就是为了让自己被工部局解雇，这样他们就可以参加北美的招工竞聘了。[1] 到了 1909 年年底，上海工部局甚至抱怨说，警察队招聘锡克人的工作几乎停滞不前、无法开展了，主要原因在于有关北美高薪的新闻、传闻和故事使那些潜在的锡克移民不愿移民到上海来找工作。[2]

在 20 世纪初锡克人移民到北美的过程中，就业信息的流通为锡克侨民在亚洲散居网络的大规模流动拉开了序幕。船务代理商，利用锡克侨民散居网络来宣传和推销他们的船票，不同地区的潜在锡克移民则利用这个网络来协调安排他们的出行计划和出行时间。1914 年"驹形丸号"（Komagata Maru）轮船从香港驶往温哥华的旅程，很好地阐明了锡克移民网络究竟是如何运作的。[3]

由于加拿大和美国并不鼓励航运公司将印度人运送到北美，一些锡克商人在 1913 年萌生了创办自己航运公司的想法。[4] 新加坡、中国香港、马来亚、马尼拉（Manila）和中国上海租界等地的锡克人社区为了实现这一想法而团结协作共同奋进，一致同意相互合

---

[1]　SMA，U1-1-920，Municipal Council of Shanghai：Report for the Year 1907，11。

[2]　SMA，U1-1-922，Municipal Council of Shanghai：Report for the Year 1909，35。

[3]　有关"驹形丸号"行程的经典论述，参见 Hugh Johnston，*The Voyage of the "Komagata Maru"：The Sikh Challenge to Canada's Colour Bar*（Delhi：Oxford University Press，1979）。

[4]　Linda Kerber，"The Stateless as the Citizen's Other：A View from the United States，" *The American Historical Review* 112（2007）：20。

A Group of Sikhs Who Have Just Arrived From the Far East.

图 14　1907 年北美早期锡克移民（南亚裔美国人数字档案馆提供［Courtesy of South Asian American Digital Archive］）

作、齐心协力、张贴广告和组织移民，并为锡克航运公司协调运营时间表。1914 年 1 月，在锡克侨民网络的支持下，古鲁·那纳克轮船公司（Guru Nanak Steamship Company）在香港成立。格迪特·辛格（Gurdit Singh）被任命为总经理。①

　　格迪特·辛格本身就是一名锡克移民。他于 1860 年出生在旁

---

① Komagata Maru Committee of Inquiry，"Report of the Komagata Maru Committee of In-quiry," 5 - 6，http：//komagatamarujourney. ca/node/3336；Gurdev Singh Deol，*The Role of the Ghadar Party in the National Movement*（Delhi：Sterling Publishers Ltd. , 1969），87-88.

遮普的阿姆利则，19世纪80年代，他跟随父兄前往马来亚和新加坡，成为一名出色的食品行业商人。① 1913年12月，格迪特居住在香港，当时一些锡克人正计划成立一家锡克船运公司。格迪特·辛格也十分支持这个想法，随即被推举为这项倡议计划的挂帅主事。1914年1月，格迪特前往加尔各答，想找到一艘可以从加尔各答开往温哥华的轮船。然而，印度政府却担心就这样运送印度人去加拿大很可能会违反加拿大的移民法，因而拒绝了格迪特的申请。格迪特·辛格对此痛感失望，于是在1914年3月返回了香港，后来通过一家德国中间商，他成功租到了一艘日本轮船"驹形丸号"。②

在轮船确定下来之后，格迪特·辛格带领众人利用锡克侨民网络宣传和发展他们的移民业务，例如，他们派代理商前往上海、马尼拉、横滨等地散发广告拓展业务。随后，这个移民北美的消息借助电报和走南闯北的旅客在海外锡克人社区广为传播。听闻有机会可以乘船去北美，那些憧憬着美好未来的锡克侨民蜂拥到船运代理处争先恐后购买船票。③ 格迪特·辛格根据锡克侨民在东南亚和东亚的社区分布状况，精心设计了一条运输线路，覆盖了这个侨民散居网络的大部分地区，尽可能最大限度地承运锡克乘客。

---

① 关于格迪特·辛格的详细情况，参见 Jaswant Singh, *Baba Gurdit Singh*: *Komagata Maru* (Jallundhur: New Book Company, 1965)。

② Komagata Maru Committee of Inquiry, "Report of the Komagata Maru Committee of Inquiry," 5 http://komagatamarujourney.ca/node/3336.

③ Komagata Maru Committee of Inquiry, "Report of the Komagata Maru Committee of Inquiry," 6 http://komagatamarujourney.ca/node/6526.

　　1914 年 4 月 4 日，"驹形丸号"轮船离开香港，船上载有 165 名从香港登船的印度人，该船于 4 月 8 日至 14 日在上海停留，再搭载了 111 名从上海登船的印度人，接着，"驹形丸号"离开上海驶往日本，分别停靠在日本的门司（Moji）和横滨，又搭载了 100 名印度人，这些印度人大多数是从马尼拉来到日本一直等候乘船去北美的。1914 年 5 月 22 日晚，当"驹形丸号"轮船抵达温哥华海岸时，船上共有 376 名乘客，除 30 人之外，其余的乘客都是锡克人。从这个意义上说，"驹形丸号"轮船从香港到温哥华的旅程揭示了，20 世纪早期，锡克移民是如何有意识地利用他们在亚洲的散居网络来获取讯息，从而进一步施行他们移民北美的计划。

图 15　1914 年温哥华海岸附近的"驹形丸号"（温哥华市档案馆［City of Vancouver Archives］提供）

戈达尔党的崛起

然而，因为加拿大政府禁止它的乘客登陆，"驹形丸号"轮船最终并没有在温哥华靠泊。1914 年 7 月，"驹形丸号"在加拿大水域徒劳地等待了两个月后不得不掉头返航驶回加尔各答。1914 年 9 月 29 日，当"驹形丸号"轮船到达离加尔各答约 27 千米的巴奇巴奇（Budge Budge）时，沮丧的乘客们上岸了，他们尝试在加尔各答游行示威，试图表达他们对印度和加拿大两地政府的不满与愤怒。就在警察尽力阻止这个游行时，骚乱爆发了，15 名乘客命丧加尔各答。①

"驹形丸号"的悲剧标志着 20 世纪早期北美反印度殖民政府运动走向高潮。从 1905 年开始，加拿大的印度移民数量急剧增加，印度移民人数从不足 100 人增加到 5000 多人。②

据估算，当时在加拿大的印度移民，90% 以上都是早先在东南亚和中国沿海地区工作过的锡克人。他们中大多数人在加拿大受雇于加拿大太平洋铁路公司（Canadian Pacific Railways）、木材加工厂

---

① Justice Rowlatt, ed., *Sedition Committee Report 1918* (Calcutta: Superintendent Government Printing, India, 1918), 46-147.

② 据报道，移民到加拿大的锡克人中有 90% 的定居在英属哥伦比亚省，参见 Khushwant Singh and Satindra Singh, *Ghadar 1915: India's First Armed Revolution* (New Delhi: R & K Publishing House, 1966), 1。

表8 1905—1908 年印度移民到加拿大的人数对比 [a]

年份	移民人数
1905	45
1906	387
1907	2124
1908	2623
总数：	5179

a 威廉·麦肯齐·金，《特派皇家委员会关于调查如何诱引东方劳工到加拿大的报告》，渥太华：国王出版社，1908 年，第 75 页。（William Mackenzie King, *Report of the Royal Commission Appointed to Inquire into the Method by which Oriental Laborers Have Been Induced to Come to Canada* [Ottawa: King's Printer, 1908], 75.）

和煤矿企业。[①] 印度人的涌入惹怒了当地的加拿大工人，因为他们的工作机会本来就已经被来自中国和日本的移民抢走了一部分，现在又有锡克移民来抢他们的饭碗。在 20 世纪前十年里，在英属不列颠哥伦比亚省，一名锡克籍工人干一天活只需付给他 1—2 加元，而白人工人的日薪却高达 6 加元，不仅如此，锡克籍劳工还可以在更加艰苦的环境下持续工作更长时间，[②] 锡克移民劳力如此廉价以至于当地白人工人的工作地位遭遇了空前的威胁，加拿大对有色人种的这种歧视反过来也进一步加剧了经济问题的冲突。锡克人更是被赐予了一个虚名，即被认为是一个用黄油覆盖尸体、用剑砍下头

① Singh, *A History of the Sikhs*, 168.

② King, *Report of the Royal Commission Appointed to Inquire into the Method by which Oriental Laborers Have Been Induced to Come to Canada*, 79-80.

颓的民族。① 亨利·休伯特·史蒂文斯（Henry Hubert Stevens，1911—1917 年的温哥华议员）等政治家将印度人移民到加拿大视为印度腐败文明的入侵。② 因此，加拿大的工会和政党开始游说政府修改移民法，以便终止印度移民的涌入。

在征询了英国和印度的意见后，加拿大于 1908 年发布了两项枢密令，旨在限制移民人数。第一项枢密令是，移民登船前往加拿大时必须随身携带的现金由 25 美元提高到 200 美元。因为很少有移民能够筹集到这笔钱款，所以这实际上关闭了他们移民到加拿大的大门。第二项枢密令是，新移民法还要求所有移民必须直接从其出生国或原籍国入境，换句话说，若不是从母国启程的移民将被禁止入境。③ 因为前往加拿大的印度移民大多来自东南亚和东亚，而且当时印度也没有直达加拿大的航线，所以这一法令进一步降低了印度人移民的可能性。④ 新移民政策的效应的确立竿见影，1909—1913 年，只有 29 名印度人成功入境加拿大。⑤ 1914 年，"驹形丸号"的乘客试图登陆却吃了个闭门羹，正是反印度移民政策的一个直接后果。

---

① Kesar Singh, *Canadian Sikhs and the Komagata Maru Massacre* (Surrey: Hans Publishing, 1997), 18.

② Sohan Singh Josh, *Hindustan Ghadar Party: A Short History, Volume 1* (New Delhi: People's Publishing House, 1976), 112.

③ Seema Sohi, *Echoes of Mutiny: Race, Surveillance & Indian Anticolonialism in North America* (Oxford: Oxford University Press, 2014), 27-28.

④ Khushwant Singh and Satindra Singh, *Ghadar 1915*, 8-9; Bose, *Indian Revolutionaries Abroad*, 45-46.

⑤ *The Canada Year Book 1914* (Ottawa: J. DE L. TACHE, 1915), 678-679.

面对加拿大人的歧视，锡克人首先寄希望于英国和印度两地政府有仁义德行。锡克侨民想当然地认为，同是英帝国的臣民，当他们在进入英帝国的另一块领土遇到困难时，英帝国有责任保护他们的利益。然而，无论是伦敦的英国政府，还是德里的印度政府都有意对加拿大的排外政策保持沉默，理由在于他们都对印度人口的全球流动感到惴惴不安。①

加拿大人的歧视，英国和印度政府的冷漠，共同激发了加拿大锡克侨民的反英情绪。这种情绪，随着锡克人在 1909 年左右从加拿大越境进入美国而传播到了美国，特别是传播到了美国的加州。②到那时为止，北美的锡克移民普遍认为，他们在国外遭受的各式虐待和种族歧视应归咎于印度国内的高压殖民统治，所以他们在北美反抗政治压迫的斗争应该跟印度国内的民族独立运动紧密联系起来。③

锡克人的反英活动组织，于 1910 年左右接二连三地在美国和加拿大崛起。为了协调各个组织的活动、增强他们的影响力，这些反英组织先后在俄勒冈州和加利福尼亚州召开了一些会议，希望能够共同建立一个统一的组织。因此，印度人太平洋海岸协会（Pacific Coast Hindi Association，PCHA）于 1914 年 6 月初在阿斯托利亚

---

① Bose, *Indian Revolutionaries Abroad*, *1905-1922*, 46；Khushwant Singh and Satindra Singh, *Ghadar 1915*, 7-8.

② 1906 年以后，早期的锡克教移民从加拿大来到美国，并在加州定居下来。他们还面临来自白人定居者的歧视甚至攻击。参见 Sohi, *Echoes of Mutiny*, 28；Khushwant Singh and Satindra Singh, *Ghadar 1915*, 12-13。

③ Deol, *The Role of the Ghadar Party in the National Movement*, 48.

（Astoria）成立了。① 斯坦福大学的讲师拉拉·哈尔·达亚尔（Lala Har Dayal）在当时是一位颇具影响力的印度民族主义者，被推选为印度人太平洋海岸协会秘书长。一方面拉拉·哈尔·达亚尔在旧金山有广泛的影响力，另一方面在美国任何政党或组织都享有言论自由，因此，印度人太平洋海岸协会决定将旧金山作为该协会出版和宣传自己活动的基地。② 1914 年 11 月，北印度人太平洋海岸协会出版了一份周报《戈达尔报》（*Ghadar*）来传播其革命思想。由于该报纸在世界各地的影响力巨大，印度人太平洋海岸协会后来就被称作戈达尔党。③

在《戈达尔报》的首刊中，戈达尔党的奋斗目标已经被明确阐明：

今天，这场战争虽然从外国开始，但是用的却是我们国家的语言，这是一场反对英国统治印度的战争。我们叫什么名字？戈达尔。我们的工作是什么？戈达尔。戈达尔将在哪里爆

① F. C. Isemonger and James Slattery, *An Account of the Ghadar Conspiracy*, *1913-1915* (Berkeley: Folklore Institute, 1998), 13-15.

② 有关拉拉·哈尔·达亚尔组织跨国反英网络的情况，参见 Henrik Chetan Aspengren, "Indian Revolutionaries Abroad: Revising Their Silent Moments," *Journal of Colonialism & Colonial History* 15 (2014), accessed 10. 1353/cch. 2014. 0045。

③ "Ghadar"，是乌尔都语，指的是叛乱或反抗。用这个词来命名他们的报纸，戈达尔分子表达了他们推翻英国在印度统治的决心。关于戈达尔党的一般研究，参见 Harish Puri, *Ghadar Movement: Ideology, Organization, and Strategy* (Amritsar: Guru Nanak Dev University, 1993); Maia Ramnath, *Haj to Utopia: How the Ghadar Movement Charted Global Radicalism and Attempted to Overthrow the British Empire* (Berkeley: University of California Press, 2011)。

发？在印度。枪弹血肉代替笔墨纸砚的时代即将到来。①

这场革命运动的终极目标，是通过暴力革命来结束英国在印度的统治，从而建立一个自由平等的共和政府。然而，戈达尔分子也意识到了，革命的成功在很大程度上将取决于如何在全球范围内传播他们的革命思想，以及如何在全球范围内加深他们在全体印度人民中的影响力。②

上海锡克侨民的政治化

为了实现自己的政治目标，戈达尔党自 1914 年以来就把注意力转向了东南亚和东亚，以便竭力赢取最广泛的同情者和支持者。这种注意力的转移，背后有三个原因。第一个原因，是大多数戈达尔分子在前往北美之前，都曾在东南亚和东亚居住过一段时间，因此，他们对该地区情况非常熟悉，这一点也十分有利于他们开展宣传和招募工作。第二个原因，是在 20 世纪早期，大量的锡克士兵和锡克警察都曾在英帝国的殖民地、殖民统治地区和租界例如新加坡、中国香港和上海等地服过役，戈达尔党认为，如果他们能够成功赢得这些锡克人对英国的那种忠诚，那么印度将会发生一场颠覆性的革命，而革命的骨干就是这些锡克人。第三个原因，当然也是很重要的一个原因，是东南亚和东亚在地理位置上比北美离印度更

---

① Khushwant Singh and Satindra Singh, *Ghadar 1915*, 19.
② Ramnath, *Haj to Utopia*, 35; Bose, *Indian Revolutionaries Abroad*, *1905-1922*, 48-49.

近，如果戈达尔分子能够在东南亚和东亚建立强大的根据地，他们将能更加便捷地把革命事业的代理人、武器等其他物资输送到印度本土。①

在 1920 年之前，上海的锡克人通常不会接触到激进的印度民族主义思想。虽然锡克人不服从指令的情况并不罕见，但是很少与印度独立或反殖民主义的活动有关。② 事实上，上海工部局 1913 年的年度报告表明，锡克警队纪律相当严明。③ 然而，在"驹形丸号"事件之后，锡克人对英国的态度完全改变了，这起事件让海外印度人意识到，如果没有自己国家的政府来保护他们的利益，那么他们在世界各地都可能会被羞辱。④ 这种感觉在上海尤其强烈，因为"驹形丸号"上将近三分之一的乘客都是曾经在上海居住过的锡克人。当这些乘客被加拿大政府拒绝入境并且驱逐回印度时，他们在上海的锡克同胞幡然醒悟，是英国人背叛了整个锡克人族群。锡克人开始抱怨，尽管锡克士兵曾在世界各地为英国人英勇奋战，甚至从印度叛乱开始就表现出对英国统治印度的极度忠诚，但是，他们还是不被允许在英帝国内部自由行走。戈达尔党抓住这个契机，

---

① Harish Puri, "The Ghadar Movement: A New Consciousness," in *Five Punjabi Centuries: Polity, Economy, Society, and Culture, c. 1500-1990*, ed. , Indu Banga (New Delhi: Manohar, 1997), 172; Maia Ramnath, " 'The Haj to Utopia': Anti-Colonial Radicalism in the South Asian Diaspora, 1905-1930," (PhD diss. , University of California at Santa Cruz, 2008), 242.

② Thampi, *Indians in China 1800-1949*, 179-180.

③ SMA, U1-1-926, Annual Report of the Shanghai Municipal Council 1913, 35.

④ Sohi, *Echoes of Mutiny*, 144; Thampi, Indians in China *1800-1949*, 185.

图 16 1919 年巴格万·辛格（Bhagwan Singh）（南亚裔美国人数字档案馆
［South Asian American Digital Archive］提供）

尽力扩大它在上海的影响力。1914 年年底，在四川北路的锡克教寺
庙里出现了多份《戈达尔报》报纸。① 随着上海越来越多的锡克人
加入戈达尔党，1914 年年底，戈达尔党上海支部成立了。② 资深民

① 这些出版物很可能从马尼拉邮寄过来。1914 年，戈达尔党将马尼拉视为其扩大
在亚洲影响力的前哨站，主要因为戈达尔党更容易将他们的煽动性出版物从旧
金山运到当时还是美国殖民地的菲律宾，参见 CO 129/413, from F. H. May to
Acting Consul-General, Manila, 14 Sept. 1914, 558-562。
② "Rex（Buta Singh）v. Lal Singh," *North China Herald*, July 18, 1914.

族主义者巴格万·辛格从旧金山被派往上海，领导这个分支机构。①
戈达尔分子以锡克教寺庙为中心，开始散发煽动性出版物，发表演
讲，募集捐款，号召当地的锡克人返回印度去推翻英国殖民统治。②
巴格万·辛格不仅负责上海戈达尔党的活动，从 1914 年底到 1915
年，还负责监管了戈达尔党在菲律宾马尼拉、中国香港和汉口、新
加坡、日本横滨、马来亚各州和泰国曼谷等中心城市组建的分支机
构，一张革命之网由此编造出来了。③ 正如他后来所承认的那样，
这些中心是彼此联通的，因为这样方便他们收集资金、武器、煽动
性出版物和情报、发展培育更多的革命者，同时也方便这些干革命
的人或物在这些网络节点之间穿梭往来。④

1914 年 7 月爆发了第一次世界大战，使得锡克人可以加快重返
亚洲的步伐。由于英国大部分军队被困在欧洲，戈达尔党认为这是
天赐良机，特别是在德国承诺给他们提供物资之后，戈达尔党革命

---

① "Report of Captain-Superintendent of Police for July," *North China Herald*, Aug. 6,
　 1914; South Asian American Digital Archive (SAADA), Letter from Bhagwan Singh
　 Gyanee to Jagjit Singh, Aug. 19, 1956, 1-2. 有关巴格万·辛格 (Bhagawan Singh)
　 的活动，参见 Deol, *The Role of Ghadar Party in the National Movement*, 62-63; So-
　 han Singh Josh, *Baba Sohan Singh Bhukna*: *Life of the Founder of the Ghadar Party*
　 (New Delhi: People's Publishing House, 1970), 28-29.
② SAADA, Letter from Bhagwan Singh Gyanee to Jagjit Singh, Aug. 19, 1956, 1-6。
③ 在这些戈达尔党支部中，上海和马尼拉的支部是最活跃的，其他的支部似乎影
　 响力有限。例如，没有证据表明，戈达尔党参与了 1915 年印度第五轻步兵 (the
　 Indian 5th Light Infantry) 在新加坡的叛变。当地锡克教徒都选择逃进丛林，而不
　 是与叛变者合作，参见 Nicholas Tarling, "The Merest Pustule: The Singapore Mutiny
　 of 1915," *Journal of the Malaysian Branch of the Royal Asiatic Society* 55 (1982): 6-
　 59。
④ SAADA, Letter from Bhagwan Singh Gyanee to Jagjit Singh, Aug. 19, 1956, 1.

者认为他们采取行动的绝佳机会到来了。[1] 由于上海是位于北美与印度之间的一个自由港，同时接纳了大量的锡克人，所以自然成了戈达尔党的密谋中心。所有从北美返回亚洲的戈达尔分子都被指定到上海集合，然后再回到印度国内。[2] 另外，德国驻上海总领事得到了德国政府的授权，为这些戈达尔党革命分子提供军事训练、武器和资金，并且负责监督他们的行动计划。[3]

然而，并不是所有在上海的锡克人都支持戈达尔运动，德国—戈达尔密谋遭遇了上海锡克人社区领袖布达·辛格的残酷镇压。19世纪70年代，布达·辛格出生在旁遮普的马杰哈地区，1902年2月，布达来到上海，加入上海警察局，成为一名警察。根据上海警察局印度人警队的服务条款，印度籍警察至少得服役满5年之后，才有可能晋升为陆军士官长（相当于"警佐"），另外，一个普通的警察要想晋升为尉官（相当于"督察员"）即晋升为上海警察局

---

[1]　Bose, *Indian Revolutionaries Abroad*, 1905-1922, 91-98. 德国人不仅在第一次世界大战期间引诱锡克教徒反抗英国，还试图在南亚和东南亚的穆斯林人口中煽动反英情绪。奥斯曼—德国联盟（the Ottoman-German alliance）影响了一些穆斯林对英国人的态度，因为在英属印度军队服役的穆斯林士兵拒绝与那些跟他们信仰相同的人作战。在某种程度上，1915年的新加坡兵变也是德国宣传引起的反英情绪的结果，参见 Kes van Dijk, "Religion and the Undermining of British Rule in South and Southeast Asia During the Great War," in Islamic Connections：Muslim Societies in South and Southeast Asia, eds. Michael Feener and Terenjit Feener（Singapore：Institute of Southeast Asian Studies, 2009）, 109-133。

[2]　Rowlatt, ed., *Sedition Committee Report 1918*, 125; Bose, *Indian Revolutionaries Abroad, 1905-1922*, 123.

[3]　Bose, *Indian Revolutionaries Abroad, 1905-1922*, 162-165; B. R. Deepak, "Revolutionary Activities of the Ghadar Party in China," *China Report*, 35（1999）：439-456.

在役锡克警察的最高级别，基本上是癞蛤蟆想吃天鹅肉。[1] 然而，布达·辛格却不愿意向命运屈服认输，他除了出色地完成自己的工作之外，还担任了当地锡克人社区的财务主管，十分积极地组织锡克教的宗教节日活动，例如锡克教辛格庆典大会（Singh Sabha Celebration），这为他在当地锡克同胞中赢得了崇高的敬意和声誉。[2] 上海工部局发觉到了布达·辛格日益增长的影响力，准备好好利用他来实现上海工部局自己的目的。1906 年 2 月，辛格被上海警察局授予陆军士官长勋章，晋升为警佐。[3] 两年后，他已经是上海锡克人社区的秘书长。[4] 1910 年 7 月，马杰哈的锡克教徒和马尔瓦的锡克教徒之间发生了严重冲突，因而锡克警察不服从命令，这起事件进一步推动了布达·辛格的事业青云直上。[5] 在当时，劳朗·辛格（Naurang Singh）是锡克警察支队的尉官督察员，同时也是马杰哈派系的领头羊，他被指控为此次事件的罪魁祸首，在 1911 年 1 月被上海警察局开除了。[6] 布达·辛格随后被提升为尉官督察员，取代了劳朗·辛格，负责指挥锡克警察支队。[7]

第一次世界大战爆发时，布达·辛格觉得有必要采取权宜之计

---

[1] SMA，U1-3-1466，"Police Force—Indian Branch：Terms of Service," Jan. 1, 1927, 1895-1896.

[2] "The Shanghai Singh Sabha," *North China Herald*, Dec. 8, 1905.

[3] "Tragic Death of Sirdar Sahib Singh," *North China Herald*, Apr. 9, 1927.

[4] "Late Telegrams," *North China Herald*, Mar. 27, 1908.

[5] 在第二章，我们论及伊塞尔·辛格参加了这起事件，也被捕了。关于这起事件的详细情况，参见 The Minutes of Shanghai Municipal Council（Vol. 18），440。

[6] 关于 1910 年锡克教徒违抗命令的事由调查情况，参见 SMA，U1-1-922，Shanghai Municipal Council Report 1910，36。也参见 "The Sikh Police," *North China Herald*, Jan. 13, 1911。

[7] "Municipal Notification," *The Municipal Gazette*, Jan. 26, 1911.

来遏制反英势力。1914 年 7 月，他开始调查《戈达尔报》在上海的发行和传播。布达・辛格后来发现，这些煽动性的出版物是由 7 名戈达尔党成员散发的，他们还负责招募上海当地锡克人，然后再将他们运送到印度。布达・辛格将这些人的名单转发给了上海工部局，并且还作了补充注明，建议立即逮捕那些参与者。戈达尔分子在觉察到英国当局可能对他们采取镇压行动后，只好在锡克教寺庙烧毁了所有《戈达尔报》，迅即逃离了上海。① 就连巴格万・辛格也被迫在 1915 年年初离开上海。②

为了对抗戈达尔党的宣传，布达・辛格在上海想尽办法加强锡克人对英帝国的忠诚。1915 年 11 月 21 日，他在四川北路锡克教寺庙主持了古鲁・那纳克・辛格（Guru Nanak Singh）大师的生日纪念活动，在当天活动过程中，他通过了一项决议，即号召所有在上海的锡克教徒宣誓效忠捍卫英国对印度的殖民统治，并且宣誓在战时一定全力以赴地效忠英国政府。③ 为了加强锡克年轻人的爱国主义教育、培养他们的服从意识，1917 年 8 月，布达・辛格主持建立了上海锡克人童子军。第一次世界大战期间，大约有 25 名锡克男孩应征入伍并接受训练。④ 此外，他在 1917 年末发起了一场运动，呼吁上海的锡克教徒向印度的红十字会捐款，抚恤那些在战争中忠

---

① "Rex（Buta Singh）v. Lal Singh," *North China Herald*, July 18, 1914. 该篇报道中将布达・辛格的名字 "Buddha Singh" 误写成了 "Buta Singh"。

② CO 129/422, from Acting Consul-General, Manila to The Viceroy of India, Delhi, 4th June 1915, 713-714.

③ "Sikhs in Shanghai: A Notable Resolution," *North China Herald*, Nov. 27, 1915。

④ "The Baden-Powell Scouts Association: The Formation of a Sikh Patrol," *North China Herald*, June 23, 1917; "The Sikh Scouts: Enrolling of New Branch," *North China Herald*, Aug. 18, 1917; "Boy Scouts," *North China Herald*, Sept. 27, 1917.

于英帝国并为之战斗而受伤的锡克士兵们。①

现在看来，布达·辛格的工作似乎完胜了上海戈达尔党的努力。在"一战"期间，锡克警察不服从命令的情况一例也没有发生，锡克警察支队的作风同时期也被认为是纪律严明秋毫无犯。②为了奖励他的杰出贡献，1917 年 11 月 24 日，印度总督给布达·辛格授予了"酋长大人"（Sirdar Sahib）的荣誉称号，这是锡克人在上海被授予的至高头衔。为了颂扬这一成就，所有在上海的英国高级官员都参加了在英国上海领事馆举行的布达·辛格授衔仪式，锡克骑警队、欧洲籍警察和锡克童子军组成了一支盛大的游行队伍，迎接这位至上头衔的获得者，英国总领事埃弗拉德·弗雷泽爵士（Sir Everard Fraser）亲自向他颁发了勋章。③

"左倾"

在第一次世界大战期间，戈达尔分子将上海建成一个革命中心的努力功亏一篑，同样在印度也是功败垂成。尽管在第一次世界大战的头两年，④ 有 8000 多名戈达尔分子从北美和远东返回印度，但是，英国在世界各地实施了更加严格的监视管控，武器装备基本上

---

① "Red Cross in India," *North China Herald*, Dec. 15, 1917.

② SMA, U1-1-930, Annual Report of the Shanghai Municipal Council 1917, 25.

③ "Decoration of Sirda Sahib," *North China Herald*, Nov. 24, 1917.

④ Sohi, *Echoes of Mutiny*, 153；Darshan Singh Tatla, *A Guide to Sources：Ghadar Movement*（Amritsar：Guru Nanak Dev University, 2003），129.

进不了印度境内。① 由于没有足够的武器，返回印度的戈达尔分子终究不能将他们的计划付诸行动。况且，当戈达尔分子试图动员旁遮普农民来支持他们的革命事业时，他们沮丧地发现，旁遮普的群众还没有做好革命的准备。事实上，大多数旁遮普人因受到爱国主义的鼓动而支持印度政府参加"一战"，却未曾想借此机会去推翻英属印度殖民政权。② 即便如此，戈达尔分子们毅然决然竭尽全力在旁遮普唆使印度军队临阵倒戈调转枪头冲向殖民政府，但是，由于安排不妥当走漏了风声，这次策反兵变的谋划于 1915 年 2 月以失败告终，63 名戈达尔分子被逮捕，余下的逃离印度亡命天涯。③

1915 年密谋的溃败标志着印度戈达尔党主动运动的结束。与此同时，在美国，戈达尔党内部也出现了派别分裂，严重削弱了它的战斗力。④ 1917 年 4 月，美国参加了"一战"，作为英国的盟友，美国政府在其领土上对戈达尔党采取了镇压措施，关闭了戈达尔党在旧金山的总部，拘捕了戈达尔党的核心成员，随后，戈达尔党转入了地下活动。⑤

随着 1918 年第一次世界大战的结束，戈达尔分子不得不承认

---

① Sohi, *Echoes of Mutiny*, 178-184.

② Ramnath, *Haj to Utopia*, 60; Deol, *The Role of the Ghadar Party in the National Movement*, 146.

③ Isemonger and Slattery, *An Account of the Ghadar Conspiracy*, *1913-1915*, 110-112.

④ James Campbell Ker, *Political Trouble in India*, *1907-1917* (Calcutta: Superintendent Government Printing, India, 1917), 255-256.

⑤ Singh, *A History of the Sikhs: Volume 2: 1839-1974*, 188; Sohi, *Echoes of Mutiny*, 176-178.

他们赶走英国人的黄金机会已经失去了。革命运动失败后，戈达尔分子就此开展自我批评，总结经验教训。戈达尔分子高度赞扬了俄国布尔什维克革命的成功经验，[1] 大多数戈达尔分子都同意，他们的失败主要归咎于缺乏群众基础，旁遮普鲜有政治自省的群众，为了提高民众的政治觉悟，他们的政党即戈达尔党应该提升自己的系统性和组织性，首先应该有一个更加吸引人的政治议程。在第一次世界大战之后的几年里，马克思列宁主义的意识形态成了一个不得不尝试的选择。[2]

事实上，在戈达尔党成立之初，其领导人就认识到了，他们在北美反对种族主义歧视、在印度反对殖民主义的统治，从更广泛的范畴来看只是全球范围内反对殖民主义运动的一小部分。正如西玛·萨荷（Seema Sohi）所观察到的，戈达尔党的政治议程就是力图在一个新的世界秩序中建立一个独立自主的印度，这个新秩序是指所有被殖民统治地区的人民推翻殖民统治，实现民族独立和民族解放。[3] 戈达尔党的这一政治议程与布尔什维克呼吁的全球革命高

---

[1] Ajeet Javed, *Left Politics in Punjab, 1935-47* (Delhi: Durga Publications, 1988), 64-67.

[2] 除了马列主义的意识形态，伍德罗·威尔逊（Woodrow Wilson）呼吁，民族自决是殖民地国家、殖民统治地区的另一种选择。然而，马克思列宁主义的意识形态被证明比威尔逊主义更具有持续性和影响力，参见 Ramnath, *Haj to Utopia*, 123-125; Erez Manela, *The Wilsonian Moment: Self-Determination and the International Origin of Anticolonial Nationalism* (Oxford: Oxford University Press, 2007)。

[3] Sohi, *Echoes of Mutiny*, 7. 这种将印度独立斗争与全球反帝国主义运动联系起来的想法，进一步受到了拉贾·马汉德拉·普拉塔普（Raja Mahandra Pratap）的启发。普拉塔普在海外对印度革命者产生了巨大影响，并在 20 世纪二三十年代倡导亚洲团结起来。关于普拉塔普的旅行和思想，参见 Carolien Stolte, "'Enough of the Great Napoleons!': Raja Mahendra Pratap's Pan-Asian Projects (1929-1939)," *Modern Asian Studies* 46 (2012): 403-423。

度一致，自此，戈达尔党跟布尔什维克走得越来越近了。

随着戈达尔党转向"左倾"，共产国际也将目光投向亚洲，试图找到摧毁世界资本主义的突破口。[1] 共产国际当机立断：印度不仅是英帝国的重要角色，也是全球资本主义体系的重要角色。当时人们认为，印度的共产主义革命会拖垮英国的经济，也会为亚洲其他殖民地、殖民统治地区和租界人民树立榜样。然而，当时印度占主导地位的民族主义政治力量是印度国民大会党（Indian National Congress/INC，简称为"印度国大党"），它既不支持共产主义意识形态，也不支持任何暴力革命。戈达尔党，有工人支持，也渴望武装革命，很快戈达尔党就被莫斯科视为潜在的盟友。此外，由于莫斯科意在全世界掀起革命风暴，理所当然需要在世界范围内设立革命前哨，而戈达尔党的国际化视野，尤其是戈达尔党在东南亚和东亚广泛联系的网络，自然就深受共产国际的赏识。[2]

1920 年左右，美国的戈达尔党与共产国际建立了直接联系。戈达尔党派密使去莫斯科，报告戈达尔党在美国的活动情况，同时请求共产国际的支持。[3] 从 1926 年起，来自加拿大、美国和中国的近百名戈达尔分子被派遣到莫斯科的东方大学（University of the East/Communist University of the Toilers of the East，共产主义东方劳

---

[1] Manabendra Roy, *Memoirs* (Bombay: Allied Publishers, 1964), 390.

[2] Jon Jacobson, *When the Soviet Union Entered World Politics* (Berkeley: University of California Press, 1994), 8-10.

[3] Bhagwan Josh, *Communist Movement in Punjab, 1926-47* (Delhi: Anupama Publications, 1979), 211; Puri, *Ghadar Movement*, 246.

动者大学）接受教育和培训。① 学员们在这所大学里学习俄语、革命史、政治经济学、无产阶级革命战术战略、党建、马克思主义等课程，学习时长将近一年。此外，东方大学还给学员们提供了军事化训练和在工厂工作的实践培训。② 戈达尔分子在东方大学完成了课程和培训任务之后，他们中的大多数人都首先来到了阿富汗的喀布尔（Kabul），之后再想办法渗透回旁遮普。③

然而，位于喀布尔的戈达尔党基地，并没有给英国殖民统治印度制造出什么祸乱，因为戈达尔党从莫斯科得到的支持非常有限。实际上，自从共产国际支持的伊斯兰基拉法特运动（Khilafat movement）1924 年在中亚地区失败后，莫斯科的关注焦点逐渐从阿富汗和印度转移到了中国。④ 中国国内政治局势的变化，加速了共产国际的这一战略转变。1923 年，孙中山领导的国民党决定与苏联合作，希望苏联支持和帮助它收拾军阀割据、一统华夏，作为交换，国民党同意，中国共产党党员可以加入共产国际这个组织，共产国际则陆续派遣它的特工们如米哈伊尔·鲍罗丁（Mikhail Borodin）

---

① Josh, *Communist Movement in Punjab*, *1926-47*, 109-110.

② Ibid, 218.

③ Ramnath, "'The Haj to Utopia,'" 372.

④ 有关伊斯兰基拉法特运动，参见 Gail Minault, *The Khilafat Movement: Religious Symbolism and Popular Mobilisation in India* (New York: Columbia University Press, 1982); Anastasia Kartunova, "Moscow's Policy Towards the National-Revolutionary Movement in China: The Military Aspect, 1923-1927," in *The Chinese Revolution in the 1920s: Between Triumph and Disaster*, eds., Mechthild Leutner (London: Routledge Curzon, 2002), 66-74。

去协助国民党开展工作。[1]

1925 年年中发生在上海的"五卅运动"，为中国民族主义者和戈达尔党之间的合作搭建了平台。1925 年，中国的国共两党合作，在上海积极组建工会。当时，外国工厂经理们与中国工人阶级之间的冲突，已经日益加剧。1925 年 5 月 15 日，一名中国工人在上海一家日本棉纺厂的罢工中被一名日本警卫杀害了。5 月 30 日，数千名中国学生聚集在上海公共租界的老闸巡捕房门前，要求惩罚凶手，同时要求释放那些早先参与抗议活动而被捕的学生们。英国警官却下令向人群开枪，造成了 13 名中国人死亡，100 多人受伤。[2]在国共两党的共同努力下，"五卅惨案"这一事件引爆了中国各地强烈的反英情绪，上海、香港、汉口及其他各大城市纷纷爆发了大规模的反英游行示威。[3] 国共合作，在这场运动中获益颇多，各地军阀却遭受重创。国共联盟的宣传，使许多中国人相信，一个强有

[1] Bruce Elleman, "Soviet Diplomacy and the First United Front in China," *Modern China* 4 (1995)：450-480；Iuruii Garushiants, "The Comintern and the Guomindang：A Clash of Strategy in China's Revolution," in *The Chinese Revolution in the 1920s*, 44-53；Arthur Waldron, *From War to Nationalism：China's Turning Point*, 1924-1925 (New York：Cambridge University Press, 2003)；Alexander Pantsov, *The Bolsheviks and the Chinese Revolution 1919-1927* (London：Routledge, 2013).

[2] 在这起事件中，锡克巡警也在英国人的命令下向中国人开枪。然而，他们的角色被淡化了，因为大多数当代批评家都将矛头指向了英国帝国主义，参见 Bickers, *Empire Made Me*, 163-168.

[3] 国际问题研究会（编），《五卅事件》，载于张研，孙燕京主编：《民国史料丛刊》卷28，郑州：大象出版社，2009 年，第3—150 页。

力政党统领下的全国同心同德对于砸碎英帝国主义锁链至关重要。[①]
共产党和国民党受此鼓舞，于 1926 年发起了北伐，试图用武力一
统中国。同理，戈达尔革命分子，跟中国民族主义者一样有着相似
的亲共产主义的倾向和反英殖民主义的议程，他们准备好了借中国
的局势来实现自身解放的目的。[②]

从汉口到上海：戈达尔党的中国活动中心

1926 年 10 月，中国国民革命军从军阀吴佩孚手中夺取了汉口
(汉口的外国租界除外)。汉口是长江沿岸的通商口岸。1862 年，
英国侨民在汉口成立了工部局，管理英国在汉口的租界。[③] 同年，
英国汉口工部局成立了一支警察部队。[④]可是，19 世纪 90 年代汉口
华人警察不仅贪墨成风，而且做起事来如同老牛拉破车，汉口工部

[①] Edmund Fung, "The Chinese Nationalists and the Unequal Treaties 1925-1931," *Modern Asian Studies* 21 (1987): 793-819; Jeffrey Wasserstrom, *Student Protests in Twentieth Century China: The View from Shanghai* (Stanford: Stanford University Press, 1991); Michael Murdock, *Disarming the Allies of Imperialism: The State, Agitation, and Manipulation during China's Nationalism Revolution*, 1922-1929 (Ithaca: Cornell University Press, 2006); Wang Jianwei, "The Chinese Interpretation of the Concept of Imperialism in the Anti-Imperialist Context of the 1920s," *Journal of Modern Chinese History* 2 (2012): 164-181; Kristin Mulready-Stone, *Mobilizing Shanghai Youth: ccp Internationalism, gmd Nationalism and Japanese Collaboration* (London: Routledge, 2014).

[②] Benjamin Zachariah, *Nehru* (London: Routledge, 2004), 112-113; Ali Raza, Franziska Roy, and Benjamin Zachariah, eds., *The Internationalist Moment: South Asia, Worlds, and World Views, 1917-1939* (New Delhi: SAGE, 2015), xxxiv.

[③] 汉口共有五个外国租界，分别是英租界、法租界、日租界、俄租界和德租界。德国的租界和俄国的租界分别于 1917 年和 1924 年被中国政府收回。

[④] 袁继成，《汉口租界志》，武汉：武汉出版社，2003 年，第 226 页。

局对此怫然不悦，决定遵循上海工部局的模式，在汉口组建一支锡克警队。[1] 1894 年，汉口工部局从上海招募了 16 名锡克警察。[2] 英帝国汉口当局对锡克警察的表现感到快心遂意，因此，在接下来的几年里，陆续招募了更多的锡克人来汉口做警察。

表9　在中国汉口英国租界服役的锡克警察人数

年份	锡克警察人数
1895[a]	20
1900[b]	24
1906[c]	37
1925[d]	40

a 《汉口租地者会议》（Hankow Landrenters' Meeting），《北华捷报》，1896 年 2 月 21 日。
b 《汉口租地者会议》，《北华捷报》，1900 年 3 月 3 日。
c 《汉口英国工部局报告》（Report of the British Municipal Council, Hankow），《北华捷报》，1906 年 4 月 6 日。
d 袁继成，《汉口租界志》，第 227 页。

在汉口，锡克人除了在巡捕房工作，还有 100 多位应聘做看守和安保。1925 年，汉口是中国除上海之外最大的锡克人聚集地。[3] 然而，1926 年之前，由于英国殖民者的监视，戈达尔党未能扩大它在汉口的影响力。在汉口落入中国民族主义者手中后，许多戈达尔分子前往汉口与中国民族主义者建立了联系。1927 年年初，在中国国民党和中国共产党的支持下，达桑德哈·辛格（Dasundha Singh）

① "Hankow Landrenters' Meeting," *North China Herald*, Feb. 21, 1896.

② "Hankow Municipal Report," *North China Herald*, Feb. 8, 1895.

③ Thampi, *Indians in China 1800-1949*, 235-236.

在汉口领导并建立了一个戈达尔党根据地。[1]

达桑德哈·辛格是北美的戈达尔党党员，曾在英属哥伦比亚大学上过学。1926 年，他辍学前往中国，[2] 在北京待了几个月后，共产国际建议他到汉口去推动那里的革命斗争。达桑德哈·辛格于 1927 年 1 月抵达汉口，不久之后便创办了一家印刷厂，出版了煽动性报纸《印度斯坦·戈达尔·丹多拉》（*Hindustan Ghadar Dhandora*）。通过这份报纸，达桑德哈·辛格试图强调中印两国同命运共呼吸，并借此促进中印两国的友谊，他还呼吁在中国的印度籍士兵、警察和看守们不再为英国殖民者服务，携手并肩加入中国的民族主义运动中去，齐心协力推翻英帝国的殖民统治。[3] 有例为证，《印度斯坦·戈达尔·丹多拉》曾有一期发文称："中国的爱国者们正在为他们祖国的自由而战斗。印度的自由与中国的自由，手牵手心连心，休戚相关。中国自由了，印度的自由之日还会远吗？"[4] 在另一期文章中，该报甚至呼吁在中国的印度人去"发动一场大兵变，扛起你们的枪炮，终结英帝国在印度不义的殖民统治，斩断英帝国奴驭印度的枷锁"[5]。达桑德哈·辛格领导的汉口戈达尔党支部，除了刊发宣传型的报纸之外，还与中国国民党保持着密切联

---

[1] Deepak, "Revolutionary Activities of the Ghadar Party in China," 439-456.

[2] Josh, *Communist Movement in Punjab, 1926-47*, 240-241.

[3] 有关印度人在汉口的反帝活动，参见 Carolien Stolte, "Uniting the Oppressed Peoples of the East: Revolutionary Internationalism in an Asian Inflection," in *The Internationalist Moment: South Asia, Worlds, and World Views, 1917-1939*, eds., Ali Raza, Franziska Roy, and Benjamin Zachariah (New Delhi: SAGE, 2015), 77-83。

[4] David Petrie, *Communism in India, 1924-1927* (Calcutta: Government of India Press, 1972), 209.

[5] Ibid., 209-210.

系，赢得了中国国民党的大力支持。1927 年年初，在达桑德哈的请求下，中国国民党为 80 多名锡克人提供了军事训练，这些受训的锡克人准备效力中国的国民政府，为之战斗。①戈达尔分子，为了提振士气走到汉口街头声讨英国在印度和中国所犯下的罪行，一方面声援中国北伐战争（1926—1928）"打倒列强，除军阀"，另一方面竭力策反在中国境内为英帝国服务的锡克士兵和锡克警察，以便获取这群锡克人对他们革命活动的支持。②

　　1926 年年末至 1927 年年初，国共联盟在中国各地组织了大规模的反英示威活动，呼吁抵制英国商品，结束治外法权，收回英国在中国的所有租界。中国抗议者与英国的水兵、警察不断爆发冲突。③ 为了应对日益紧张的局势，英国于 1927 年 1 月从加尔各答派遣了一个旁遮普军团赶赴上海。④ 这个军团的锡克士兵，很快成了戈达尔党争取的对象，戈达尔党的党魁们谋划了一个计策，诱使这

---

① "Besieged Sikhs," *North China Herald*, Feb. 5, 1927; FO (Foreign Office Documents) 371/12461, "Arrest of Indians at Shanghai," May 18, 1927, 329.

② FO 371/12474, from R. A. Yangtze Kiang to Admiralty, Feb. 24, 1927, 187.

③ "Demands for Economic Reprisals: Anti-British Move at Hankow," *Times of India*, Dec. 29, 1926; "The Disorders in Hankow," *North China Herald*, Jan. 8, 1927; Gao Chengyuan, ed., "Guangzhou Wuhan gemingwaijiao wenxian", in *Minguo shiliao congkan vol. 216*, eds., Zhang Yan and Sun Yanjing (Zhengzhou: Daxiang Chubanshe, 2009), 119-125. 关于近代中国政党如何操纵群众运动以达到政治目的的讨论，参见冯筱才，《近代中国的僭民政治》，《近代史研究》2014 年第 1 期，第 32—44 页。

④ "Steamers to Convey Troops," *Times of India*, Jan. 24, 1927; "Troops for China," *Times of India*, Jan. 25, 1927; "Ramsay MacDonald on Canton," *North China Herald*, Jan. 29, 1927.

些锡克士兵投奔汉口。① 1927 年 3 月 21 日，一名戈达尔党成员桑加特·辛格（Sangat Singh）试图引诱上海的部分锡克人士兵叛逃。桑加特·辛格声称，印度军队的士兵就像是英国人的奴隶，他本人为了自由早就离开了英属军队，这些士兵们也应该像他那样脱下军装、追求自由理想。此外，桑加特还补充说，中国政府很快就会接管公共租界，为英国而战的印度人都会被处死。此外，桑加特·辛格还献上了一首饱含反英情绪的歌曲。② 虽然桑加特·辛格终究未能说动士兵，但是这一举动令英国惶惶不安。由于担心印度士兵可能受到印度民族主义宣传而哗变，英国削减了增援部队，并且将援兵限制在上海租界的兵营里。③

1927 年 1 月 4 日，成千上万的中国示威者聚集在汉口的英租界。汉口的英国人意识到，他们不可能从上海的印度军团中迎来援兵，而且自己的军力根本寡不敌众，于是放弃了汉口的英租界，把他们在汉口的英国侨民、士兵和警察全部撤退到了上海。④ 受到汉口成功的极大鼓舞，中国民族主义者和戈达尔分子将注意力转向了上海——英国在中国的利益中心。戈达尔党甚至出谋划策引诱上海的锡克警察去帮助中国民族主义者夺回上海的公共租界。按照这个计谋，

---

① FO 371/12461，"Arrest of Indians at Shanghai," May 18, 1927, 378-379。印度民族主义力量，除了戈达尔党，还有印度国大党和斯瓦拉杰党（Swaraj Party），都谴责了在中国使用印度军队，参见 Thampi, *Indians in China 1800-1949*, 194。

② "REX V. Sangat Singh," *North China Herald*, Mar. 26, 1927.

③ 高承元（编），《广州武汉革命外交文献》，载于张研，孙燕京主编：《民国史料丛刊》，郑州：大象出版社，2009 年，第 132 页。

④ "Hankow Disorders Spread," *North China Herald*, Jan. 15, 1927.

图 17　1920 年中国汉口的锡克警察（比利·拉乌历史收藏 [Billie Love His-
torical Collection] 提供）

那些在上海被策反的锡克人，将在中国人和共产国际的保护下，经
由西藏再前往印度。①

如前文所述，上海是第一次世界大战期间戈达尔党在东亚活动
的根据地。随着戈达尔党运动在20世纪20年代初的复兴及其与共
产国际的结盟，上海再次成为一个主要的角斗场。1923年3月，共
产国际建议，对那些住在中国的印度人进行大规模的共产主义宣
传，特别是针对锡克人，用印度语言印刷一些宣传单散发给他们。②
自从上海有了中国最大的印度人社区（1927年仅公共租界就有
1076名印度人），就立即引起了共产国际的注意。③ 那些公开倾向
布尔什维克的印度人被派往上海，跟那些在上海的锡克警察和锡克
看守取得联系，在他们当中煽动反英情绪。④

1923年6月，在上海警察局锡克警察分队中发现了煽动性印刷
物。据报道，在锡克警察的营房里，墙上已经挂有此类煽动性的印
刷品，比如，有描述印度民族主义者如何与英国人作战的，也有描
述印度人如何受到英国人虐待的。⑤

① FO 371/12487, "Activities of Members of the Ghadar Party in the United States of A-
   merica," Mar. 19, 1927, 168. 颇具影响力的印度革命家拉贾·马汉德拉·普拉
   塔普发起了西藏任务。1926年，在戈达尔党支持下，拉贾前往西藏，请达赖喇
   嘛批准戈达尔分子通过西藏被运送到印度。然而，这个提议被达赖喇嘛拒绝了，
   参见 Carolien Stolte, "Enough of the Great Napoleons!" 179。
② FO 371/9216, "Report on Joffre's Visit to Shanghai," Mar. 24, 1923, 15-16.
③ FO 371/12460, "Activities of Indian Seditionists in Shanghai," Apr. 9, 1927, 357.
④ SMA, U1-1-936, Annual Report of the Shanghai Municipal Council 1923, 28.
⑤ SMA, U1-3-2429, From Deputy Commissioner of Police, SMP to Acting Secretary,
   SMC, June 2, 1923.

为了在上海推进反英活动，1923 年 12 月，上海印度民族主义运动的头目哈巴克什·辛格（Harbaksh Singh），在上海法租界成立了印度斯坦协会（Hindustan Association）。① 哈巴克什·辛格擅长宣传工作。他开始编辑一份《印度贾戈瓦报》（*Hindu Jagawa*），该报刊发了《英国在印度的野蛮行径》（British Barbarism in India）和《英国司法已经破产》（British Justice gone Bankrupt）等文章，目的就是动摇那些在上海警察局服役的锡克警察们对英国的忠心。到 1924 年 4 月，位于四川路的易盛印刷厂已经印刷了近六百份的《印度贾戈瓦报》。②

哈巴克什·辛格的工作似乎卓有成效。1924 年 4 月，他被英国警察法庭以发表煽动性言论的罪名判处重刑。当时，数百名当地的锡克人到法庭表达对被告哈巴克什的支持，很多锡克人包黑色头巾以示他们对印度民族主义运动的支援。最后，法庭判处哈巴克什·辛格两个月的监禁和强制劳动，随着法槌最后一次敲响，锡克民众欢呼雀跃，交口称赞哈巴克什为殉道士。③

1924 年 10 月，哈巴克什·辛格及几个主要同僚被驱逐回印度，此后两年里，印度的民族主义活动在上海大势已去、日渐衰弱。④ 尽管如此，哈巴克什·辛格为全面动员上海的锡克人参加印度民族

---

① SMA, U1-3-2429, From Commissioner of Police, SMP to Acting Secretary, SMC, Dec. 28, 1923.

② "Indian Propaganda Charge," *North China Herald*, Jan. 19, 1924; "Disorderly Indians at British Police Court," *North China Herald*, Apr. 26, 1924.

③ "Disorderly Indians at British Police Court," *North China Herald*, Apr. 26, 1924.

④ FO 371/10290, "Deportation of Harbaksh Singh from China," Oct. 29, 1924.

主义事业铺平了道路，哈巴克什的事业即将受到中国民族主义革命及其北伐战争的把薪助火。

哈巴克什·辛格被驱逐之后，印度民族主义运动在上海的力量被严重削弱，尽管如此，在共产国际的指示下，戈达尔党从汉口和旧金山再派人手赶赴上海，帮助中国人实施收回上海公共租界的计划。1927 年 2 月，在两位著名民族主义者普拉姆·辛格（Puram Singh）和贾格哈特·辛格（Jaghat Singh）的带领下，近 40 名戈达尔分子离开旧金山前往上海。① 为了避开英国情报官员在美国西海岸的拦截，大多数返回东亚的戈达尔分子，在前往上海之前先转赴墨西哥，在墨西哥搞到假护照后再赶往上海。② 大约在同一时间，来自旁遮普省霍斯希亚尔普尔（Hoshiarpur）的戈达尔特使达萨旺达·辛格（Dasawandha Singh），在苏联军事情报部门一名特工的陪同下，从汉口前往上海，与相关团体进行合作。③

这些戈达尔分子抵达上海之后即刻获悉，上海警察局内部某些有影响力的人物挫败了戈达尔同志的努力，也正因如此，哈巴克什·辛格等人折戟沉沙壮志难酬，哈巴克什本人还锒铛入狱。尽管如此，他们的到来还是给戈达尔革命事业注入了新鲜血液，这些新生力量厉兵秣马，要把上海打造成一个更加强大的反英根据地。不久之后，他们还发现，在这些通敌的大人物中，上海警察局锡克警

---

① FO 371/12487, "Departure of Seditious Indians from United States for China," Feb. 24, 1927, 162.

② FO 371/12487, from British Consulate-General, San Francesco to British Embassy, Washington, May 4, 1927, 183.

③ FO 371/12422, "List of Soviet Agents in China," Oct. 27, 1927, 265.

察分队的尉官督察员布达·辛格，扮演了一个关键的角色。

"我杀他，因为他不是好人。"

第一次世界大战之后，布达·辛格被任命为上海锡克人社区的领袖。然而，布达的亲英举措及其对民族主义运动的高压手段，激怒了众多革命者。1923 年 1 月，上海警察局在位于上海法租界法国领馆路的印度斯坦协会总部，没收了几份《印度贾戈瓦报》。《印度贾戈瓦报》主编哈巴克什·辛格，在当时被认为是上海的印度民族主义运动的头目，他被指控发表了煽动性文章，破坏了公共租界的和平稳定。指控的证据来自这样一篇檄文，它的标题是"吃同胞人血馒头的见利忘义者"（One Who Seeks the Blood of His Brethren for His Own Personal Benefit）。这篇文章斥责布达·辛格为了巴结他的英国长官滥用锡克教寺庙的公款给他的英国长官买礼物，"他（布达·辛格）对同胞表面上爱护内心里憎恶，和英属殖民当局穿一条裤子，狼狈为奸、沆瀣一气"。此外，这篇文章还谴责布达·辛格是印度民族的叛徒和杀手，"爱他，就像在给毒蛇喂牛奶"。[1]

事实上，戈达尔分子长期以来一直把布达·辛格视为眼中钉、肉中刺。1914 年 6 月，布达·辛格收到了戈达尔分子寄来的威胁信，信中扬言要干掉他，因为他对印度人民不忠不义。[2] 1914 年 7 月 15 日上午，布达·辛格在元芳路遭到昔日警察拉尔·辛格（Lal

[1] "Indian Propaganda Charge," *North China Herald*, Jan. 19, 1924.
[2] "Rex（Buta Singh）v. Lal Singh," *North China Herald*, July 18, 1914.

Singh）的袭击，拉尔·辛格手持一根粗棍狠命捶打布达的大腿，就在前几天，布达·辛格将 7 名戈达尔激进分子名单呈送给了上海工部局。事后调查发现，拉尔·辛格是布达提供的名单成员的朋友，拉尔本人很可能也是戈达尔分子。① 十天之后，布达·辛格在元芳路上再次遭到伏击，这次偷袭他的人据说是三位戈达尔分子，他们在布达·辛格经过某条弄堂时截住了他，把他打倒在地，对着他的眼睛和脑袋一顿猛揍，想要打瞎他的双眼。布达·辛格伤势严重，昏迷了好几天。② 1923 年 10 月 3 日，他乘坐轮船去香港，这时迎面走来的四位锡克人对他说总有一天会有人杀了他，而那个杀他的人愿意为此牺牲自己。③ 布达·辛格明白这些威胁确实存在，他在多个场合不止一次地告诉他身边的人，他迟早会被这些革命分子暗杀掉。④

1927 年年初，上海成为英国势力与反英势力之间的主战场，前者以上海工部局为代表，后者包括中国国民党、共产国际、中国共产党支持的上海总工会和戈达尔党。这些反英的团体经常召开会议，商讨如何合作削弱和推翻帝国主义在上海的统治。⑤ 在上海总工会的帮助下，戈达尔党人在闸北建立了他们的总部，闸北位于英

---

① "Rex（Buta Singh）v. Lal Singh，" *North China Herald*, July 18, 1914.

② "Rex（Buta Singh）v. Kesar Singh and Ganda Singh，" *North China Herald*, Aug. 1, 1914; "Report of Captain-Superintendent of Police for July，" *The Municipal Gazette*. Aug. 6, 1914.

③ "Trouble in the Sikh Camp，" *North China Herald*, Nov. 17, 1923.

④ "Tragic Death of Sirdar Sahib Singh，" *North China Herald*, Apr. 9, 1927.

⑤ SMA, U1-3-2429, "Report on the Case Against Lal Chand，" July 29, 1927.

国控制的公共租界之外。① 国民党闸北分部也为戈达尔分子提供保护。② 各方一致认为戈达尔分子应该悉力鼓动锡克警察们罢工。他们认为，这样的罢工不仅显示了中印两国人民在反对帝国主义的斗争中团结一致，而且还有助于早日结束西方人在两国甚至整个亚洲的统治，西方人在上海公共租界主要是依靠锡克人的治安防务才得以维持殖民统治。③

当下的挑战是如何激起一场合适的罢工。④ 1927 年 1 月，上海总工会策划了一个行动方案，号召上海电车公司（即上海电气建设公司）的中国人罢工，他们认为，这个罢工将会彻底扰乱公共交通，从而引发公共租界的混乱。然而，该公司的华人经理倪天生，也是该公司中最有影响力的一个华人，却回绝了上海总工会的合作邀请，反而劝阻工人不要参加示威活动。1927 年 1 月 12 日上午，倪天生在静安寺被三个上海总工会会员枪杀了。⑤ 就在倪天生被暗杀的第二天，罢工发生了。⑥

戈达尔分子仔细研究了上海总工会发起罢工的方法。戈达尔分子从倪天生的案例中得到的经验是，把反对派中某些关键人物干

---

① FO 371/12454, "Situation at Shanghai," Apr. 7, 1927, 88-89.
② 《印度革命党开会被拘》，《申报》，1927 年 4 月 8 日。
③ "Municipal Gazette News," *North China Herald*, June 18, 1927.
④ 关于工会组织上海罢工的策略，参见 Marcia Ristaino, *China's Art of Revolution: The Mobilization of Discontent, 1927-1928* (Durham: Duke University Press, 1987); Perry, *Shanghai on Strike*。
⑤ "Tramway Employee Murdered," *North China Herald*, Jan. 15, 1927;《倪天生昨被暗杀毙命》，《申报》，1927 年 1 月 13 日。
⑥ "Riots and Strikes in Shanghai," *North China Herald*, Jan. 15, 1927.

掉，可以杀鸡儆猴，从而为罢工扫清障碍。① 于是，上海警察局中
地位与倪天生旗鼓相当的布达·辛格被锁定为下一个主要目标。

图 18　1927 年中国上海市民欢迎国民党军队（亚当·斯科特·阿姆斯特朗
［Adam Scott Armstrong］提供）

---

① "Municipal Gazette News," *North China Herald*, June 18, 1927. 尽管印度革命者长期以来对亲英的重要人物一直采用暗杀这个方法，但在布达·辛格事件之前，这种方法从未在上海使用过。关于印度革命者使用的恐怖主义技巧，参见 Peter Heehs, *The Bombs in Bengal: The Rise of Revolutionary Terrorism in India, 1900-1910* (Delhi: Oxford University Press, 1993)。

　　1927 年 3 月 23 日，两名中国工人来到了四川北路的锡克教寺庙。一天前，上海总工会的工人们击溃了军阀部队，控制了上海大部分地区（除公共租界和法租界之外）。他俩带来了一封信，转交给住在这个寺庙里的戈达尔分子戈巴科·辛格（Gurbakh Singh），这封信是用旁遮普语写的，写信的人可能是共产国际在上海的一名印度特工。过了一会儿，戈达尔党上海支部的负责人加扬·辛格（Gajjan Singh）出现了，把这两名中国人领进了寺庙的图书馆。在随后的会面中，这两位中国男子向锡克教徒们展示了一把 32 毫米口径的勃朗宁自动手枪，他们演练了试射，子弹穿过瓦楞铁皮屋顶留下了弹孔。这两位中国人把手枪交给锡克教徒便离开了。[①] 枪准备好了，枪手呢？戈达尔分子开始物色一名刺客来执行这项机密任务。

　　如前文所述，1910 年 7 月 15 日发生了锡克警察们拒不服从命令事件，随后布达·辛格被提升为锡克警察支队的尉官督察员。然而，这一事件也改变了另一个人——哈宾特·辛格（Harbant Singh）的命运。1910 年 7 月 15 日下午，一名马杰哈锡克警察哈宾特·辛格跟他的同伴（包括第二章的主角伊塞尔·辛格）一起上街抗议上海警察局解雇一名马杰哈口译员的决定，哈宾特拒绝听从长官"解散回家"的命令。[②] 由于哈宾特兵不由将的不良记录，在他 5 年服役期满后，上海工部局不再与他续约。哈宾特·辛格后来在上海海关找到了一份工作，但是很快就因为受贿而遭辞退。之后，

---

① "SMP V. Harnam Singh, et al. ," *North China Herald*, May 14, 1927; "SMP V. Harnam Singh, et al. ," *North China Herald*, May 21, 1927.

② "REX (SMP) V. Twenty Indian Police Constables," *North China Herald*, July 29, 1910.

他成为一名看守，与印度民族主义者走得很近，其中包括哈巴克什·辛格、哈纳姆·辛格（Harnam Singh）和加扬·辛格等其他印度民族主义者。受哈巴克什·辛格的影响，哈宾特·辛格也曾多次试图削弱上海警察局在役锡克警察的形象及其影响力，他指责这些锡克警察对同胞奸诈滑头，却对英帝国主义沥胆堕肝。① 然而，哈宾特他们煞费苦心却还是无济于事，布达·辛格在一些锡克警察中声望之高不减当年。

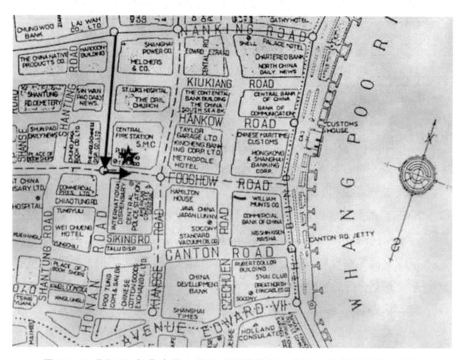

图 19 20 世纪 20 年代中国上海公共租界地图。地图上的箭头指示，哈宾特·辛格是如何从南京路走到中央警察房的。标星号的地方，就是枪击发生的地点。(上海市档案馆提供)

① SMA, U1-3-2429, "Prosecution of Harbaksh Singh," Jan. 19, 1924.

1927 年 1 月，哈宾特·辛格辞去了工作，搬到了四川北路的锡克教寺庙。从此他就留在了那里，为锡克教会理事们烧火做饭端茶送水，依靠一些戈达尔分子的接济维持生计。①

3 月 24 日，在那两名中国男子将手枪交给加扬·辛格的第二天，哈宾特·辛格自告奋勇地对哈纳姆·辛格和伊萨·辛格（Ishar Singh）这两个举足轻重的戈达尔分子说，他愿意去暗杀布达·辛格，并保证义无反顾地完成这项任务。②

3 月 28 日，在枪弹和刺客都安排妥当之后，加扬·辛格和哈宾特·辛格前往福州路总巡捕房，到布达·辛格经常出没的地方踩点。加扬·辛格还向一位锡克警察询问了布达·辛格通常出没办公室的具体时间。③

1927 年 4 月 6 日（星期三）上午 8 点 45 分左右，哈宾特·辛格来到了南京路的拐角处，在那里停留了大约 10 分钟，然后拐进了河南路，在河南路上一直逗留到早上 9 点 50 分，这时，他看见布达·辛格出现在南京路的方向。布达·辛格走在南京路的右边，哈宾特·辛格走在南京路的左边。布达·辛格走到了河南路和福州路的十字路口，然后转向总巡捕房的大门口，这时，哈宾特·辛格向他走过去。由于当天正是公共租界锡克看守们领工资的日子，所以当哈宾特·辛格靠近布达·辛格时，巡捕房附近有差不多 30 名

---

① "SMP V. Harnam Singh, et al. ," *North China Herald*, May 14, 1927.

② "REX V. Harnam Singh, et al. ," *North China Herald*, May 21, 1927.

③ Ibid.

锡克人在门口等着领取当月工资。此时此景，布达·辛格没有特别在意即将朝他走过来的人。就在他到达门口时，哈宾特·辛格拔出了手枪，喊道："我来了!"布达·辛格转过身去，正要用手中的棍子击打哈宾特·辛格，可是为时已晚，哈宾特·辛格已经朝他连开了三枪。①

图20　20世纪30年代中国上海工部局总巡捕房（中国项目历史照片提供）

---

① "REX V. Harbant Singh," *North China Herald*, May 21, 1927.

第一颗子弹穿过布达·辛格右胸的第二根肋骨，进入心脏附近的大血管，最后停在了脊椎上。第二颗子弹从左侧进入布达的胸腔，子弹力透其背，穿透了左肺，最后从胸腔的左上方射了出去。第三颗子弹没有射穿布达·辛格的身体，只是擦伤了他的左肩胛骨。[①]

枪击事件发生在上午 10 点左右，当时，锡克警察班·辛格（Bhan Singh）正走过人群进入巡捕房的大门。班·辛格被枪声吓了一跳，扭头看去，哈宾特·辛格站在巡捕房大门和河南路之间的人行道上，拎着一把手枪，此时此刻，他看到布达·辛格躺在人行道上，举起双手喊道："快呼救，我要死了。"班·辛格一个箭步冲向哈宾特·辛格，从后背一把抱住了他。[②]

第一声枪响时，上海警察局的副督察菲利普斯（C. S. Philips）正在中央警察局的办公厅里，紧跟着响起了另外两声枪响，刹那间菲利普斯跑进院落，看看是不是有人不小心开枪走火。很快，他发现枪击声来自在院外的福州路，就径直奔过去。菲利普斯到达那里时，看到哈宾特·辛格正在班·辛格的怀里拼命挣扎。菲利普斯立即用枪顶住了哈宾特·辛格，夺下了哈宾特手里的家伙。至此，哈宾特·辛格已经完全被班·辛格和菲利普斯制伏了，他们把哈宾特带到了巡捕房的审讯室。整个过程中，哈宾特·辛格一言未发。[③]

---

① "REX V. Harbant Singh," *North China Herald*, Apr. 16, 1927.
② "REX V. Harbant Singh," *North China Herald*, May 21, 1927.
③ "Tragic Death of Sirdar Sahib Singh," *North China Herald*, Apr. 9, 1927.

就在班·辛格和菲利浦斯跟哈宾特·辛格扭打一处时，总巡捕房翻译阿赫扬·辛格（Ahjan Singh）俯身照看奄奄一息的布达·辛格，发现虽然布达·辛格躺在地上尚能呼吸，但是伤势严重，在被送往上海工部局综合医院的路上，一命呜呼。①

布达·辛格的遇刺，震惊了整个上海警察局。上海警察局认为，这是一起蓄谋已久的"煽动性"谋杀，而不是一般的泄私仇杀，必须立即采取强有力的行动震慑上海滩。当天下午，在负责锡克警察分队的上海警察局副司长比提（W. Beatty）的指挥下，英军对四川北路的锡克教寺庙进行了突袭围捕，一举拿下 11 名锡克教徒，将之画押进监。② 然而，戈达尔党大佬们如加扬·辛格和哈纳姆·辛格等关键人物，在上海总工会的帮助下早已逃到了闸北，受到了共产党的保护。③

1927 年 4 月 8 日下午，上海工部局为布达·辛格举行了上海开埠通商以来空前绝后的葬礼。他的尸体从斐伦道的公殓房移往江湾道公共租界一侧的锡克教火葬场，丧葬队伍由八名锡克人士兵领头，随后是上海工部局哀乐队，再后面跟着的是锡克教经文的诵读者。灵车铺满了花圈，棺椁上覆盖着上海工部局旗帜，上面摆放着布达·辛格的宝剑以及属于他的那枚"长期服务勋章"。④

---

① "REX V. Harbant Singh," *North China Herald*, Apr. 16, 1927.
② 《印度革命党开会被拘》，《申报》，1927 年 4 月 8 日；"Tragic Death of Sirdar Sahib Singh," *North China Herald*, Apr. 9, 1927；SMA, U1-3- 2429, "Cases of Jagat & Dansh Singh：Murder of Sirdar Sahib Buddha Singh by Harbant Singh," July 18, 1927。
③ FO 371/12454, "Situation at Shanghai," Apr. 7, 1927, 88.
④ "Late Sirdar Sahib Budha Singh," *North China Herald*, Apr. 16, 1927.

两个月后，上海工部局展开了对这起刺杀案件的调查和检控。哈宾特·辛格在法庭上没有透露任何同谋们的信息，反复只有一句话，"我杀他（布达·辛格），因为他不是好人"。哈宾特·辛格随后被判死刑，1927 年 6 月 18 日，哈宾特·辛格被处以绞刑。

但是，上海警察局并没有停止对涉嫌参与该事件的相关人员的追查。1927 年 4 月 12 日，蒋介石开始在上海公开肃清共产党员和上海总工会成员。戈达尔分子失去了共产党的保护，处境危险、十分脆弱。1927 年 5 月 9 日，上海警察局突然袭击了位于闸北的戈达尔党上海支部的大本营，拘捕了 11 名锡克人。戈达尔党的一些重量级翘楚如加扬·辛格、哈纳姆·辛格，以及共产国际特工达斯万达哈·辛格（Daswandha Singh）一一被捕，分别被判 12 个月至 18 个月不等的监禁，并处驱逐出境。①

监控网络的兴起

虽然布达·辛格被杀死了，但是锡克警察的罢工却从未发生。这起暗杀事件发生之后，上海警察局立即采取行动，在上海到处追捕印度民族主义者，两个月的时间就把几乎所有重要的戈达尔分子应收尽收。

就这起暗杀事件的国际特征而言，上海警察局能够如此准确

---

① 　FO 371/12460，"Indian Sedition in Shanghai," May 10，1927，359-361；"Municipal Gazette News," *North China Herald*，Aug. 20，1927.

地、迅速地发现戈达尔分子的身份信息和活动轨迹，简直就是一个不可能完成的任务。那么，他们是通过何种途径获得了抓捕对象的相关讯息呢？1926 年，一名为印度政府工作的情报官员报告说，上海警察局自己的信息来源极其有限。① 如果这名官员的观察没有错的话，那么问题就变得更有趣了，上海警察局是如何依据他们糟糕的信息收集系统成功地进行了突袭？② 这一途径是仅局限于上海公共租界，还是多边因素相互合作的结果？

1927 年 2 月，英国驻旧金山总领事馆接到内部线人的禀报，说戈达尔党的一些重要人物已经前往上海筹划反英运动。报告进一步指出，这些戈达尔分子已经与上海的一个名叫加扬·辛格的印度"煽动者"取得了联系。很快，一份电报发往了英国驻华盛顿大使馆，并转发给了英国驻上海总领事馆。③ 上海警察局也收到了这一情报的副本，并被指示要时刻密切关注这些印度人。因此，上海警察局确实有充足的信息渠道提醒他们应该特别注意哪些人，而且万一有意外情况突然发生，他们应该在哪里逮捕那些人。④

1919—1939 年的两次世界大战期间，全世界见证了国际主义的

① FO 371/11688, From V. M. Smith to D. Petrie, Mar. 28, 1926, 263.

② 政治情报收集小组，由上海巡警司于 1898 年成立，并于 1925 年更名为"政治保安处"。首先，它负责收集中国当局的情报和中国境内的反英活动。自 1925 年以来，它将注意力转向了中国的共产主义运动，特别是共产国际特工和共产党员。1927 年，政治保安处印度人事分处成立了，以核查在上海的印度民族主义者。参见 Wakeman, *Policing Shanghai*, 142-145。

③ FO 371/12470, From Viceroy, Home Department, to Secretary of State fro India, Jan. 28, 1927, 180; FO 371/12487, "Activities of Ghadar Party in United States of America," Apr. 25, 1927, 183.

④ "Indian Affairs," *North China Herald*, June 18, 1927.

兴起。无论是民族主义者、无政府主义者、法西斯主义者，还是泛伊斯兰运动，他们都试图反抗国家疆界的限制，要在全球范围内寻求支持，获得合法性。随着警察部队之间的合作、护照和签证制度的建立、国际旅行限制等所有机制切实可行，国际主义反而激起了西方殖民列强的强烈反应。[1] 布达·辛格案恰逢这个国际主义时刻，他的故事说明了不同地区的英国当局如何利用合作机制来阻止戈达尔分子的流窜。在这种情况下，帮助上海警察局的不仅是它自己的情报人员，还有一张从印度延伸到北美的信息搜集与分享的监视网络。当然，这张监视网络的兴起与戈达尔分子的跨境活动也是不可分割的。[2]

正如前文所论述，戈达尔党的发展壮大，主要是基于散居海内外的锡克人网络，戈达尔党的分支机构大多位于锡克移民所集中居住的城市。然而，这些城市的英国殖民政府未能跟上 20 世纪 20 年代早期全球革命模式的步伐。英帝国在殖民地、殖民统治地区和租界的政府、领事馆、大使馆只负责检查所辖区域内的反英活动，他们彼此之间没有一个表达关注、共享信息或开展合作使命的联合机

---

[1] Raza, Roy, and Zachariah, eds. , *The Internationalist Moment*, xii; Radhika Mongia, "Race, Nationality, Mobility: A History of the Passport," *Public Culture* 11 (1999): 527-556; John Torpey, *The Invention of the Passport: Surveillance, Citizenship and the State* (Cambridge: Cambridge University Press, 1999); Martin Thomas, *Empires of Intelligence: Security Services and Colonial Disorder after 1914* (Berkeley: University of California Press, 2008); Harper, "Singapore, 1915, and the Birth of the Asian Underground," 25.

[2] 关于英国在印度的情报搜集工作，参见 Richard Popplewell, *Intelligence and Imperial Defence: British Intelligence and the Defence of the Indian Empire, 1904-1924* (London: Frank Cass, 1995); Bayly, *Empire and Information*。关于英国和美国之间的跨国情报共享制度，参见 Sohi, *Echoes of Mutiny*。

制，相反，有时候甚至唇枪舌剑你争我斗。①

　　1920 年 8 月 19 日，两名印度人卡拉·可汗（Kala Khan）和法扎尔·伊拉希（Fazal Elahi）在香港被捕。调查报告显示，两人都曾在上海警察局做过狱警，之后因违抗命令而被开除了，他们二人于 1920 年 7 月被上海工部局遣送到香港。香港警察局的警司长立刻给上海警察局司长发了一封投诉信，抗议上海警察局的做法极不负责任，竟然将其解雇的刺头流放到香港。此外，这封投诉信还警告说，上海必须马上给这两个刺头买船票送他们回印度，如若不然，港英政府将不再允许任何印度人从上海踏入香港半步。② 关于卡拉·可汗和法扎尔·伊拉希二人的处置，港英政府向上海工部局索要 107 块墨西哥银圆，以支付他俩从香港到印度的路费。③

　　然而，上海工部局坚决拒绝了这一要求。在回应香港的投诉时，上海警察局司长麦克尤恩认为，既然被解职的印度警察们有意前往香港，那么给他们发放护照实属合情合理。况且，更主要的原因是，香港有大量的印度教、穆斯林和锡克教团体，这些团体也可以提供纾困帮扶。另外，麦克尤恩还强调，港英政府应该向印度政

---

① 西玛·萨荷表明，英国、美国和加拿大自 1910 年以来一直一起核查印度激进分子，参见 Sohi, *Echoes of Mutiny*。然而，除了理查德·波普尔维尔（Richard Pop-plewell）之外，很少有学者关注英国建立的殖民地、殖民统治地区和租界间监视系统的起源。

② FO 671/437, From R. E. Stubbs to the British Consul-General, Shanghai, Aug. 23, 1920, 255.

③ FO 671/437, From D. Burlingham to the Commissioner of Police, Shanghai, Aug. 23, 1920, 256-257.

府而不是上海工部局索取驱逐出境的路费。①

　　港英政府对上海警察局的固执己见深感失望，因此决定采取更加严厉的对策。1921 年 3 月，香港警方拘留了一名从上海来香港的印度人，这个印度人是被上海巡警司开除的一名狱警。这一回，香港方面直接把这位印度人驱逐回上海，同时要求那家负责驱逐运输的航运公司直接向上海工部局收取费用。②

　　然而，上海工部局认为，香港的做法既不合理也不公平，因为港英政府曾经对上海工部局做过同样的事情，既然"香港做初一，上海就做十五"。1920 年 10 月，两名印度人戈雅·丁（Gaya Din）和查拉姆·辛格（Charam Singh）因组织反英活动在上海被捕。后来调查发现，这两个人都是上海戈达尔党支部的成员，他们在 1918 年就在上海被驱逐出境回到了印度。可是，1920 年 5 月，查拉姆·辛格在印度的西姆拉（Simla）成功申请到了去香港的签证。四个月后，戈雅·丁在加尔各答也拿到了去香港的签证。他们二人于 1920 年 9 月到达香港后，申请继续转去上海旅行，港英政府未经认真审核就批准了他们的申请。③

　　在上海工部局看来，是港英政府的过错导致这些被驱逐离沪的

---

① FO 671/437, From K. McEuen to the Captain Superintendent of Police, Hong Kong, Sept. 6, 1920, 258.

② FO 671/437, From R. E. Stubbs to the Chairman, Municipal Council, Shanghai, Apr. 4, 1921, 260.

③ FO 671/437, From Acting Assistant Commissioner (Sikhs) to the Commissioner of Police, Shanghai, Nov. 4, 1920, 274.

人又回流了。既然港英政府允许被驱逐的印度革命者重返上海，它又怎能责怪上海工部局批准那些只是被解职的警察和狱警去香港呢。①

为了解决这些争端，1921 年 6 月，上海工部局派特使邓汉姆（G. C. Denham）前往香港。邓汉姆强调，印度、中国上海和中国香港三方应该建立一个跟在华印度人打交道的联合机制。② 可是，由于香港和上海针尖对麦芒相互谴责，这一建议在当时并没有也不会引起足够的重视。

1924 年 6 月，英国驻长沙领事向上海总领事报告了印度民族主义者耶万·辛格（Jewan Singh）在长沙的反英活动。③ 有调查表明，耶万·辛格是 1910 年代在上海活跃的戈达尔分子，在 1918 年 7 月就被驱逐回印度了。1920 年 10 月，耶万·辛格抄袭戈雅·丁和查拉姆·辛格的做法，在拉合尔（Lahore）申请到了去香港的签证，到了香港后，耶万隐瞒了自己曾经被驱逐出境的"黑历史"，成功地从香港转场再度来上海，而后在中国四处游走，不断煽动当地印度人反英。④

---

① FO 671/437, From Acting Assistant Commissioner (Sikhs) to the Commissioner of Police, Shanghai, Nov. 4, 1920, 274.

② FO 671/437, From K. McEuen to the British Consul General, Shanghai, June 17, 1921, 265.

③ FO 371/10290, From Lancelot Giles to British Legation, Peking, Aug. 31, 1924, 163-164.

④ FO 371/10290, From J. R. MacDonald to British Legation, Peking, Aug. 31, 1924, 160-161.

越来越多的被驱逐者返回了上海，特别是像耶万·辛格这样有影响力的人物重返上海，让英国政府倍感焦虑。1924 年 8 月，英国外交部决定对那些被上海驱逐出境的人登记造册和审查档案，英国外交部要求上海警察局提供 1912 年到 1924 年所有驱逐出境者的完整名单，上海警察局总共审查出 50 个人并且提供了这些人的照片和身份资料。这 50 个被驱逐者的信息副本，随后被分发到印度、新加坡和中国香港。英国外交部要求这三地的殖民当局，利用这一共享信息，拦截任何试图返回上海的被驱逐者。①

尽管如此，这种对被驱逐者进行核查的机制，未能遏制 20 世纪 20 年代印度民族主义者大规模地涌入中国。随着越来越多的北美戈达尔党人溜进中国，印度政府愈发意识到了事态的严重性。1926 年年初，在印度工作的史密斯警官（V. M. Smith）被派往东南亚和东亚，对当地有关印度民族主义运动的信息进行搜集整理和分析评估。

然而，中国香港、中国上海和新加坡的情报收集手段极其有限，这些殖民地、殖民统治地区和租界之间也未曾有过任何合作，对此，史密斯一筹莫展。史密斯注意到，在中国上海，上海警察局缺乏足够的信息渠道，即便它是一个重要的政治中心；在中国香港，没有一个集中机制来系统地收集信息，香港因此被列为东亚资料收集工作链条中最薄弱的一环；在新加坡，虽然有一名官员专门负责从印度、马来亚、中南半岛、暹罗和荷属东印度群岛等地收集政治情报，但是这位官员实乃"独木难成林"，因为他没有自己的

---

① FO 371/10290, From S. Barton to British Legation, Peking, Aug. 31, 1924, 169.

行政人员，而且，对他本人而言，超负荷工作是家常便饭。①

为了加强这几个城市作为前哨阵地的监视功能，史密斯建议，印度政府可以在印度本土和这三个港口城市之间建立一个信息共享机制，通过彼此分享有关印度民族主义者嫌疑人的动态和身份信息，戈达尔党在上海领导的反英态势可望得到密切的监视。②

印度政府不仅接受了史密斯的建议，而且还授权他负责实施这个监控网络。从 1927 年 1 月起，史密斯在上海审查印度人的信函，包括在上海与外地之间来来往往的信函。此外，史密斯还监视印度人社区特别是锡克人社区对英国政府的态度，协助监督从东亚到印度的客运交通。同样不可忽视的是，他特别关注布尔什维克在上海的宣传及其对锡克人的影响。③

然而，如果没有英国驻上海总领事和上海工部局的帮助，史密斯的工作很难取得很大进展。就这样，一个监控网络的合作机制悄悄地架构起来了。印度政府请求英国驻上海总领事和上海工部局，在监督印度民族主义者各类活动方面给予史密斯一切可能的帮助。作为回馈，史密斯获得的所有情报也将与这两个权力机构共享。④

---

① FO 371/11688, From V. M. Smith to D. Petrie, Mar. 28, 1926, 263-265.

② Ibid, 265.

③ FO 371/12470, From Viceroy, Home Department, to Secretary of State, India, Jan. 28, 1927, 3.

④ FO 371/12470, "Attachment of an Indian Police Officer to Indian contingent of Shanghai Defence Force," Feb. 14, 1927, 8.

　　印度政府明白，为了阻止印度民族主义者持续涌入上海租界，仅仅监视上海这一个地方是远远不够的。1927 年 2 月，印度政府要求驻美大使和在美国的英国领事尽一切努力，收集关于印度知名人士前往上海的所有信息，并及时通知印度政府和上海警察局。① 此外，在英国大使馆的帮助下，印度政府对从美国寄往上海的印度侨民的电报和邮件进行了严格有效的审查。②

　　除了从美国来到上海，印度民族主义者及其煽动性出版物也从印度本土来到了上海。为了拦截这些人和物，印度政府跟中国香港和新加坡当局进行了接洽。中国香港和新加坡是印度人往来上海与印度的关键中转站。中国香港和新加坡同意对寄给上海的印度侨民的电报和邮件进行审查，于是，这两个地区很快就开始合作。印度政府从中国上海和美国那边获得的信息，也将抄送给中国香港和新加坡，帮助这两个地方有效地拦截往来上海的印度民族主义者。③

　　1927 年年初，连接中国香港、中国上海、印度、新加坡和美国等地的这张监控网络初步形成，彼此分享有关当地印度民族主义者运动及其煽动性出版物的情报信息。正是在这个监控网络的作用下，上海警察局为 1927 年的阴谋做好了充分的应对，甚至在大多数戈达尔分子入境上海之前，不论他们是从中国香港、印度，还是

---

① FO 371/12470, From Secretary, Public & Judicial Department to the Under Secretary of State, Foreign Office, Feb. 12, 1927, 10.

② FO 371/12470, From Viceroy, Home Department to the Secretary of State for India, Feb. 8, 1927, 14.

③ FO 371/12470, From W. Daurawn to the Under Secretary of State, Colonial Office, Feb. 12, 1927, 15-16.

美国旧金山入境上海的，他们的行踪已被锁定，在这些戈达尔分子到达上海后，他们的住宿地点和他们与社会人士的接触和会晤，都是在上海警察局的眼皮底下进行的。①

在布达·辛格一案中，上海警察局早就掌握了暗杀可能发生的谍报。为了多加防范以备不测，从 1927 年年初开始，英国官员就要求布达·辛格如果没有忠诚可靠的保镖的保护就不要外出。1927年 4 月 6 日早上的暗杀行动，不是由于监控网络的失败，而是由于布达·辛格自己粗心大意，因为那天早上他没有带保镖就出门了。②这起暗杀事件发生之后，上海工部局立即采取行动，逮捕了大多数同谋者，这个监控网络开始崭露头角初现锋芒。

小结

1927 年镇压行动之后，戈达尔党的重要人物，要么被驱逐出境，要么逃离了上海。直到 20 世纪 30 年代，戈达尔党才恢复在上海的活动。③ 然而，他们再怎么努力，也没有恢复到 20 世纪 20 年代对上海锡克教社区的影响力。④

---

① Shanghai Municipal Police Files（SMPF），D8/8，"Indian Sedition，"June 17，1920.

② "Tragic Death of Sirdar Sahib Singh，"*North China Herald*，Apr. 9，1927.

③ "Indians Sentenced for Sedition，"*North China Herald*，July 15，1930；"H. M. Supreme Court：Sedition Trials，"*North China Herald*，Jan. 13，1931；"H. M. Court：Seditionist to be Redeported，"*North China Herald*，May 9，1934.

④ 马德哈维·泰皮认为，除了英国的监视，戈达尔党内部派系的斗争和中国官方支持的逐渐减弱，也导致了上海的戈达尔党的衰落，参见 Thampi, *Indians in China 1800-1949*，199-200。

这种影响力的下降，可能归因于两个因素。第一个因素是，上海警察局在其政治保安处设立了一个印度人事分处，专门负责核查具有颠覆性的政治活动，这一举措再加上监视网络加强赋能，使得戈达尔分子渗透到上海的难度越来越大。① 第二个因素是，上海工部局开始给锡克警察、锡克看守和锡克狱警增加工资，另外还给锡克警察分队提供了退休奖金和免费食物。② 有了这些福利的加持，上海工部局成功地安抚了大多数锡克人员工，从而有效地封堵了戈达尔党的渗透宣传和招募拉拢。从这个意义上说，布达·辛格的暗杀标志着戈达尔党在上海长达十年之久的密谋革命活动的巅峰和退潮。

这一时期所发生的戏剧性事件及其全过程，很少引起研究中国近代史学者的注意。对于该领域的研究人员来说，20 世纪 20 年代，是一个丰富多彩的年代，在这个年代里，苏联大规模动员式的政权建立了，中国大城市如上海、成都全面发展壮大的现代化与在中国农村地区仍然占主导地位的传统民俗文化并存不悖，对西方现代化的渴望和对中国传统的怀旧齐头并进。总而言之，大多数的研究都局限在中国民族国家这个特定范畴内，比如，有学者研究中国人在那个时代是如何捍卫中华民族，也有学者研究那个时代是如何改变了中华民族。外国因素（主要是西方因素，部分是日本因素）在中国近代史的著述中经常被提及，这一点不可否认。然而，研究者对这些因素的兴趣在于它们是如何影响中国民族历史的峥嵘历程。至

---

① SMA, U 1-3-1466, From the Commissioner of Police to the Secretary, SMC, June 25, 1930.

② SMA, U 1-3-1466, From the Commissioner of Police to the Secretary, SMC, July 4, 1930.

于那些在中国的国族史进程中似乎微不足道的因素，研究者即使没有忽视它们，往往也会淡化它们。①

由于上海的戈达尔党人运动既不是中国传统的一部分，也不是西方现代性的代表，更没有在中国国史上扮演任何实质性的作用，它的故事似乎无足轻重。然而，假使我们从跨地区的角度来观察和解释这段时期，它的意义还是不可小觑的。从这个角度重新思考中国的国族史，就必须对国族史在中国近代史研究中的垄断地位提出质疑。

1927 年 2 月 17 日，戈达尔党在旧金山发表声明称：

> 英帝国主义是中国和印度的共同敌人。中国人民正在努力地从帝国主义中解救自己。为了全人类的利益，我们必须不惜一切代价消灭英帝国主义。因此，兹决议，我们印度斯坦戈达尔党，作为一个整体，全面同情并支持中国国民党正式通过的国家纲领。我们否认并且不同意印度人在为英国服役期间，在野蛮的武力下被带到中国，以任何方式阻碍、塑造针对中国民族自由运动的所有暴行。②

---

① 有关在中国范围内撰写中国国族史的评论，参见 Karl, *Staging the World*。需要指出的是，越来越多对近代中国的殖民主义感兴趣的研究者最近认识到，中外互动具有模糊性，且对中国的民族叙事提出了挑战。参见 Stoler and Cooper, "Between Metropole and Colony"; Bickers and Henriot, eds., *New Frontiers*; Bryna Goodman and David Goodman, eds., *Twentieth Century Colonialism and China*。

② FO 371/12487, "Activities of Ghadar Party in California," Mar. 19, 1927, 174.

　　为了兑现支持中国民族主义运动的承诺，从 1926 年开始，戈达尔党确实动员了它在亚洲和北美的网络节点成员，把领导骨干和宣传出版物输送到了中国，以此推动反英活动。戈达尔党所使用的网络功能，实际上是基于散居海外的锡克侨民的网络结构，这种网络可以追溯到 20 世纪初，当时在中国的锡克警察和锡克人看守在获悉北美有机会飞黄腾达之后纷纷涌进了北美。这表明，20 世纪 20 年代的中国民族主义革命，与锡克侨民和印度民族主义运动是如此的紧密相关。在这里，中国民族主义革命的历史，不仅是中国国族史的一部分，也是印度历史或全球史的一部分。从这个意义上说，国族史的排他性，似乎造成了一些障碍，使得学者们无法进一步探索中国近代史的某些国际性特征。本章以地方性事件为基础，但是突出了跨地区之间的联系，例如锡克侨民、戈达尔党人运动和英国监视网络等，从而试图在全球循环历史的背景下将中国近代史纳入全球史的语境中。

第四章

孤岛还是网络节点？上海锡克
侨民与印度国民军

由于英国采取了监控措施，在 1927 年镇压了戈达尔分子的上海革命活动之后，印度革命者未能重新组织他们在上海的反英活动。1941 年太平洋战争爆发后，这种情况完全改变了。随着英国霸权在东南亚和东亚的瓦解，印度民族主义运动在该地区迅速复苏。在所有革命组织中，印度国民军（INA）成为最有影响力的一个。本章通过对日本占领时期上海市档案馆资料的挖掘，结合了现存的印度国民军文献，试图阐明上海在印度国民军运动中的地位。本章认为，尽管从盟军的角度来看，上海在日占时期一直被视为一个孤岛，可是对于印度国民军来说，上海却是一个关键的通信中心。此外，本章还认为，印度国民军利用日本发起的军事高速公路和印度侨民网络，在上海进行自己革命事业的宣传、招募和培训工作。与此同时，上海的锡克人社群给印度国民军事业的发展贡献出了大量的财力和人力。本章将上海锡克侨民的战时经历放置在印度国民军运动的大时代背景下，不仅阐明了印度国民军的动员机制，也为审阅太平洋战争时期的上海历史打开了一个新的窗口。

印度国民军的诞生与上海锡克侨民的和解

戈达尔党在上海的颠覆活动和对布达·辛格的谋杀，使得上海工部局确信，他们应该努力与英国在世界各地加强合作，以核查印度革命者的流动及其举动。1927 年 5 月，上海警察局政治保安处设立了印度人事分处，这个部门承担三种职责：第一，它收集了所有在上海租界的印度激进分子嫌疑人的个人信息。第二，它调查了上海本地印度人的政治活动。第三，它分析了试图前往上海的印度旅客的背景档案。通过这些努力，截至 1935 年，印度人事分处已经在上海收集了 250 名革命者、120 名支持者和 3500 名印度侨民的身世履历。[①] 由于上海警察局与英国驻上海总领事的合作，这些申请访问上海护照的印度人的照片、个人信息甚至他们父母的信息，都被转发到印度人事分处进行筛查，[②] 就连搭载印度乘客从北美前往上海的船只也经常受到印度人事分处的盘查。[③] 这样一来，从 1928 年起，印度民族主义革命者及其煽动刊物和武器装备就再也不易运到上海了。

对于留驻上海的印度革命者来说，他们的处境也是凶多吉少、不容乐观。1927 年大镇压之后，那些逃脱逮捕幸免于难的印度革命者又重新组织了他们的反抗斗争，并且把他们的革命基地设立在四川北路的锡克教寺庙。可是，这个锡克教寺庙一直处于印度人事分处的监视之中。印度人事分处的两名锡克教成员时常奉命参加在该锡克教寺庙举行的所有会议，以便用他们锡克人自己的语言汇报开会的内容。这一手段导致了 5 个锡克人被逮捕，分别是伊萨哈·辛格（Ishar Singh）、印达尔·辛格（Indar Singh）、那拉因·辛格

---

① SMPF, D8/8, "From D. C. Special Branch to D. S. I. Golder," 27 Feb. 1936.

② SMPF, D8/8, "Indian Sedition," 17 Feb. 1929.

③ SMPF, D8/8, "Enquires Concerning Indians by Special Branch," 27 Feb. 1936.

（Narain Singh）、阿萨·辛格（Asa Singh）和胡卡姆·辛格
（Hukam Singh），这 5 个人长期以来都是上海英国当局的眼中钉。
最后，他们都在 1929 年 5 月 20 日被判处不同刑期的监禁，并被罚
驱逐出境回印度。①

　　到抗日战争前夕，印度革命者依然无法到达上海，他们在上海
的同志也无计可施、斗争不成。上海警察局报道说，1929 年以后，
由于缺乏资源，在上海的印度叛乱分子几乎不可能制造任何麻烦。②
从这个意义上说，1929—1941 年间上海成为印度民族主义运动的一
个孤岛。

　　20 世纪 30 年代和 40 年代初，曼谷取代了上海，成为印度民族
主义者在海外的新基地。激进的革命者如普里塔姆·辛格（Pritam
Singh）和阿玛尔·辛格（Amar Singh）在曼谷组织了印度独立联盟
（Indian Independent League/IIL），其目的是用武力推翻英国在印度
的统治。③ 然而，由于缺乏曼谷当地印度人社区的支持，印度独立
联盟的影响力委实杯水车薪。④

　　当印度独立联盟正在寻求外部帮助的时候，正在东亚侵略
扩张的日本政府为了削弱英国在亚洲的主导地位，也在计划谋

---

① SMPF, D8/8, "Indian Sedition," 17 Feb. 1929.
② SMPF, D8/8, "From d. c. Special Branch to d. s. i. Golder," 27 Feb. 1936.
③ K. K. Ghosh, *The Indian National Army: Second Front of the Indian Independence Movement* (Meerut: Prakash Printing Press, 1969), 5-6.
④ Ibid, 6.

求与印度民族主义者结盟。[①] 1941 年 10 月，日军情报人员藤原岩市（Fujiwara Iwaichi）奉命前往曼谷，与印度独立联盟的领导人进行会谈。由于共同的反英议程，双方很快便建立了合作关系，日本承诺为印度独立联盟提供装备，以便赢取在马来亚的英属印度军队中印度籍士兵的支持。[②]

1941 年 12 月太平洋战争爆发后，印度独立联盟与日本军队一起挺进马来亚和新加坡，煽动印度侨民反抗英帝国殖民统治。与此同时，印度独立联盟打算通过雇用投降或被俘的印度籍士兵来组建自己的军事力量。[③] 1941 年 12 月 15 日，当旁遮普第十四军团（the 14th Punjab Regiment）少校莫汉·辛格（Mohan Singh）向日军投降时，印度独立联盟发觉机会来了。[④] 事实上，莫汉·辛格长期以来一直倾向于支持民族主义独立事业。在与藤原岩市和普里塔姆·辛格几次会谈后，莫汉·辛格同意领导和重组印度籍战俘，这样他不仅可以推进印度的自由事业，还可以拯救被拘押在日本战俘营中的印度籍士官。[⑤] 1941 年 12 月 31 日，印度国民军在马来亚成立了。[⑥]

---

① T. R. Sareen, *Japan and the Indian National Army* (Delhi: AgamPrakashan, 1986), 1-13; Southeast Asia Translation and Interrogation Center Bulletin No. 234, in I*ndian National Army: A Documentary Study Vol. 1*, ed., T. R. Sareen (New Delhi: Gyan Publishing House, 2004), 73.

② Memoirs of Fujiwara Iwaichi, in *Indian National Army: A Documentary Study Vol. 1*, 309-311.

③ I. N. A. Papers: File No. 295, in *Indian National Army: A Documentary Study Vol. 1*, 38-39.

④ W. O. F. 208/810 (National Archives, London), in *Indian National Army: A Documentary Study Vol. 1*, 278.

⑤ Ibid, 280.

⑥ I. N. A. Papers F. No. 384, 31 December 1941, in *Indian National Army: A Documentary Study Vol. 1*, 45-48.

图 21 1942 年藤原岩市和莫汉·辛格 (新加坡国家档案馆 [National Archives of Singapore] 提供)

虽然印度国民军没有在马来亚和新加坡直接参与任何军事行动,但它努力在英属印度军队的印度籍士兵中鼓动反英情绪,竭力赢得他们的忠心。① 在 1942 年 2 月新加坡被日本占领的时候,印度国民军已经有了大约 8000 名战士,他们几乎都是印度兵战俘,大部分是在马来亚战役和新加坡战役中被日军俘虏或投降的。②

---

① Combined Services Detailed Interrogation Center Report No. 31, 15 February 1942, in *Indian National Army: A Documentary Study Vol. 1*, 49-55.

② W. O. F. 208/810 (National Archives, London), in *Indian National Army: A Documentary Study Vol. 1*, 282.

然而，印度民族主义者意识到，一支由战俘组成的军队尚不足以有能力在印度开展一场对抗英国人的战役。独立战争需要一个合法性的来源，这种合法性必须来自人民的支持。然而，这是一个巨大的挑战，因为东南亚和东亚的印度人社区千姿百态，而且各个社区里的民族主义组织也是五花八门。那么，在对抗英国人之前，首要任务是要把所有这些不同群体组合成一个协调的整体。1942 年 3 月至 6 月，来自中国、日本、菲律宾、泰国、马来亚、中南半岛、荷属东印度群岛的众多印度社区代表在东京和曼谷聚集，讨论统一协调事宜。最后，与会各方都同意加入印度独立联盟及其军事组织印度国民军。①

为了扩大影响并调动一切可用的资源，印度独立联盟要求各地印度人社区在当地设立分支机构。最终确定了 12 个地区分支机构，即日本、菲律宾、泰国、马来亚、缅甸、婆罗洲（Borneo）、中国香港、中国上海、中南半岛、爪哇、苏门答腊岛和安达曼群岛（Andaman Islands）。这些分支机构都要选举出本地区理事会负责当地事务，地区理事会再选举出自己的代表组成代表委员会，然后代表委员会负责制定印度独立联盟的总政策和总规划。这样一来，几乎所有日本控制地区中的印度人社区，就被整合到印度国民军这个统一的网络中了。② 亚洲各地的印度侨民为印度民族主义事业向曼谷（印度独立联盟的总部所在地）捐赠了大量的财物，许多人甚至

---

① Foreign Department, File No. 313-X/1942, 28 March 1942 (National Archives of India), in *Indian National Army: A Documentary Study Vol. 1*, 64-71; *Bangkok Chronicle*, 15 June 1942, in *Indian National Army: A Documentary Study Vol. 1*, 125-126.

② I. I. L. Papers 45/3, 20 June 1942 (National Archives of India), in *Indian National Army: A Documentary Study Vol. 1*, 148-158.

去仰光（印度国民军的先锋司令部所在地）加入了印度国民军。同时，印度独立联盟和印度国民军还派代表到各地区分支机构，指导和监督当地的宣传动员工作。①

在上海租界的锡克人同样受到了这场运动的影响。太平洋战争爆发后不久，日本人随即占领了上海的公共租界。刚开始，锡克人并没有受到这个政权更迭的影响，因为锡克警察和看守继续履行着他们的职责。② 然而，随着印度国民军在日本人的支持下发展壮大后成为海外印度人的实际代表，上海的锡克人不得不首先解决他们内部的分歧。

上海的锡克人社区，远没有统一起来。事实上，锡克警察长官与锡克普通警察之间，以及马杰哈锡克人与马尔瓦锡克人之间的分歧由来已久。自 20 世纪 30 年代以来，上海警察局的锡克警察分队已经有了自己的委员会，该委员会由 33 名锡克警察长官组成。这个锡克侨民委员会被授权处理一切有关锡克人福利的公共问题，同时还管理着戈登路（Gordon Road）锡克教寺庙基金，该基金是为无生活来源的残疾锡克人和贫穷锡克人所设立的。然而，锡克警察长期以来一直对这个锡克侨民委员会使用资金的方式感到不安。他们指责锡克侨民委员会的管理层滥用资金取悦英国人，却没有征求

---

① Weekly Intelligence Summary, General Headquarters-India File No. 6017668/Historical Section, Ministry of Defence, New Delhi, in *Indian National Army: A Documentary Study Vol. 1*, 168-170.

② Robert Bickers, "Settlers and Diplomats: The End of British Hegemony in the International Settlement, 1937-1945," in *In the Shadow of the Rising Sun: Shanghai Under Japanese Occupation*, eds., Christian Henriot and Wen-HsinYeh (New York: Cambridge University Press, 2004), 248.

锡克社区全体成员的意见。此外，大多数锡克警察认为，他们自己是更加亲民族主义的，可是锡克侨民委员会的管理层则甘愿充当英国人的鹰犬。[1]

当印度国民军运动开始在上海渗透影响力的时候，这就给锡克警察及其长官之间的矛盾火上浇油。1942 年 3 月 28 日至 30 日，印度民族主义者在东京召开会议，正式确定了印度国民军的结构、目标和战略。当时的决定是，印度国民军应该得到亚洲各地印度人的全力支持和合作，海外印度人应该在战争中支持日本人。[2] 印度民族主义者哈里·辛格·奥斯曼（Hari Singh Osman）将东京会议的决议从东京传达到了上海，哈里本人也受到了上海当地锡克人的热烈响应。[3] 1942 年 4 月初，一群锡克警察请求将一部分锡克教寺庙基金捐献给日本作战基金会（Japanese War Fund）。[4] 但是，锡克侨民委员会的管理层长官们坚决拒绝了这项请求。相反，管理层长官们敦促当地的锡克人不要向日本作战基金会捐款，因为他们认为日本人不会用这笔钱为印度人社区做哪怕是一点点的好事情。[5] 锡克警察们对锡克侨民委员会管理层管理资金的方式感到不满，于是他

---

[1] SMA, R36-12-22, "Sikh Police Committee," 11 July 1942.

[2] Foreign Department, File No. 313-X/1942, 28 March 1942 (NAI), in *Indian National Army: A Documentary Study Vol. 1*, 65-71.

[3] 哈里·辛格·奥斯曼是"驹形丸号"上的一名乘客，他涉嫌参与了巴奇巴奇事件。他曾住在巴达维亚，20 世纪 30 年代移居上海。在上海，他与日本海军建立联系，组织反英活动，并成为印度独立联盟（IIL）的创始成员。1942 年 3 月，他参加了东京会议。关于哈里·辛格·奥斯曼的信息，参见 INA Papers, File No. 164, 25 November 1945 (INA), in *Indian National Army: A Documentary Study Vol. 5*, 55。

[4] SMA, R36-12-22, "Regarding Indian War Fund," 20 Apr. 1942.

[5] SMA, R36-12-22, "A Meeting Held by Sikh Police on 17-5-42," 19 May 1942.

们在 1942 年 5 月要求重组锡克侨民委员会，并且要求该委员会增补 33 名普通锡克警察。在日本当局的压力下，锡克侨民委员会的大佬们屈服了，同意接受这一要求。①

虽然锡克警察们夺取了锡克侨民委员会的部分权力，但是由于马杰哈锡克教徒和马尔瓦锡克教徒之间长期存在的派系分歧，所以，关于如何在战争期间保护上海锡克侨民的福利等议题，他们仍然难以达成共识。前文章节已经表明，马杰哈锡克教徒和马尔瓦锡克教徒间经常发生冲突，他们甚至没有共同的锡克教寺庙。② 然而，当他们发现锡克教徒在印度国民军运动中被边缘化时，都觉得有必要进行和解。

1942 年年初，随着印度国民军的影响力在上海印度人群中扩大，上海的印度民族主义者、印度国家协会（Indian National Association）主席贾拉尔·拉赫曼（Jalal Rahman）被任命为印度独立联盟上海分会主席。③ 1942 年 6 月，拉赫曼和亚洲其他印度代表被邀

---

① SMA，R36-12-22，"General Meeting of Sikh Police," 25 May 1942.

② SMA，U1-1-923，Municipal Council of Shanghai: Report for the Year 1910, 36; "Trouble Among the Sikhs," *North China Herald*, July 22, 1910; "The Sikh Police," *North China Herald*, Jan. 13, 1911; SMA，U1-1-936，Annual Report of the SMC, 1923, 27-28; "A Shanghai Sikh Feud," *North China Herald*, Apr. 10, 1926; "Sikhs in Shanghai," *North China Herald*, July 15, 1936.

③ 印度国家协会成立于 1930 年，在横滨和神户设有分支机构。它与拉什·比哈里·博斯有密切接触，博斯后来成为了印度独立联盟的主席。这种关系可能在一定程度上解释了贾拉尔·拉赫曼被任命为印度独立联盟上海分会会长的原因。有关印度国家协会的资料，参见 Office of Strategic Services U. S. Government Record Group 226，U. S. National Archives, Maryland, USA, in *Indian National Army: A Documentary Study Vol. 3*, 223。

请参加曼谷会议，共商印度独立联盟和印度国民军章程的大计，当时他孤身一人参会，既没有带当地的锡克教徒，也没有征求上海锡克社区的意见，这一举动让锡克人深感沮丧，因为他们意识到没有人会在意他们的艰难困苦，锡克人只有万众一心团结一致，才有可能发出振聋发聩的声音。①

马尔瓦锡克教徒是第一个采取行动的。1942 年 6 月 14 日，马尔瓦锡克教徒在曼德里路（Mandley Road）的锡克教寺庙组织了一次会议。大多数参会者都认为，太平洋战争给了印度人从英国人手中夺回自由的一个黄金时机。然而，马尔瓦锡克教徒和马杰哈锡克教徒之间的分歧，使他们无法在独立斗争中发挥更大的作用，尽管锡克人生来就是勇士。马尔瓦锡克教徒们最终决定，他们必须与马杰哈锡克教徒妥协、联盟、共商大计，双方应该成立一个代表上海所有锡克人的联合委员会，而且双方代表人数应该相等。② 马杰哈锡克教徒们也热情地响应了这一和解呼吁，他们在 1942 年 7 月举行了一次马杰哈锡克教徒会议，支持与马尔瓦锡克教徒们合作的计划。③ 双方都认为，上海锡克侨民的首要任务，是设法解决战时困难，为印度的解放做出贡献。④ 1942 年 8 月 22 日，近五百名印度侨民参加了一个会议，决定把在上海的所有印度人组织置于印度独立联盟和印度国民军的统一指挥之下。⑤

---

① SMA，R36-12-22，"Meeting of Majha Sikhs," 14 July 1942.

② SMA，R36-12-22，"Activities of Malwa Khalsa Dhamik Diwan," 15 June 1942.

③ SMA，R36-12-22，"Members of Majha Sikh Community," 6 July 1942.

④ SMA，R36-12-22，"Meeting of the Majha Sikhs," 20 June 1942.

⑤ Office of Strategic Services Record Group 226（Diet Library，Tokyo），in *Indian National Army: A Documentary Study Vol. 3*，241.

危机中的印度国民军和上海锡克侨民的苦难

就在上海的锡克人准备为印度独立斗争奋力一搏之际，印度国民军却陷入了重大危机。在 1942 年 6 月的曼谷会议上，拉什·比哈里·博斯（Rash Behari Bose）被选为印度独立联盟的会长，莫汉·辛格（Mohan Singh）被任命为印度国民军的司令。[①] 拉什·比哈里·博斯于 1886 年出生于孟加拉，第一次世界大战期间，拉什参与了在旁遮普反对英国人的密谋活动，密谋不幸败露，他逃到了日本，在那里成为一个最著名的印度民族主义者。据说，拉什与日本政府关系密切。[②] 然而，这种联系摧毁了拉什和莫汉·辛格之间的信任。自"二战"开战以来，莫汉·辛格一直对日本政府的"诚意"心存疑惑。他怀疑日本人不是真心真意地支持印度独立，相反，日本人只是利用印度国民军来进行宣传和开展间谍活动。[③] 在莫汉·辛格看来，拉什只不过是日本人的傀儡罢了。[④] 当日本人

① I. I. L. Papers 45/3，20 June 1942（National Archives of India），in *Indian National Army: A Documentary Study Vol. 1*，152.

② 有关拉什·比哈里·博斯的生平介绍，参见 Georges Ohsawa, *Two Great Indians in Japan: Sri Rash Behari Bose and NetajiSubhas Bose*（Calcutta：Sri KC Das，1954）；Joyce Lebra, *Jungle Alliance: Japan and the Indian National Army*（Singapore：Asia Pacific Press，1971），48-51；EriHotta, "Rash Behari Bose and His Japanese Supporters: An Insight into Anti-colonial Nationalism and Pan-Asianism," *Interventions* 1（2006）：116-132。

③ 莫汉·辛格有充分的理由怀疑日本人的意图。当印度士兵 1915 年在新加坡兵变时，日本人并没有对兵变者表示支持，而是帮助英国人镇压兵变，参见 ShoKuwajima, *Indian Mutiny in Singapore*，*1915*（Calcutta：RatnaPrakashan，1991）。

④ W. O. F. 208/810（National Archives, London），in *Indian National Army: A Documentary Study Vol. 1*，280-281.

拒绝了莫汉·辛格扩大印度国民军的请求，拒绝承认印度国民军可以具有日本盟军同等地位的时候，莫汉·辛格更加坚定了自己的看法。[1] 莫汉·辛格确信日本人是在利用他和印度国民军，于是，他在 1942 年 12 月起草了一份解散印度国民军的计划。[2] 莫汉·辛格和拉什之间的公开决裂以及莫汉·辛格对日本人的谴责，最终导致其在 1942 年 12 月 29 日被日本人逮捕。[3]

印度独立联盟会长拉什和印度国民军司令莫汉这两个最高长官之间的博弈，极大地削弱了印度国民军的合法性，损害了将士们的斗志。[4] 到了 1943 年 2 月，印度国民军只剩下 8000 名士兵，而莫汉·辛格时期印度国民军士兵人数高达 45000 名。[5] 另外，1943 年年初，印度独立联盟和印度国民军的许多地区支部包括上海支部，都失去了领导力和支持力。[6] 与此同时，日军在中途岛和瓜达尔卡纳尔岛（Guadalcanal）也遭受了重创。不断恶化的军事局势，转移了东京对印度事务的注意力。失去了日本人的支持再加上印度国民军的分裂，上海锡克人社区的生计一落千丈。

---

[1]　Lebra, *Jungle Alliance*, 82-84.

[2]　I. I. L. Papers, File No. 45/3, 21 December 1942（NAI）, in *Indian National Army: A Documentary Study Vol. 1*, 234-235.

[3]　I. I. L. Papers, File No. 45/3, 29 December 1942（NAI）, in *Indian National Army: A Documentary Study Vol. 1*, 248-253.

[4]　Krishan Raj Palta, *My Adventures with the INA*（Lahore: Lion Press, 1946）, 49-57; Amil Chandra Chatterji, *India's Struggle for Freedom*（Calcutta: Chatterji& Company, 1946）, 151-154.

[5]　Lebra, *Jungle Alliance*, 98.

[6]　Ibid. , 100.

　　1942 年年底，日本人没收了大部分食品和燃料并用于军事目的，恶性通货膨胀袭击了上海。① 从 1942 年到 1943 年，上海的批发物价指数增长了三倍多。② 1943 年年初，为解决物资短缺问题，日本当局对上海居民实行了定量配给供应。③ 按照规定，在上海的每个印度人，每月只能购买 20 磅面粉，④ 不够一个成年人生活一个月，价格也奇高不下，在 1943 年每磅面粉差不多是 2 块墨西哥银圆。⑤ 为了购买足够分量的面粉，一个印度人至少要花 40 块墨西哥银圆。一名锡克警察每月的口粮代用津贴仅为 30 块墨西哥银圆（已婚男子的是 60 块墨西哥银圆），鉴于这一事实，许多锡克人遭受了巨大的痛苦，生存成了不可承受之重。⑥ 直到 1943 年 7 月，苏巴斯·钱德拉·博斯（Subhas Chandra Bose）到了亚洲，印度国民军的运动才恢复了势头，上海锡克警察的津贴在进一步通货膨胀后才增加到每人每月 300 块墨西哥银圆（结婚的人，每月 600 块墨西哥银圆）。⑦

---

① 《施行参战后巩固金融方针》，《申报》，1943 年 1 月 13 日；《内地同意收购》，《申报》，1943 年 1 月 20 日；《当局计谋安定物价》，《申报》，1943 年 1 月 26 日。

② 中国科学院上海经济研究所、上海社会科学院经济研究所编著，《上海解放前后物价资料汇编》，上海：上海人民出版社，1958 年，第 47 页。

③ 《将实施配给制》，《申报》，1943 年 2 月 17 日。

④ SMA，R22-1-155，"Flour Sales to Indians Only," 27 Aug. 1943.

⑤ 《工部局上年度物品统制处年报》，《申报》，1943 年 1 月 29 日。此处的货币是，1935 年中国国民政府发行的"法币"。

⑥ 在上海做其他工作的锡克教徒，甚至没有代替口粮的津贴，因此，他们的处境甚至比锡克巡警还要糟糕。

⑦ SMA，R22-2-506，"Indian Branch Allowance in Lieu of Rations," 22 Nov. 1943.

苏巴斯·钱德拉·博斯和总动员

1941 年 12 月，莫汉·辛格在与日本特工藤原岩市交谈时对印度民族主义者苏巴斯·钱德拉·博斯表达了崇高的敬意。他认为，如果由博斯来统帅印度国民军，东南亚和东亚的印度人都会听从指挥。[1] 在 1942 年 6 月的曼谷会议上，所有代表都认为，应该邀请博斯领导印度国民军，提请日本人把博斯带到东南亚。[2]

苏巴斯·钱德拉·博斯于 1897 年出生于奥里萨邦（Orissa）克塔克（Cuttack）一个富裕的孟加拉家庭。20 世纪 20 年代，他参加了非暴力不合作运动，成为印度国大党（INC）的积极分子。[3] 他的个人魅力、事业心和决心为他本人赢得了巨大的声誉。[4] 后来，他渐渐地开始接受印度独立的激进策略——以更加激烈的方式对抗

---

[1] Memoirs of Fujiwara Iwaichi, in *Indian National Army*: *A Documentary Study Vol. 1*, 323.

[2] I. I. L. Papers 45/3, 20 June 1942 (National Archives of India), in I*ndian National Army*: *A Documentary Study Vol. 1*, 158.

[3] 有关苏巴斯·钱德拉·博斯的早期生平介绍，参见 Subhas Chandra Bose, *An Indian Pilgrim*: *An Unfinished Autobiography and Collected Letters*, *1897-1921* (New York: Asia Publishing House, 1965); Leonard Gordon, *Brothers against the Raj*: *A Biography of Indian Nationalists Sarat and Subhas Chandra Bose* (New York: Columbia University Press, 1990)。

[4] 有关苏巴斯·钱德拉·博斯在印度国民大会中的权势，参见 Huge Toye, *Subhas Chandra Bose*: *The Spring Tiger* (Bombay: Jaico Publishing House, 1959), 29-41。

英国在印度的统治。①

当甘地运动（Gandhian movement）在 20 世纪 30 年代末停滞不前的时候，博斯在 1938 年被选为印度国大党的主席。此时，他已经开始将法西斯主义路线视为印度的独立之路和独立后的发展之道。② 第二次世界大战在欧洲爆发后，他更加指望轴心国来助印度的解放一臂之力。③ 1940 年 7 月，博斯在加尔各答被捕，罪名是煽动叛乱。1941 年年初，博斯在拥护者的帮助下，从喀布尔逃到了柏林。然而，在柏林，让他感到失望的是希特勒不愿为印度的独立战争出多少气力。④ 相反，日本由于对印度国民军派系争斗感到失望，正在拼命寻找能让东南亚和东亚的印度人团结起来的人物，博斯便是最佳人选。⑤

经过几番讨论之后，各方达成一致意见，于 1943 年年初将博斯从德国护送到日本。1943 年 2 月，博斯登上一艘德国潜艇，航行到了马达加斯加岛，在那里他被转运到一艘日本潜艇上。1943 年 5 月，这艘日本潜艇把博斯送到了北苏门答腊省（North Sumatra）的

---

① Subhas Chandra Bose, *The Indian Struggle*, *1935-1942*（Calcutta：Chuckervertty, Chatterjee & Company, 1952），87-116；Shridhar Charan Sahoo, *Subhas Chandra Bose：Political Philosophy*（New Delhi：APH Publishing, 1997）.

② Hira Lal Seth, *Personality and Political Ideals of Subhas Chandra Bose：Is He Fascist?*（Lahore：Hero Publications, 1943）.

③ Milan Hauner, *India in Axis Strategy：Germany, Japan, and Indian Nationalists in the Second World War*（Stuttgart：Klett-Cotta, 1981）.

④ 希特勒当时正忙于与苏联的战争，因此没有兴趣在亚洲开辟新的前线。

⑤ H. N. Pandit, *Netaji Subhas Chandra Bose：From Kabul to the Battle of Imphal*（New Delhi：Sterling Publishers Private Limited, 1988），1-13, 89-98.

图22　1943 年苏巴斯·钱德拉·博斯在新加坡视察印度国民军将士（*新加坡国家档案馆提供*）

沙璜岛（Sabang Island），之后博斯乘飞机前往东京。①

　　博斯在东京成功地争取到了日本首相东条英机对印度独立运动的全力援助，而后于 1943 年 7 月来到了新加坡，接管了印度独立

---

① 有关苏巴斯·钱德拉·博斯从德国到日本的旅行，参见 Sisir Kuma Bose, Alexander Werth, and S. A. Ayer, *A Beacon Across Asia: A Biography of Subhas Chandra Bose*（Bombay: Orient Longman, 1973），158-164；Gordon, *Brothers against the Raj*, 488-492。

联盟和印度国民军的领导权。① 博斯身在东京的时候就强调，印度
若要自由唯有浴血奋战一条道，为了实现这一目标，所有印度人都
应该积极参与到对英国的战斗中去。② 在新加坡，博斯再次呼吁海
外印度侨民为印度的独立解放斗争鞠躬尽瘁死而后已。为了让革命
运动合法化和获取各方力量的支持，博斯决定成立自由印度临时政
府（Provisional Government of Free India）。③ 博斯打算通过"自由印
度"（Azad Hind）这个机制，动员一切可以动员的资源，包括财力
和人力；发动在东南亚和东亚生活的印度侨民共同反抗英国在印度
的殖民统治。用博斯自己的话来说，这是发起一场"全面战争的总
动员"。④ 为了全面实施总动员政策，自由印度临时政府重新激活
了以前由各路移民和革命者使用过的印度侨民散居网络。到 1944
年年初，一个基于动员策略、招募人员、捐赠物资和培训机制的
印度独立运动网络已经在东南亚和东亚方兴未艾。

从 1943 年 8 月开始，印度独立联盟各地分会的分会长被召集
到新加坡学习这个总动员策略。这些分会长们被告知，要抓住一切
机会组织群众集会，无论这些集会是为了某些民族英雄的生日，还

---

① K. S. Giani, *Indian Independence Movement in East Asia* (Amritsar: Singh Bros, 1947), 11.
② Narayana Menon, ed., *On to Delhi: Speeches and Writings of Subhas Chandra Bose* (Bangkok: Indian Independence league, 1944), 15-17; Sisir Bose and Sugata Bose, eds., *Chalo Delhi: Writings and Speeches 1943-1945* (Calcutta: Netaji Research Bureau, 2007), 27.
③ 1943 年 10 月，自由印度政府在新加坡正式宣布成立。印度独立联盟和它的分支并没有被抛弃，而是在那之后隶属于自由印度临时政府，参见 Sisir Bose and Sugata Bose, eds., *Chalo Delhi*, 108-120。
④ Ibid, 54.

是为了某些政治事件的周年纪念日，都要抓住宣传自由印度临时政府的目标和意识形态。在中国香港，1944 年 2 月至 7 月，连续举行了庆祝拜萨奇收获节（Baisakhi Festival）、自由印度纪念日、印度国民军第一次开战纪念日、内塔吉周（Netaji Week）等庆典活动。所有当地印度人都被要求参加这些活动，给他们发放民族主义传单，发表爱国演讲。① 在西贡也举行了"自由印度日"和"内塔吉周"的庆典活动，数千名生活在越南南部的印度人参加了这些庆祝活动。② 在仰光，印度独立联盟支部召集当地的印度侨民一起庆祝缅甸独立，鼓励他们也要为印度的独立而奋斗不息。③ 1943 年 10 月，几乎所有在曼谷的印度人都聚集在一起，向自由印度临时政府的国旗致敬效忠。④

随着大量捐款涌入自由印度临时政府，这种动员的努力逐渐开花结果。例如，1943 年 11 月，在西贡的印度侨民向印度国民军捐助了 250 万卢比。⑤ 在马六甲，捐款超过了 36 万日元，⑥ 印度独立联盟马尼拉分会在菲律宾的印度侨民中募集了 10 万比索。⑦

---

① Office of Strategic Services Record Group 226 (Diet Library, Tokyo), in *Indian National Army: A Documentary Study Vol. 3*, 242-245.
② Ibid, 277.
③ Ibid, 252-253.
④ Ibid, 272.
⑤ Ibid, 276.
⑥ Ibid, 289.
⑦ Ibid, 323.

图 23 1944 年新加坡印度国民军发起的群众集会（新加坡国家档案馆提供）

除了筹集资金外，动员项目的首要任务是加强军事动员，换句话说，博斯需要招募更多的士兵。为了实现这一目标，自由印度临时政府成立了征兵部，在东南亚和东亚有组织地招募印度人。每个印度独立联盟支部的主席自动地被任命为本地区的征兵总长，鼓励征兵官员招募所有身强力壮的男子加入部队，申请入伍的新兵，甚至没有年龄限制。为了使征兵工作系统化，征兵部对所有应征者都进行了登记和体格检查，新兵的详细资料，也要提交给印度国民军总部，方便进行全面的人员协调。[1] 但是，平民新兵在正式编入军

---

[1] Sisir Bose and Sugata Bose, eds. , *Chalo Delhi*, 61-65.

队之前需要接受一定的军事训练，因此，还成立了训练部，为新兵提供军事操练。①

1943 年年底到 1944 年年初，在仰光（戈沙拉培训学校，Goashala Training School）、吉隆坡（巴拉特青年培训中心，Bharat Youth's Training Centre）、曼谷（曼谷培训学校，Bangkok Training School）、上海（上海培训学校，Shanghai Training School），以及其他一些亚洲城市，都出现了培训学校和军事训练营。印度国民军教

图 24　1944 年新加坡印度国民军培训学校阿扎德学校（新加坡国家档案馆提供）

① Sisir Bose and Sugata Bose, eds. , *Chalo Delhi*, 65-67.

官，在新加坡阿扎德学校（Azad School）接受高级培训，之后被派往各地分支机构负责新兵军训。新兵经过三个月的密集训练，再被输送到印度和缅甸之间的边境前线。①

上海锡克侨民的动员

1943 年 11 月，博斯应汪精卫的邀请访华。在南京和上海，博斯会见了南京政权的领导人，此外，他还对重庆作无线电宣传，对居住在中国的印度侨民发表演讲，参观了一个印度国民军的营地。②博斯在上海向锡克人社区发表演讲时，鼓励他们利用上海作为亚洲交通通信"中枢神经"的地位，为印度独立而奋战。③

从盟军的角度来看，1941—1945 年，上海绝不是一个交通通信"中枢神经"，因为上海与中国内陆省份、欧洲和北美的联系都被切断了，然而，这种判断只是一面之词。从日本人的角度来看，上海仍然与日本帝国的势力范围紧密相连。与此同时，在博斯看来，上海是自由印度临时政府动员大计的关键所在，自由印度临时政府是依托印度侨民在东南亚和东亚的散居网络而存在的。

---

① Intelligence Summary, General Headquarters-India File No. 6017668/Historical Section, Ministry of Defence, New Delhi, in *Indian National Army: A Documentary Study Vol. 2*, 321-325.

② 有关博斯（又译为鲍斯）在中国的活动情况，参见 SMA, R2-1-93, 12 Nov. 1943；《欢迎鲍斯主席》，《申报》，1943 年 11 月 18 日；《首都民众昨举行欢迎鲍斯氏大会》，《申报》1943 年 11 月 20 日；《鲍斯主席昨由京抵沪》，《申报》，1943 年 11 月 22 日。

③ Thampi, *Indians in China, 1800-1949*, 207.

自从自由印度临时政府发起全面动员以来，动员策略的流动、招募人员的流动、印度独立联盟网络中培训机构的流动等诸般流动都对上海锡克人社区产生了深远的影响。1943 年 7 月，印度独立联盟上海分会会长访问了新加坡，研究如何发动群众，① 从那时起，相关部门经常举行群众大会。1944 年 1 月，印度国民军要求在上海的印度侨民参加苏巴斯·钱德拉·博斯的生日庆典，公开颂扬博斯的英雄事迹，并呼吁公众为印度国民军捐款。② 1944 年 4 月，印度国民军帮助日本军队占领英帕尔（Imphal），为了庆祝攻占成功，他们组织了一次大型集会，人们高呼反英口号，反复传颂士兵们的骁勇。③ 此外，为了显摆印度独立运动的军事力量，印度国民军新兵经常在上海的主要街道上游行，每次都有 200～300 人全副武装地游行，印度侨民奉命夹道欢呼。④ 1943 年 11 月 21 日，当博斯访问上海时，一场戏剧性的群众动员集会发生了。当天下午，上海整个印度人社区（高达 2000 人）聚集在上海最大、最著名的电影院之一——上海大剧院，欢迎博斯的到来。上海当地的印度国民军干部要求聚集群众高唱自由印度临时政府的国歌，高呼支持印度独立的口号。博斯高度赞扬了在上海的印度侨民为印度独立事业所做出的努力，号召民众捐献更多的财力和人力。⑤ 为了响应这一号召，所有在上海的印度侨民都被要求加入印度独立联盟这个组织，同时还被要求在印度国民军的预备役部队中登记注册。印度独立联盟上

---

① Office of Strategic Services Record Group 226 (Diet Library, Tokyo), in *Indian National Army: A Documentary Study Vol. 3*, 246.

② Ibid, 249.

③ Ibid, 248.

④ SMA, R1-18-441, from Mackoff to the Mayor of Shanghai, 21 Jan. 1945.

⑤ 《鲍斯主席昨由京抵沪》，《申报》，1943 年 11 月 22 日。

海分会甚至规定，那些未能及时注册的人将被剥夺获取食物配给和独立经商的权利。①

为了把招募的平民训练成战士，军事训练营必不可少。1944 年 2 月，由布·纳拉因（Boo Narain）上尉率领的十名印度国民军教官，从新加坡出发赶赴上海。他们的任务是要在上海建立一个军事训练营。② 事实上，新加坡的阿扎德学校负责培训这些教官，他们就如何建立培训学校、如何教导平民等事务制定了一套指导准则。仰光、西贡、曼谷和香港的印度国民军培训学校，都遵循着同样的指导准则。当新加坡过来的教官们到达上海的时候，有关军事训练的规章制度和培训大纲也已经出台了。③

1944 年 6 月，印度上海培训学校在闸北区宝山路举行了开学典礼。④ 纳拉因上尉挑选了大约 300 名印度人，其中大多数都是被解雇的锡克警察和锡克人看守。⑤ 上海培训学校免费向所有受训人员提供口粮和制服。军训持续了三个月，在前两个月里，新兵们学习了挖战壕、架电线和划船筏等任务；还按要求学习了印度—缅甸边境的地理情况，因为据说在训练结束后他们将被派往印缅边境服

---

① Office of Strategic Services Record Group 226 (Diet Library, Tokyo), in *Indian National Army: A Documentary Study Vol. 3*, 196, 246; Foreign and Political Department File No. 83-X/1944 (National Archives of India, New Delhi), in *Indian National Army: A Documentary Study Vol. 2*, 200.

② Intelligence Summary, General Headquarters-India File No. 6017668/Historical Section, Ministry of Defence, New Delhi, in *Indian National Army: A Documentary Study Vol. 2*, 325.

③ Ibid, 321.

④ 《自由印军训练营举行入营礼》，《申报》，1944 年 6 月 21 日。

⑤ SMA, R1-18-441, from Mai Kefu to Zhou Fohai, 21 Feb. 1945.

役；教官们还参考从新加坡带来的印度国民军教科书，给新兵们传授进攻、后方守卫、侧翼守卫、放哨、巷战、夜战、丛林战等战术。军训的第三个月，新兵们开始了武器装备训练，虽然他们从日军手中领到了步枪和机枪，但是并没有分发一颗子弹，他们只被要求熟悉步枪的不同零部件。①

传奇的终结

然而，新兵军训结束后并没有谁被派到印度—缅甸边境的前线，因为当时战争形势对日本不利，况且也没有找到合适的交通工具可以把他们送过去。自 1944 年 1 月以来，印度国民军已将总部从新加坡搬迁到了仰光，因为日本政府和自由印度临时政府将合谋开辟在印度的军事行动，搬迁总部是为了这个行动做准备。② 1944 年春，日本在缅甸地区的军队打算在印度东北部曼尼普尔（Manipur）首府英帕尔市一举摧毁盟军，以便加强对缅甸的防御。③ 印度国民军几乎把自己所有的部队召集到缅甸，打算与日军联手。④ 1944 年 2 月，印度国民军从若开（Arakan）和英帕尔的边界进驻到

---

① SMA, R1-18-441, from Zhou Fohai to Mai Kefu, 18 Apr. 1944; Intelligence Summary, General Headquarters-India File No. 6017668/Historical Section, Ministry of Defence, New Delhi, in *Indian National Army: A Documentary Study Vol. 2*, 321-324; Office of Strategic Services Record Group 226（Diet Library, Tokyo）, in *Indian National Army: A Documentary Study Vol. 3*, 247.

② Sisir Bose and Sugata Bose, eds., *Chalo Delhi*, 172.

③ Ghosh, *The Indian National Army*, 166-168.

④ W. O. 203/803（National Archives, London）, in I*ndian National Army: A Documentary Study Vol. 3*, 79-84.

印度本土。虽然日军和印度国民军刚开始在印缅边境的进攻取得了胜利，但是日印两军遭受到盟军迅猛空袭，损失相当惨重，在 1944年 5 月又被赶回缅甸。① 此后，印度国民军再也没有采取任何积极的军事行动。1945 年年初，盟军攻入了缅甸，而印度国民军则投降的投降，散伙的散伙。

博斯如梦方醒，眼看日本人已经靠不住了，遂将目光转向了苏联。博斯判断苏联在战后可能会跟英国发生冲突，自由印度临时政府当借机实现印度独立。1945 年 5 月，博斯已经计划把所有的部队都先转移到中国，然后再把他们转移到苏联，他甚至下令上海印度国民军分部加强战备，以迎接他麾下所有将士们的转移，② 然而，事与愿违，博斯这一妙招没能落实，因为就在几个月之后日本投降了。

1945 年 8 月 16 日，博斯听闻日本投降后急忙从新加坡奔赴西贡，日军在东南亚的指挥官寺内寿一（Hisaichi Terauchi）随即安排了一架飞机，让博斯飞往大连，在那里，博斯可以与俄国人取得联系。然而，由于飞机发动机出现了故障，该架飞机于 1945 年 8 月 18 日在台北坠毁，博斯受了重伤，当天晚些时候死在了医院里。③

博斯的突然死亡，标志着印度国民军运动的结束。在上海的印

---

① Pandit, *Netaji Subhas Chandra Bose*, 261-292.

② Lebra, *Jungle Alliance*, 194.

③ W. O. 208/863（National Archives, London），in *Indian National Army: A Documentary Study Vol. 5*, 19-21.

度国民军军官们被中国政府逮捕。① 在法庭上，他们被指控勾结日本人，公开发表亲日言论，利用职务之便向上海的印度同胞敲诈勒索。三名前锡克警察也被带到法庭作证，证明这些军官们如何通敌并且故意指控无辜者栽赃陷害好人。然而，所有印度国民军军官被告都拒绝认罪，坚持辩称他们虽与日本勾结，却不是针对中国人，而是为了印度自身的民族解放。② 他们随后作为战犯被遣返到印度，关押在德里的红堡（Red Fort）。然而，印度民众却视印度国民军战士为民族英雄，迫于这个巨大压力，印度政府在独立前夕释放了所有在押人员。③

战后，锡克侨民的生活并没有得到多大的改善。上海警察局已不复存在，所以，上海警察局雇用的锡克警察和锡克看守大多数失去了工作。中国日益高涨的民族主义情绪，进一步阻碍了锡克人获得任何工作的机会，因为雇主们再也不敢在中国领土上雇用外国人做警察和看守了。④ 上海锡克人社区所面临的困难，甚至引起了印度政府的关注。苦于没有更好的解决办法，印度政府决定撤侨，组织安排那些滞留在上海的印度人回国。到1946年年底，几乎所有锡克人都返回了印度。上海锡克侨民的传说就此便成了历史。⑤

---

① 《三件案开审》，《申报》，1946年5月1日。
② 《印警两名再度开审》，《申报》，1946年5月15日。
③ Office of the Strategic Services, Record Group No. 226（U. S. National Archives, Maryland）, in *Indian National Army: A Documentary Study Vol. 5*, 53-54.
④ Thampi, *Indians in China, 1800-1949*, 218.
⑤ Ibid, 219.

小结

1884 年，中法战争激化了中国人的排外情绪，上海的公共租界面临危机，上海工部局决定雇用大约 40 名锡克人加强警力，这可以说是锡克人在上海生活的开端。[①] 在 20 世纪的前十年里，受北美移民热的影响，许多锡克人离开上海，到太平洋的彼岸去追求他们的梦想。第一次世界大战期间，以北美为基地的戈达尔党渗透进上海的锡克社区，并将上海作为他们革命活动的中转枢纽。20 世纪20 年代，大量在上海的锡克人都参与了中国的民族主义革命。太平洋战争期间，印度国民军运动支持日本占领军，逐步将上海的锡克社区军事化了。

以往研究倾向于将锡克人在上海公共租界的经历看作一个地方性故事。[②] 可是，正如前文所述，上海当地的锡克社区，不断受到外部世界所发生事情的影响，而且他们始终参与其中，这种联系揭示了印度侨民散居海外的网络机制。这一网络不仅被移徙者用来谋求更好的生计，而且也被民族主义者和革命者用来为他们祖国的独立而斗争。然而，目前对印度国民军的研究，很少考虑到印度侨民散居海外的网络生态。

---

① Jackson，"The Raj on Nanjing Road."

② Markovits，"Indian Communities in China, 1842-1949," 66-75；史梅定，《上海租界志》；Thampi, *Indians in China*, 1800-1949。

迄今为止，关于印度国民军的文献，已经相当丰富。除了退役的印度国民军军人撰写的回忆录外，历史学家还出版了大量有关印度国民军历史的作品。① 诸如印度国民军的起源，印度国民军的发展轨迹，苏巴斯·钱德拉·博斯统领并重组印度国民军，印度国民军在缅甸的运动，以及红堡的最终审判等，这些主题都得到了很好的研究。此外，学者们长期以来还一直试图弄清楚印度国民军的作用和性质。印度国民军的军事效果差强人意，尽管对此无人怀疑，但是一些实践者认为，印度国民军为独立后的印度留下了不可磨灭的遗产。② 对于这场运动的性质，一些人坚持认为，印度国民军纯粹是海外印度侨民民族主义高涨的产物，而另一些人则倾向于强调日本人在这场运动中所扮演的角色。③

不管印度人是不是自愿加入印度国民军的，印度国民军在鼎盛时期有超过 4 万名士兵。④ 而且，缅甸、马来亚、新加坡、中国香

---

① 关于印度国民军的回忆录，参见 Shri Moti Ram, *Two Historic Trials in the Red Fort* (New Delhi: Roxy Printing Press, 1946); Fujiwara Iwaichi, *F. Kikan: Japanese Army Intelligence Operations in Southeast Asia in WW II* (Hong Kong: Heinemann Asia, 1983); Gurbakhsh Singh Dhillon, *From My Bones: Memoirs of Col. Gurbakhsh Singh Dhillon of the Indian National Army* (New Delhi: Aryan Books International, 1988); Palta, *My Adventures with the INA*; Chatterji, *India's Struggle for Freedom*; Giani, *Indian Independence Movement in East Asia*; N. S. Gill, *Story of the INA* (New Delhi: Publications Division, Ministry of Information and Broadcasting, 2001)。

② Ghosh, *The Indian National Army*, 198-251; Peter Ward Fay, *The Forgotten Army: India's Armed Struggle for Independence, 1942-1945* (Ann Arbor: University of Michigan Press, 1993)。

③ Joyce Lebra, *Japanese-trained Armies in Southeast Asia* (New York: Columbia University Press, 1977); Lebra, *Jungle Alliance*, xi-xiv; Joyce Lebra, *The Indian National Army and Japan* (Singapore: Institute of Southeast Asian Studies, 2008)。

④ War Office 208/868, 12 May, 1946, in *Indian National Army: A Documentary Study Vol. 5*, 347.

港和上海建立了印度国民军的训练营，成千上万的印度平民被送入
军营。① 鉴于这些地方不同印度人社区的背景差异和地理间距，印
度国民军似乎不太可能协调这么多不同的团体，将它们纳入一个统
一议程。那么，究竟通过什么手段才可以实现这种大规模的动员
呢？就像本章所揭示的那样，正是锡克侨民网络促进了印度国民军
在上海的动员工作。另外，本章还进一步描述了思想、军官和训练
机制在东南亚和东亚的流动是如何改变了战争期间沪上锡克人的
生活。

印度国民军在战时上海的存在，也为我们整体认识上海历史打
开了一扇新的窗口。自 1937 年 11 月日军占领上海大部分地区以
来，这座大都市，特别是法租界和公共租界，一直被称为"孤
岛"。② "孤岛"这个词意味着，上海作为当时中国的经济、政治和
文化中心，却被抛在了时代的后面，与全国乃至全世界的其他地区
隔绝了。然而，正如傅葆石所指出的那样，当代人使用"孤岛"一
词的修辞手法，可能是为了保护上海居民免受任何与日本勾结的指
控。③ 从 1938 年到 1941 年，随着资本、走私商品、难民和情报人

---

① S. A. Das and K. B. Subbaiah, *Chalo Delhi: A Historical Account of the Indian Inde-pendence Movement in East Asia* (Kuala Lumpur, 1946), 149-156.

② Wen-hsin Yeh, "Shanghai Besieged, 1937-45," in *Wartime Shanghai*, ed. Wen-hisn Yeh (New York: Routledge, 1998), 3-5. 魏斐德用"孤岛"(isolated island) 一词来描述战时上海的情况，参见 Frederic Wakeman Jr., *The Shanghai Badlands: Wartime Terrorism and Urban Crime, 1937-1941* (New York: Cambridge University Press, 1996), 2。

③ Poshek Fu, *Passivity, Resistance, and Collaboration: Intellectual Choices in Occupied Shanghai, 1937-1945* (Stanford: Stanford University Press, 1993).

员不断进出上海，上海绝不是一个"孤岛"。① 然而，1941 年 12
月，日本接管公共租界之后，局势急剧恶化。太平洋战争的爆发，
阻断了进出上海的大部分交通。外国居民，要么被关进监狱，要么
被关进难民营。② 供应品和资源被没收后用于军事目的，燃料、食
物和商品的短缺成了家常便饭。③ 迄今为止，大多数学者都认为，
从 1941 年年底到 1945 年 8 月，上海经历了一段非常黑暗和孤立的
时期。④ 相关研究探讨了孤立状况和政治经济困难如何重塑了上海
的城市面貌和上海居民的心态。⑤

---

① Christian Henriot and Wen-Hsin Yeh, eds. , *In the Shadow of the Rising Sun*: *Shanghai under Japanese Occupation* (New York: Cambridge University Press, 2004), 5; Christian Henriot, "Regeneration and Mobility: The Special Dynamics of Industries in Wartime Shanghai," *Journal of Historical Geography* 38 (2012): 167-180.

② Margaret Blair, *Gudao*, *Lone Islet*: *The War Years of Shanghai* (Bloomington: Trafford Publishing, 2008); Irene Eber, *Jewish Exiles in Wartime China*: *Voices from Shanghai* (Chicago: Chicago University Press, 2008); Marcia Ristaino, *The Jacquinot Safe Zone*: *Wartime Refugees in Shanghai* (Stanford: Stanford University Press, 2008); Irene Eber, *Wartime Shanghai and the Jewish Refugees from Central Europe*: *Survival*, *Coexistence*, *and Identity in a Multi-Ethnic City* (Berlin: De Gruyter, 2012). 一些外国居民选择抵抗日本人或与日本人合作，参见 Bernard Wasserstein, "Ambiguities of Occupation: Foreign Resisters and Collaborators in Wartime Shanghai," in *Wartime Shanghai*, ed. , Wen-hisn Yeh (New York: Routledge, 1998), 24-41。

③ Arthur Young, *China's Wartime Finance and Inflation*, *1937-1945* (Cambridge, MA: Harvard University Press, 1965); Christian Henriot, "Rice, Power and People: The Politics of Food Supply in Wartime Shanghai," *Twentieth-Century China* 1 (2000): 41-84.

④ Wen-hsin Yeh, "Shanghai Besieged, 1937-45," 10-14.

⑤ Poshek Fu, "The Ambiguity of Entertainment: Chinese in Japanese Occupied Shanghai, 1941-1945," *Cinema Journal* 1 (1997): 66-84; Frederic Wakeman Jr. , "Shanghai Smuggling," in *In the Shadow of the Rising Sun*: *Shanghai under Japanese Occupation*, eds. , Christian Henriot and Wen-Hsin Yeh (New York: Cambridge University Press, 2004), 116-156; Poshek Fu, *Passivity*, *Resistance*, *and Collaboration*.

本章表明，这种孤立的经历只是历史的一个方面。上海自 1941
年年底以来就挣脱了以英美为主导的租借历史，可是，才脱虎口又
陷狼窝，1942 年年初上海又掉进了日本帝国的网络中。上海和日本
之间的联系从未停止过，上海恢复跟东南亚之间的日常联系，为日
本挑起的战争提供了物资和人力的流动平台。① 例如，从中国偏远
地区开采出来的资源，通过上海港运往日本；② 日本士兵被输送到
上海，而后继续向中国其他地方扫荡；在中国其他战场上作战经验
丰富的日本老兵被召回到上海，然后再派往太平洋各岛屿或者缅
甸。③ 从这个意义上说，我们以前把上海看成太平洋战争时期一座
固若金汤且又与世隔绝的监狱，确实是一叶障目以偏概全。相反，
在当代日本人看来，上海仍然与外界保持着密切的联系，印度国民
军也同样如此。

---

① Alfred McCoy, ed., *Southeast Asia under Japanese Occupation* (New Heaven: Yale U-
niversity Southeast Asian Studies, 1980); William Newell, ed., *Japan in Asia, 1942-
1945* (Singapore: Singapore University Press, 1981); P. Kratoska, ed., *Food Supplies
and the Japanese Occupation in South-East Asia* (Basingstoke: Macmillan, 1998); Ooi
Keat Gin, ed., *Japanese Empire in the Tropics* (Athens: University of Ohio Press,
1998); Nicholas Tarling, *A Sudden Rampage: The Japanese Occupation of Southeast A-
sia, 1941-1945* (London: Hurst & Company, 2001), 218-249.

② Maj Gurcharan, *Japanese Offensive* (Jalandhar: abs Publications, 1990), 7-8; Paul
Kratoska, *Asian Labor in the Wartime Japanese Empire* (Singapore: NUS Press, 2006).

③ Saburo Hayashi, *Kogun: The Japanese Army in the Pacific War* (Westport: Greenwood
Press, Publishers, 1959), 146; Harry Gailey, *The War in the Pacific: From Pearl Har-
bor to Tokyo Bay* (Novato: Presidio Press, 1995), 120; Edward Drea, *In the Service of
the Emperor: Essays on the Imperial Japanese Army* (Lincoln: University of Nebraska
Press, 1998), 26-41; Bernard Edwards, *Japan's Blitzkrieg: The Rout of Allied Forces
in the Far East 1941-42* (South Yorkshire: Pen & Sword Maritime, 2006).

结语

全球史上的循环、网络和底层人

在迈克尔·哈夫斯特里姆（Mikael Hafstriom）导演的神秘惊悚片《上海》（*Shanghai*）中，1941年10月，一名美国特工来到上海调查他一个朋友的死亡。当美国人登陆外滩时，镜头中出现了一些裹着头巾的锡克警察走在街上，字幕则将上海描述为一个万国侨民竞相来此定居的城市，上海街头随处可见英国人、法国人、日本人和美国人。锡克警察的形象在电影中只出现了两三秒钟，没有任何台词，他们站在远处的背景中，自成一道风景，却悄无声息。事实上，如今无数关于现代上海的文学、历史和视频等作品，背景里都有缠头巾的锡克人，好像有了锡克人，有关上海的描述才会更加接近史实。① 然而，除了少数作品例外，大多数作品，如迈克尔·哈夫斯特里姆的电影，只是把锡克人作为上海这个国际化都市的一个布景，这里不仅有多姿多彩的东方景观，还充满了异国情调。锡克人在上海这一形象广为流传，而在此定居的真实历史，却鲜有人认真探究过。

上海锡克人历史的边缘化，揭示了帝国历史学和民族历史学的霸权地位。在20世纪，帝国史学专注于研究欧洲国家如何改变了

① 从这个意义上说，锡克教徒默默地参与了上海的本地生产过程，参见 Appadurai，"The Production of Locality"。

殖民地、殖民统治地区和租界，后者的政治制度、社会经济结构和文化景观——他们一直被视为落后、迷信和被动的主体，被认为只有在西方的刺激下才能被激活。然而，近几十年来，帝国主义历史学家开始审视"冲击—回应"这种单向的观点，开始探索殖民地、殖民统治地区和租界是如何在政治、社会经济和文化上改变英国等欧洲国家的。到目前为止，殖民帝国、殖民统治地区和租界是相互建构的这一观点已经得到大家的普遍认同。英国与殖民地、殖民统治地区和租界之间的相互作用，形成了英国的主要特征，影响了英国的历史进程。虽然这种修正主义的方法试图恢复被殖民者的主体性，但是被殖民者仍然为英国所束缚。用迪佩什·查卡拉巴提（Dipesh Chakrabarty）的话来讲，英国的历史是主要的叙述，而殖民地、殖民统治地区和租界的历史则是英国历史多样化的变体，即便他们的历史没有受到英国的影响，也总是与英国相关的。[①] 在帝国历史上，殖民地、殖民统治地区和租界之间的相互联系在很大程度上被忽视了。例如，被殖民者的经历，如本研究中描述的伊塞尔·辛格和布达·辛格这类人物，不能被纳入帝国历史的英国—殖民地、殖民统治地区和租界这个框架。虽然伊塞尔·辛格和布达·辛格是被殖民的臣民，为英国工作，并且在英帝国各辖区旅行，但是他们的经历却与英国毫不相干。他们既没有去英国本土旅行，也没有对当代英国社会产生什么影响。相反，这两个故事表明了，英国在亚洲的各个殖民地、殖民统治地区和租界是如何联系在一起的，以及后者是如何利用英帝国的设施来追求自身的利益。

---

①   Dipesh Chakrabarty, "Postcoloniality and the Artifice of History: Who Speaks for 'Indian' Pasts," *Representations* 37 (1992): 1-26.

　　现代上海锡克人社区的话题，也不能与民族历史相混淆。正如杜赞奇所指出的，民族历史的书写热潮，既是民族建设进程的推动力，也是民族建设进程的结果。将历史视为某个单一社区或实体的专属属性的观点，在近代历史著述中逐渐占据了主导地位。①拉纳吉特·谷哈（Ranajit Guha）进一步阐述，去殖民化后国族史学在很长一段时间内一直被民族精英所主导。② 因此，那些被视为对国家建设过程有用的历史，以及那些被视为对中产阶级民族主义精英主义有利的历史，已经被一个线性的和进化的时间性纳入国家的框架，而那些不适合这些议程的历史，要么被扭曲，要么被抹去，要么被遗忘了。③ 由于上海的锡克移民是底层人，与印度和中国的精英政治都没有什么直接关系，所以，他们的历史在这两个国家的历史上很大程度上被扭曲了，也被遗忘了。

　　为了超越帝国史学和国族史学的局限性，人们尝试了其他方法。其中一个解决办法是，将研究的规模扩大到跨国的甚至全球的层次。迄今为止，在历史研究的所有领域，几乎都可以发现这种"跨国转向"的现象。历史学家已经准备好打破英国—殖民地、殖民统治地区、租界的二元对立以及民族国家的边界，而且还证明了不同社区的历史是相互纠缠和相互联系的。本研究正是受到这些相互交织、相互联系的历史的启发，以传播与网络的概念为重点，从

① Duara, *Rescuing History from the Nation*, 1-16.

② Ranajit Guha, *A Subaltern Studies Reader, 1986-1995* (Minneapolis: University of Minnesota Press, 1997), xiv.

③ Gyan Prakash, "AHR Forum: Subaltern Studies as Postcolonial Criticism," *The American Historical Review* 99 (1994): 1475-1490; Paul Cohen, *History and Popular Memory: The Power of Story in Moments of Crisis* (New York: Columbia University Press, 2014).

帝国历史中的锡克警察、殖民时期的锡克侨民、近代上海的锡克社区这三个方面进行了研究。

从帝国历史的角度看，本研究认为，英帝国不仅是一个连接英国和殖民地、殖民统治地区和租界的双线性结构，而且是一个全球规模的网络，这个网络促进了人员、制度和信息在殖民地、殖民统治地区和租界之间的传播。从 19 世纪 60 年代起，正是英帝国各地出版物和殖民官员的流通，将战斗民族这个意识形态从印度传播到英国的其他殖民地、殖民统治地区和租界。在东南亚和东亚，香港成为第一个将锡克人招募到警察队伍的英国统治地区。香港锡克警察分队的制度、招募模式和管理规则，后来在 1880 年为新加坡殖民政府所模仿，尽管在地理上新加坡更接近英国。随着上海逐渐融入英帝国的网络，有关新加坡和中国香港的锡克警察的信息，也流入这个中国通商口岸，并且给上海当局留下了深刻的印象。根据香港的模式，位于租界的上海警察局从 1884 年开始雇用锡克人。19 世纪末 20 世纪初，中国上海工部局、中国香港英国当局、新加坡殖民政府和印度政府之间的互动，不断影响着上海锡克警察的招募、住宿和培训等方方面面的事情。20 世纪 20 年代，上海成为印度民族主义运动在东南亚和东亚的网络节点。为了核查锡克革命者和反英出版物，上海工部局加入了英帝国的监视网络，这个监视网络连接了在中国上海、中国香港、新加坡和印度等各地的英国当局，他们共享情报也共同开展合作行动。这种跨境合作一直持续到太平洋战争爆发，极大地限制了印度民族主义在东南亚和东亚的运动。

传播和网络的概念，也被用来揭示殖民时期锡克侨民散居世界各地的过程。与帝国主义历史相类似的是，对锡克侨民的研究，也热衷于遵循"祖国—定居地"这个二元体系，而该体系也是"中心—外围"范式的衍生品。本研究表明，锡克侨民绝不是一个仅由起点和终点组成的线性过程，而是一个连接不同海外定居点和他们家乡的网络。现代通讯加快了信息的传播，为像伊塞尔·辛格这样的锡克农民提供了可能获悉海外工作最新消息的机会。此外，现代化交通加快了人员的流动，例如，航运公司连接了亚洲各港口，借此锡克移民可以四处迁徙。因此，现代化的通信和交通促进了锡克侨民散居网络的形成。19 世纪末 20 世纪初，锡克侨民了解到在上海和北美要比在家乡能挣到更多的钱，于是他们就开始利用这个散居世界各地的锡克侨民网络来动员更多的锡克人移民去上海和北美。

从上海近代史的角度来看，本研究超越了以中国为基础的研究范式，试图将上海定位于锡克侨民网络和英帝国网络之中。这就表明了，上海工部局长期以来与英国在亚洲的殖民统治地区，特别是中国香港保持着密切的关系。上海工部局在成立初期，以香港为榜样，建立了自己的行政机构。1884 年中法战争期间，面对日趋严重的危险，上海工部局仿效香港警察局的锡克警察分队，建立了自己的锡克警察分队，加强上海警察的力量。为了招募合格的锡克警察，上海工部局与中国香港和新加坡爆发了薪资大战。上海，由于开出的工资较高，在 20 世纪初成为大多数锡克移民的最爱，因此形成了东亚最大的锡克人社区。正是因为如此，以北美为基地的戈达尔党，在 20 世纪前 20 年将上海作为反英斗争的前沿阵地，戈达尔党的革命者、煽动性出版物、武器和资金从上海流向其他亚洲城市如日本东京、中国香港、菲律宾马尼拉、新加坡和泰国曼谷等地，形成了戈达尔党运动的主要特征。后来，在太平洋战争期间，印度国民军也是利用上海锡克人社区和其他亚洲城市锡克人社区之间的网络生态，实施全面动员任务。印度国民军的教官被派往上海培训锡克人新兵，自由印度临时政府还在上海锡克人社区募集资金，再把这些在上海筹集到的钱财和物资运往东南亚，支持印度国民军在东南亚的战斗。

在研究这些议题的过程中，我们强调了跨境流通的重要性。在不同地区跨境流通的，有战斗民族这个意识形态，有英国殖民官员，也有锡克警察制度，正是归功于这些人和事的流通，上海锡克警察部队才应运而生。同时，上海锡克人社区的主要特征也在于流通，包括锡克移民的流动、就业机会信息的传播和锡克人社会规范的传播。然而另一方面，跨境流通也从本质上改变了许多锡克侨民在上海的生活轨迹，这主要是因为戈达尔党的成员和领袖在跨境流动中他们的制度和思想也随之流动所带来的改变。

跨境流通和其他形式的传播，需要一定的支撑结构，否则就不会发生。首先，本研究认为，传播成为可能确实归功于多层网络的存在。长期以来，历史学家一直用网络这个概念来解释历史上跨国互动或全球互动究竟是如何发生的。[1] 然而，很多研究仅仅关注一

---

[1] 有关网络在全球史中的重要作用，参见 Manuel Castells, *The Rise of the Network Society* (Cambridge: Blackwell Publishers, 1996); Eric Tagliacozzo and Wen-Chin Chang, eds., *Chinese Circulations: Capital, Commodities, and Networks in Southeast Asia* (Durham: Duke University Press, 2011); Tim Harper and Sunil Amrith, eds., *Sites of Asian Interactions: Ideas, Networks and Mobility* (Cambridge: Cambridge University Press, 2014)。

个特定的网络，例如，有的关注公元 1 世纪促进了长途贸易的丝绸之路沿线的绿洲网络，[1] 有的关注现代早期连接欧洲、非洲和加勒比地区的奴隶贸易网络，[2] 也有的关注 19 世纪从奥斯曼帝国延伸到东南亚的伊斯兰研究网络。[3] 其次，本研究还表明，一个单一的网络例如锡克侨民散居网络，可以被不同的人如锡克人移民、戈达尔党和印度国民军以类似的方式用于各自的目的。最后，本研究还发现，不同的网络可能已经很好地交织在一起作用于彼此。例如，英帝国网络和锡克侨民网络之间的重叠，可以很好地解释英国政府为何要雇用锡克人，也可以很好地解释锡克人为何要移民海外；20 世纪前 20 年，在东南亚和东亚，戈达尔党的网络一方面给英帝国殖民网络带来挑战，另一方面也促使了英帝国监视网络的诞生。

多层网络这个概念，也启发我们思考不同尺度和类型的空间是

---

[1]　Liu Xinru, *The Silk Road in World History* (Oxford：Oxford University Press，2010)；Valerie Hansen, *The Silk Road：A New History* (Oxford：Oxford University Press，2012)；Susan Whitfield, *Life Along the Sikh Road* (Berkeley：University of California Press，2015).

[2]　Robin Blackburn, *The Making of New World Slavery：From the Baroque to the Modern*，*1492-1800* (London：Verso，1997)；Francisco Bethencourt and Diogo Curto, eds.，*Portuguese Oceanic Expansion*，*1400-1800* (Cambridge：Cambridge University Press，2007)；Toby Green, *The Rise of the Trans-Atlantic Slave Trade in Western Africa*，*1300-1589* (Cambridge：Cambridge University Press，2011).

[3]　Suraiya Faroqhi, *The Ottoman Empire and the World Around It* (London：I. B. Tauris，2004)；Gagan Sood, "Circulation and Exchange in Islamicate Eurasia：A Regional Approach to the Early Modern World," *Past and Present* 212 (2011)：113-162；Ira Lapidus, *Islamic Societies to the Nineteenth Century：A Global History* (New York：Cambridge University Press，2012)；Ronit Ricci, "Citing as a Site：Translation and Circulation in Muslim South and Southeast Asia," in *Sites of Asian Interaction：Ideas*，*Networks and Mobility*，eds.，Tim Harper and Sunil Amrith (Cambridge：Cambridge University Press，2014)，105-126.

如何相互联系和彼此传播的。目前，许多研究人员在研究跨境活动及其过程时喜欢使用"跨国"一词。然而，在解释帝国内部或者各城邦之间的人员、制度和信息流动时，"跨国"这个词似乎不太合适。[1] 相反，在多数情况下，跨地区的方法似乎更有包容性和中介性，可以帮助我们更好地理解和界定那些不一定是全国性的也未必与国家事务有关的联系。[2] 例如，本研究中描述的锡克侨民网络和英帝国网络是由殖民地、殖民统治地区和租界前哨、通商口岸和各个城市组成的，如新加坡，中国上海、香港、汉口，加拿大温哥华，美国旧金山，泰国曼谷和缅甸仰光。这些地方均为城市，连接它们的网络也不是跨国的。19 世纪 80 年代，锡克警察的人员和制度从香港传播到上海，上海警察局在旁遮普招募警察的行为，以及戈达尔分子从汉口到上海组织反英活动的行径，这些绝不是跨国的活动，而是跨地区的活动。

在所有上述跨地区的联系中，主角都是来自旁遮普的锡克农民。鉴于他们与英国的关系、他们的经济条件和社会地位，我们有理由将这些锡克人归类为底层人。[3] 事实上，本研究的主要目的之

---

[1] Christopher Bayly, Sven Beckert, Matthew Connelly, Isabel Hofmeyr, Wendy Kozol, and Patricia Seed, "AHR Conversation: On Transnational History," *The American Historical Review* 111 (2006): 1442.

[2] Freitag and Oppen, eds. , *Translocality*, 3. 参见 Helen Siu and Liu Zhiwei, "The Original Translocal Society: Making Chaolian from Land and Sea," in *Asia Inside Out: Connected Places*, eds. , Eric Tagliacozzo, Helen Siu, and Peter Perdue (Cambridge, MA: Harvard University Press, 2015), 64-97。

[3] 根据安东尼奥·葛兰西 (Antonio Gramsci) 的定义，"subaltern"一词指的是在阶级、种姓、性别、种族、语言和文化方面的从属地位，在历史上被用来表示支配/被支配关系的向心性，参见 Antonio Gramsci, "History of the Subaltern Classes," in *Selections from the Prison Notebooks of Antonio Gramsci*, eds. and trans. , Tuintin Hoare and Geoffrey Nowell-Smith (New York: International Publishers, 1971), 52-53。

一，就是扭转底层人在全球史研究中的地位。全球史的兴起，与 20
世纪 70 年代以来对欧洲中心主义的批评密切相关。受世界体系理
论的影响，全球史学家探究了那些构建商品、人口和思想在全球流
通的社会不平等现象。① 然而，后殖民研究者批评说，这种学术研
究过分强调了东方与西方、压迫者与被压迫者、发达的与发展的这
种二分法，却忽视了流通过程本身具有的复杂属性。②

　　自 20 世纪 90 年代以来，随着性别、环境、科学、医学等学科
的介入及引领，全球史研究呈现出极大的多样化。③ 这种学术研究
的共同主题是人类社会在过去是相互联系的，而且在资本流动和技
术发展的影响下，人类社会将会更加紧密地结合在一起。④ 然而，

---

① Immanuel Wallerstein, "The Rise and Future Demise of the World Capitalist System：
　　Concepts for Comparative Analysis," *Comparative Studies in Society and History* 16
　　（1974）：387-415；Walter Mignolo, *Local Histories/Global Designs：Coloniality, Subal-
　　tern Knowledges, and Border Thinking*（Princeton：Princeton University Press, 2000）；
　　James Ferguson, *Global Shadows：Africa in the Neoliberal World Order*（Durham：Duke
　　University Press, 2006）.
② Bayly, Beckert, Connelly, Hofmeyr, Kozol, and Seed, "AHR Conversation," 1443-1451.
③ Michael Adas, *Machines as the Measure of Men：Science, Technology, and Ideologies of
　　Western Dominance*（Ithaca：Cornell University Press, 1989）；Daniel Headrick, *The
　　Tentacles of Progress：Technology Transfer in the Age of Imperialism, 1850-1940*（New
　　York：Oxford University Press, 1998）；John McNeill, *Something New Under the Sun：
　　An Environmental History of the Twentieth-Century World*（New York：W. W. Norton &
　　Company, 2002）；Sheldon Watts, *Disease and Medicine in World History*（New York：
　　Routledge, 2003）；Alison Bashford, *Medicine at the Border：Disease, Globalization and
　　Security, 1850 to the Present*（New York：Palgrave Macmillan, 2006）；Edmund Burke iii
　　and Kenneth Pomeranz, eds., *The Environment and World History*（Berkeley：University
　　of California Press, 2009）；Jie-Hyun Lim and Karen Petrone, eds., *Gender Politics and
　　Mass Dictatorship：Global Perspectives*（Basingstoke：Palgrave Macmillan, 2010）；Ram-
　　achandra Guha, *Environmentalism：A Global History*（London：Penguin, 2014）.
④ Olstein, *Thinking History Globally*, 3-4.

关于世界体系中权力分配和下层人民生活状况的研究却在逐渐减少。① 虽然很多研究者关注的是连接各种人类社会的、促进流动、传播和运动的网络，但是，很少有人愿意论述这些网络中的权力是如何分配的，谁从这些网络中受益了，谁被边缘化了。换句话说，当学者们忙于探索全球联系时，局部地区及生活在那个地区的人，尤其是底层人，却被抛在了脑后。② 在当前的全球史研究中，底层人往往被视为缺乏流动资源的人，只能待在局部地区，等待一些外部力量来连接、影响和改造他们。③ 全球联系，被认为是在政府或精英阶层实现的，④ 然而，相反的是，底层人则被认为无法积极参

① 其中一个例外是跨国劳工史，参见 Marcel Linden, *Transnational Labour History：Explorations*（Burlington：Ashgate, 2002）。

② 研究底层人的学者们长期以来一直认为，帝国史学和国族史学在很大程度上由殖民精英和民族精英控制，他们都使用类似的方法将底层人的文化和政治边缘化。参见 Chatterjee, *Nationalist Thought and the Colonial World*；Partha Chatterjee, *The Nation and Its Fragments：Colonial an Postcolonial Histories*（Princeton：Princeton University Press, 1993）；Prakash, "AHR Forum：Subaltern Studies as Postcolonial Criticism," 1475-1481。

③ 21 世纪初，历史学家对散居侨民的兴趣日益浓厚，这为重新启动全球史研究中的底层人问题提供了可能性，而迄今为止很少有研究将底层人问题研究与全球史联系起来。近年来，亚当·麦基翁等学者指出，在现代全球移民研究中，来自亚洲的下层移民被边缘化了。参见 Mckeown, *Melancholy Order*, 45-46。关于全球史中散居侨民的研究，参见 Wang Gungwu, ed., *Global History and Migrations*（Boulder：Westview Press, 1997）；Claude Markovits, *The Global World of Indian Merchants, 1750-1947：Traders of Sind from Bukhara to Panama*（Cambridge：Cambridge University Press, 2000）；Patrick Manning, *The African Diaspora：A History through Culture*（New York：Columbia University Press, 2009）。

④ 印度革命者如维连德兰纳斯·查托帕迪亚雅（Virendranath Chattopadhyaya）、拉乐·哈尔·戴亚尔（Lala Har Dayal）、拉贾·马赫卓·普拉塔普和苏巴斯·钱德拉·博斯的跨境旅行和国际经历都得到了很好的研究，参见 Sugata Bose, *A Hundred Horizons：The Indian Ocean in the Age of Global Empire*（Cambridge, MA：Harvard University Press, 2009）；Carolien Stolte, "Enough of the Great Napoleons!"；Henrik Chetan Aspengren, "Indian Revolutionaries Abroad," accessed 10.1353/cch.2014.0045。

与、改变跨境运动或长距离运动。①

可是，本研究表明局部地区可以越界，底层人也有主动性。利用英帝国各地的通信和交通设施，锡克人在 20 世纪初做出了自己的决定，并选择了他们的移民目的地。为了吸引锡克人加入他们的警察队伍，新加坡，中国上海、香港当局相互竞争，并经常调整他们的招聘政策。在这些地方，有些锡克人如布达·辛格选择与英国合作，成为压迫性殖民机器的一部分，而另一些锡克人，由于受到了不平等的待遇，逐渐产生了对英国统治的不满情绪。这个曾经帮助锡克移民获得更好的经济机会的网络，后来被戈达尔党革命者所利用从事反英活动，这些革命者大多是或者曾经是在北美工作过的锡克人。20 世纪前 20 年，戈达尔分子的运动加速了整个英帝国和其他地区在监视系统方面的整合。正如本研究所示，底层人在跨境流通的参与活动中表现得非常活跃，他们甚至改变了跨境流通的规则和模式。②

---

① Hatton and Williamson, *The Age of Mass Migration*; Emmer, "European Expansion and Migration," 3-11; Emmer, "Was Migration Beneficial?" 113-115. 近年来出现了一种新的趋势，即更加关注下层人民的跨境流动，以及他们在塑造世界历史中的作用，参见 Harper, "Singapore, 1915, and the Birth of the Asian Underground"; Anand Yang, "China and India Are One: A Subaltern Vision of 'Hindu China' During the Boxer Expedition of 1900-1901," in *Asia Inside Out: Changing Times*, eds., Eric Tagliacozzo, Helen Siu, and Peter Perdue (Cambridge, MA: Harvard University Press, 2015), 207-225。

② 本研究中的锡克教徒绝不是一个例外。海外越南底层人（水手、厨师、仆人、妓女等）拥有自己的网络，这个网络从泰国曼谷，新加坡，中国香港、广州、上海一直延伸到日本东京。这些底层人中有许多后来成了民族主义者，并利用这些网络来促进他们的革命事业。参见 Christopher Goscha, *Thailand and the Southeast Asian Networks of the Vietnamese Revolution, 1885-1954* (London: Psychology Press, 1999)。

此外，关于底层人的研究一般倾向于强调底层人如何反抗和蔑视精英统治，① 与此不同的是，本研究表明，底层人的身份是多重的。底层人既不受精英的支配，也不独立于精英；他们可能是革命者、通敌者或者是没有任何政治诉求的普通移民。正如爱德华·赛义德（Edward Said）所指出的，个人或思想一旦在移动，就会接触到无意识的影响、创造性的借用或大规模的侵占。渐渐地，这些个人或思想就会被改变，呈现出一些新的含义或特征，这些含义或特征与它们最初的含义或特征是不尽相同的。② 从旁遮普到上海，被印度地主和英国当局剥削的锡克农民，摇身一变，成了负责管教城市居民的警察。可是，从上海到温哥华或旧金山，锡克警察从维护英国人在中国人上人地位的主要执法者，却又蜕变成了弱势的亚洲移民，遭受了北美当地白人的严重歧视，到了 20 世纪前 20 年，他们中的一些人又回到了上海，凤凰涅槃，绚丽转身，成为在全球范围内竭力摧毁英国霸权的革命者。所以，就像本书的书名所特别明示的，在一个全球化的城市中，锡克侨民的身份具有模糊性和多面性。

国内有朋友曾经问我在研究什么课题，我告诉他是在研究沪上锡克人。"哦，我知道，"他回应道，"他们是英国人的奴隶。印度人对我们中国人不好。"事实上，如今许多中国人依然对印度人怀

---

① Gyanendra Pandey, "Peasant Revolt and Indian Nationalism: The Peasant Movement in Aeadh, 1919-1922," *Subaltern Studies* 1 (1982): 143-197; James Scott, *The Art of Not Being Governed: An Anarchist History of Upland Southeast Asia* (New Haven: Yale University Press, 2014).

② Edward Said, *The World, the Text, and the Critic* (Cambridge, MA: Harvard University Press, 1983), 226-247.

有某种扭曲的或虚构的怨恨，同样，印度人也是这样看待中国人的。国族史的排他性，阻碍了不同国家人民之间的相互了解。在一个快速全球化的时代，国族史的议程过分强调独立实体的特殊性，这就不再可能为全人类的利益而服务。

时代的迫切呼唤，对帝国史学和国族史学方法的反思，都促使我们去研究物种、人口、技术和思想在全球的传播。最近的研究表明，自青铜时代以来，远距离的贸易、战争和大规模的移民将欧亚大陆的不同部分连接起来。① 随着现代技术的发展，这个一体化的进程大大加快了。② 因此，某些广为人知的地方烹饪习惯、着装风格、文化规范、宗教仪式等实际上可能起源于另外某个地方，有时甚至源自世界的另一个角落。③ 总而言之，我们所假设的一个特定国家政治的、社会的和文化的历史，实际上可能比我们能想象的要复杂得多，历史是由各种跨界群体的传播所塑造成形的。一个特定社区的历史，经常受到一些外部力量的影响，因此某地的历史其实并不具有什么排外性或独特性。本研究以传播和网络为核心主题，努力探寻人类历史中所有相互关联的事物，以期揭示共同历史的更多意义。

---

① Janet Au-Lughod, *Before European Hegemony: The World System A. D. 1250-1350* (New York: Oxford University Press, 1989); Tansen Sen, "The Intricacies of Premodern Asian Connections," *The Journal of Asian Studies* 69 (2010): 991-999.

② Peter Hugill, *Global Communications Since 1844: Geopolitics and Technology* (Baltimore: Johns Hopkins University Press, 1999); Peter Lyth and Helmuth Trischler, eds., *Writing Prometheus: Globalization, History, and Technology* (Aarhus: Aarhus University Press, 2004).

③ Paul Gootenberg, ed., *Cocaine: Global Histories* (London: Routledge, 1999); Tony Volkman, ed., *Cultures of Transnational Adoption* (Durham: Duke University Press, 2005); Robert Ross, *Clothing: A Global History or, the Imperialists' New Clothes* (Cambridge: Polity, 2008); Saverio Giovacchini and Robert Sklar, eds., *Global Neorealism: The Transnational History of a Film Style* (Jackson: University Press of Mississippi, 2012).

参考文献

档案来源

英国殖民署档案(*British Colonial Office Records* [*CO*])

CO 23, Colonial Office and Predecessors: Bahamas, Original Correspondence.

CO 129, War and Colonial Department and Colonial Office: Hong Kong, Original Correspondence.

CO 273, Straits Settlements Original Correspondence, 1838-1946.

CO 275, Straits Settlements Sessional Papers, 1855-1940.

CO 276, Straits Settlements Government Gazette, 1867-1942.

CO 277, Straits Settlements Miscellanea, 1867-1939.

英国外交部档案(*British Foreign Office Records* [*FO*])

FO 371, Foreign Office: Political Departments: General Correspondence from 1906-1966.

FO 671, Foreign Office: Consulate, Shanghai, China: General Correspondence.

上海市档案馆(*Shanghai Municipal Archives* [*SMA*])

SMA R1-18-441, The Investigation of Indian National Army's Camp in Shanghai, 1945.

SMA R2-1-93, The Schedule of Chandra Bose's Stray in Shanghai, 1943.

SMA R22-1-155, Rationed Flour for Indians in Shanghai, 1943-1944.

SMA R22-2-9, Pension for Sikh Police School, 1943.

SMA R22-2-54, Pension for Indian Warders of the Shanghai Goal, 1944.

SMA R22-2-121, Matters Relating to Local Indians, 1943.

SMA R36-12-22, The Activities of Malwa Diwan (Sikh Temle), Lane 249, House 162 Mohawk Road, 1943.

SMA U1-1- (877- 954), Annual Reports of the Shanghai Municipal Council, 1863-1942.

SMA U1-2-296, Employing Policemen from India, 1906.

SMA U1-2-309, Correspondence, Consulate, Shanghai, Employing 250 Indian Policemen, 1907.

SMA U1-2-648, Police—Sikh Branch—Employing Sikh Priests, Chinese Language Learning and Examination, 1910.

SMA U1-2- 675, Sikh Police: Promotion, Provision, Accommodation, and Cremation, 1913-1914.

SMA U1-3-219, Police-Sikh Branch-Results of English Examinations, Language Allowance, 1920-1922.

SMA U1-3-1465, Sikh Branch (Terms of Service), 1921-1926.

SMA U1-3-1466, Police Force—Sikh Branch: Sikh Rations, 1925.

SMA U1-3-1490, Sikh Branch: Leaving Allowance, 1929-1930.

SMA U1-3-1523, Trophies of the Shooting Excise of the Sikh Branch, 1921-1925.

SMA U1-3-2429, Discovery of Seditious Propaganda in Sikh Branch of Police Force Following Unrest in India, 1923-1930.

SMA U1-3-2446, Sikh Cremator, 1923-1924.

SMA U1-3-2704, E. R. Kennedy Visited India; the Recruitment of Sikhs, 1928-1929.

SMA U1-3-3092, Sikh Police Retirements, 1926-1930.

SMA U1-4-112, Indian Schools, 1940-1942.

SMA U1-4-2091, The Extension of Indian Police Hospital, 1915-1927.

SMA U1-5-1, Indians in Foreign Service, 1903-1906.

SMA U1-14-481, Names, Employment, and Dismissal of Indian Police, 1924-1942.

SMA U1-14-2083, Indian Police Hospital, 1927-1939.

SMA U1-14-2158, Municipal Properties: Hospitals: Gaol, Indian & Chinese Police Hospitals, 1930-1932.

SMA U1-14-6714, Health Dept. Land: Hospital for Indian Police, 1914-1919.

SMA U1-16-966, Public Health Department: Information of Patients in the Indian Police Hospital, 1930-1941.

SMA U1-16-4151, Sikh Staff, 1932-1943.

上海市巡警司档案(*Shanghai Municipal Police Files* [*SMPF*])

SMPF D 8/8, Reports of Special Branch made between 1929-1949: Work of S4.

南亚裔美国人数字档案(*South Asian American Digital Archive* [*SAADA*])

SAADA, Ghadar Party Collection.

SAADA, Bhagwan Singh Gyanee Collection.

The Minutes of Shanghai Municipal Council, ed., Shanghai Municipal Archives. Shanghai: Shanghai guji chubanshe, 2001.

政府出版物和报告 (Government Publications and Reports)

East India Sedition Committee. *Report of Committee Appointed to Investigation Revolutionary Conspiracies in India*. London: His Majesty's Stationary Office, 1918.

Ker, James Campbell. *Political Trouble in India, 1907-1917*. Calcutta: Superintendent Government Printing, India, 1917.

Komagata Mauru Committee of Inquiry. *Report of the Komagata Maru Committee of Inquiry*. Calcutta: Superintendent Government Printing, 1914.

The Hong Kong Government Gazette

The Hong Kong Blue Book

The Hong Kong Sessional Papers

The Hong Kong Administrative Reports

报纸和期刊

Dazhong wenyi《大众文艺》

Eastern Daily Mail《东方每日邮报》

Hong Kong Daily Press《香港日报》

Hongye zhoukan《红叶周刊》

Huatu xinbao《画图新报》

North China Herald《北华捷报》

North China Daily News《字林西报》

Shenbao《申报》

Shiwubao《时务报》

Straits Times Overland Journal《海峡时报》

The China Mail《中国邮报》

The Hong Kong Telegraph《香港电讯报》

The Hong Kong Weekly Press《香港周报》

The Singapore Free Press and Mercantile Advertiser《新加坡自由报》

The Straits Times《海峡时报》

The Times of India《印度时报》

Wanguo gongbao《万国公报》

Xiandai wenyi《现代文艺》

Yiwenlu《异闻录》

Yiyuan《艺苑》

出版物

Abu-Lughod, Janet. *Before European Hegemony: The World System A. D. 1250-1350.* New York: Oxford University Press, 1989.

Adas, Michael. *Machines as the Measure of Men: Science, Technology, and Ideologies of Western Dominance.* Ithaca: Cornell University Press, 1989.

Aiyar, Sana. *Indians in Kenya: The Politics of Diaspora.* Cambridge, MA: Harvard University Press, 2015.

Allen, Charles. *Soldier Sahibs: The Daring Adventurers Who Tamed India's Northwest Frontier.* New York: Carroll & Graf, 2000.

Amrith, Sunil. "Reconstructing the 'Plural Society': Asian Migration Between Empire and Nation, 1940-1948." *Past & Present* 210 (2011): 237-257.

Amrith, Sunil. *Migration and Diaspora in Modern Asia*. Cambridge: Cambridge University Press, 2011.

Amrith, Sunil. *Crossing the Bay of Bengal*. Cambridge, MA: Harvard University Press, 2013.

Anagnost, Ann. *National Past-Times: Narrative, Representation, and Power in Modern China*. Durham: Duke University Press, 1997.

Anderson, Benedict. *Imagined Communities: Reflections on the Origins and Spread of Nationalism*. London: Verso, 2006.

Anderson, David, and David Killingray, eds. *Policing the Empire: Government, Authority, and Control, 1830-1940*. Manchester: Manchester University Press, 1991.

Anderson, David, and David Killingray, eds. *Policing and Decolonisation: Politics, Nationalism and the Police, 1917-1965*. Manchester: Manchester University Press, 1992.

Anderson, Warwick. "Excremental Colonialism: Public Health and the Poetics of Pollution. " *Critical Inquiry* 21 (1995): 640-669.

Andrade, Tonio. "A Chinese Farmer, Two African Boys, and a Warlord: Toward a Global Microhistory. " *The Journal of World History*, 4 (2010): 573-591.

Appadurai, Arjun. "Grassroots Globalization and the Research Imagination. " *Public Culture* 12 (2000): 1-19.

Appadurai, Arjun. "The Production of Locality. " in *Counterworks: Managing the Diversity of Knowledge*, ed. Richard Fardon, 204-225. New York: Routledge, 2003.

Armstrong, John. *Nations before Nationalism*. Chapel Hill: University of North Carolina Press, 1982.

Arnold, David. *Police Power and Colonial Rule: Madras, 1859-1947.* Delhi: Oxford University Press, 1986.

Arnold, David. "The Congress and the Police." in *The Indian National Congress and the Political Economy of India, 1885-1985*, eds. Mike Shepperdson and Colin Simmons, 208-230. Aldershot: Avebury, 1988.

Ascoli, David. *Queen's Peace: The Origins and Development of the Metropolitan Police*, 1829-1979. London: H. Hamilton, 1979.

Aspengren, Henrik Chetan. "Indian Revolutionaries Abroad: Revisiting Their Silent Moments." *Journal of Colonialism & Colonial History* 15 (2014) accessed 10. 1353/cch. 2014. 0045.

Axel, Brian. *The Nation's Tortured Body: Violence, Representation, and the Formation of a Sikh "Diaspora".* Durham: Duke University Press, 2011.

Balibar, Etienne. "The Nation Form: History and Ideology." in *Race, Nation, Class: Ambiguous Identities*, eds. Etienne Balibar and Immanuel Wallerstein, 86-106. London: Verso, 1991.

Ballantyne, Tony. "Empire, Knowledge, and Culture: From Proto-Globalization to Modern Globalization." in *Globalization in World History*, ed. A. G. Hopkins, 115-140. London: Pimlico, 2002.

Ballantyne, Tony. "Introduction: Debating Empire." *Journal of Colonialism & Colonial History* 3 (2002): 1-21.

Ballantyne, Tony. *Between Colonialism and Diaspora: Sikh Cultural Formations in an Imperial World.* Durham: Duke University Press, 2006.

Ballantyne, Tony. *Webs of Empire: Locating New Zealand's Colonial Past.* Wellington: Bridget Williams Books, 2012.

Ballantyne, Tony, and Antoinette Burton. *Empires and the Reach of the Global 1870-1945.* Cambridge, MA: The Belknap Press of Harvard University Press, 2012.

Banskota, Purushottam. *The Gurkha Connection: A History of the Gurkha Recruitment in the British Indian Army.* Jaipur: Nirala Publications, 1994.

Barratt-Brown, Michael. *The Economic of Imperialism.* London: Penguin, 1974.

Barrier, N. Gerald, and Venre Dusenbery, eds. *The Sikh Diaspora: Migration and the Experience Beyond Punjab.* Delhi: Chanakya, 1989.

Barstow, Arthur. *Handbooks for the Indian Army: Sikhs.* New Delhi: The Manager Government of India Press, 1941.

Bartelsen, Jens. *A Genealogy of Sovereignty.* New York: Cambridge University Press, 1995.

Barua, Pradeep. " Inventing Race: the British and India's Martial Races. " *The Historian* 58 (1995): 107-116.

Bashford, Alison. *Medicine at the Border: Disease, Globalization and Security, 1850 to the Present.* New York: Palgrave Macmillan, 2006.

Basran, Gurcharan Singh, and B. Singh Bolaria. *The Sikhs in Canada: Race, Class, and Gender.* New Delhi: Oxford University Press, 2003.

Bayly, Christopher. *Empire and Information: Intelligence Gathering and Social Communication in India, 1780-1870.* New York: Cambridge University Press, 1997.

Bayly, Christopher. *The Birth of the Modern World, 1780-1914.* Hoboken: Wiley-Blackwell, 2004.

Bell, Duncan. "Dissolving Distance: Technology, Space, and Empire in British Political Thought, 1770-1900. " *Journal of Modern History* 77 (2005): 523-562.

Bentley, Jerry. "World History and Grand Narrative. " in *Writing World History, 1800-2000*, ed. Benedikt Stuchtey, 47-65. Oxford: Oxford University Press, 2003.

Bergere, Marie-Claire. *Shanghai: China's Gateway to Modernity.* Translated by Janet Lloyd. Stanford: Stanford University Press, 2010.

Bethencourt, Francisco, and Diogo Curto, eds. *Portuguese Oceanic Expansion, 1400-1800.* Cambridge: Cambridge University Press, 2007.

Betta, Chiara. "From Orientals to Imagined Britons: Baghdadi Jews in Shanghai. " *Modern Asian Studies* 37 (2003): 999-1023.

Bhabha, Homi, ed. *Nation and Narration.* London: Routledge, 1990.

Bhachu, Parminder. *Twice Migrants: East Africa Sikh Settlers in Britain.* London: Tavistock, 1985.

Bhatti, Rashmere, and Verne Dusenbery, eds. *A Punjabi Sikh Community in Australia: From Indian Sojourners to Australian Citizens.* Woolgoolga: Woolgoolga Neighbourhood Centre, 2001.

Bickers, Robert. "Shanghailanders: The Formation and Identity of the British Settler Community in Shanghai, 1843-1937. " *Past & Present* 159 (1998): 161-211.

Bickers, Robert. *Britain in China: Community, Culture and Colonialism, 1900-49.* Manchester: Manchester University Press, 1999.

Bickers, Robert. "Who were the Shanghai Municipal Police, and Why Were They There? The British Recruits of 1919. " in *New Frontiers:*

Imperialism's New Communities in East Asia, eds. Robert Bickers and Christian Henriot, 170-191. Manchester: Manchester University Press, 2000.

Bickers, Robert. "Ordering Shanghai: Policing a treaty port, 1854-1900. " in *Maritime Empires: British Imperial Maritime Trade in the Nineteenth Century*, eds. David Killingray, Margarette Lincoln and Nigel Rigby, 173-194. Woodbridge: The Boydell Press, 2004.

Bickers, Robert. "Settlers and Diplomats: The End of British Hegemony in the International Settlement, 1937-1945. " in *In the Shadow of the Rising Sun: Shanghai under Japanese Occupation*, eds. Christian Henriot and Wen-Hsin Yeh, 229-256. New York: Cambridge University Press, 2004.

Bickers, Robert. *Empire Made Me: An Englishman Adrift in Shanghai.* London: Penguin, 2004.

Bickers, Robert. *Settlers and Expatriates: Britons over the Seas.* Oxford: Oxford University Press, 2006.

Bickers, Robert. *The Scramble for China: Foreign Devils in the Qing Empire, 1832-1914.* London: Allen Lane, 2011.

Bickers, Robert. "Incubator City: Shanghai and the Crises of Empires. " *Journal of Urban Studies* 38 (2012): 862-878.

Bingley, Alfred. *Caste Handbooks for the India Army: Sikhs.* Shimla: Government of India Printing, 1899.

Blackburn, Robin. *The Making of New World Slavery: From the Baroque to the Modern, 1492-1800.* London: Verso, 1997.

Blair, Margaret. *Gudao, Lone Islet: The War Years of Shanghai.* Bloomington: Trafford Publishing, 2008.

Blyth, Robert. *The Empire of the Raj: India, Eastern Africa, and the Middle East, 1858-1947.* Basingstoke: Palgrave Macmillan, 2003.

Blythe, Wilfred. *The Impact of Chinese Secret Societies in Malaya: A Historical Study.* London: Oxford University Press, 1969.

Boahen, Adu. *African Perspectives on Colonialism.* Baltimore: Johns Hopkins University Press, 1989.

Bonacich, Edna, and Lucie Cheng, eds. *Labor and Immigrants under Capitalism: Asia Immigrant Workers in the United States before World War II.* Berkeley: University of California Press, 1984.

Bose, Arun Coomer. *India Revolutionaries Abroad, 1905-1922: In the Background of International Developments.* Patna: Bharati Bhawan, 1971.

Bose, Sisir Kuma, Alexander Werth, and S. A. Ayer. *A Beacon Across Asia: A Biography of Subhas Chandra Bose.* Bombay: Orient Longman, 1973.

Bose, Sisir, and Sugata Bose, eds. *Chalo Delhi: Writings and Speeches 1943-1945.* Calcutta: Netaji Research Bureau, 2007.

Bose, Subhas Chandra. *The Indian Struggle, 1935-1942.* Calcutta: Chuckervertty, Chatterjee & Company, 1952.

Bose, Subhas Chandra. *An Indian Pilgrim: An Unfinished Autobiography and Collected Letters, 1897-1921.* New York: Asia Publishing House, 1965.

Bose, Sugata. *A Hundred Horizons: The Indian Ocean in the Age of Global Empire.* Cambridge, MA: Harvard University Press, 2009.

Bourdieu, Pierre. *Outline of a Theory of Practice.* Cambridge: Cambridge University Press, 1972.

Bourne, Kenneth. "The Shanghai Municipal Police: Chinese Uniform Branch." *Police Journals* 64 (1991): 229-237.

Boyce, Gordon. *Information, Mediation and Institutional Development: The Rise of Large-scale Enterprise in British Shipping, 1870-1919.* Manchester: Manchester University Press, 1995.

Brady, Ann-Marie, and Douglas Brown, eds. *Foreigners and Foreign Institutions in Republican China.* London: Routledge, 2013.

Breckenridge, Carol Appadurai, and Peter Van der Veer, eds. *Orientalism and the Post-colonial Predicament: Perspectives on South Asia.* Philadelphia: University of Pennsylvania Press, 1993.

Breman, Jan. *Labour Migration and Rural Transformation in Colonial Asia.* Amsterdam: Free University Press, 1990.

Brenner, Neil. "Global, Fragmented, Hierarchical: Henri Lefebvre's Geographies of Globalization." *Public Culture* 10 (1997): 137-169.

Brewer, John. "Microhistory and the Histories of Everyday Life." *Cultural and Social History* 1 (2010): 87-109.

Broeker, Galen. *Rural Disorder and Police Reform in Ireland 1812-36.* London: Routledge & Kegan Paul, 1970.

Brogden, Mike. "The Emergence of the Police—the Colonial Dimension." *British Journal of Criminology* 27 (1987): 4-14.

Brook, Timothy. *Collaboration: Japanese Agents and Local Elites in Wartime China.* Cambridge, MA: Harvard University Press, 2007.

Brook, Timothy. *Vermeer's Hat: The Seventeenth Century and the Dawn of the Global World.* New York: Bloomsbury Press, 2008.

Brown, Douglas. *The Rise of Scotland Yard: A History of the Metropolitan Police.* Edinburg: Harrap, 1956.

Burke III, Edmund, and Kenneth Pomeranz, eds. *The Environment and World History.* Berkeley: University of California Press, 2009.

Burr, Eric. *Localization and Public Service Training.* Oxford: Oxford Development Records Project, 1985.

Burton, Andrew. "'Brothers by Day': Colonial Policing in Dar es Salaam under British Rule, 1919-1961. " *Urban History* 30 (2003): 63-91.

Burton, Antoinette. *At the Heart of the Empire: Indians and the Colonial Encounter in Late-Victorian Britain.* Berkeley: University of California Press, 1997.

Burton, Antoinette. "Getting Outside of the Global: Repositioning British Imperialism in World History. " In *Race, Nation and Empire: Making Histories, 1750 to the Present*, eds. Chatherine Hall and Keith McClelland, 200-205. Manchester: Manchester University Press, 2010.

Burton, Antoinette. *The Trouble with Empire: Challenges to Modern British Imperialism.* Oxford: Oxford University Press, 2015.

Cao, Juren. *Shanghai chunqiu* (Shanghai history). Beijing: Sanlian shudian, 2007.

Carroll, John. "Colonialism, Nationalism, and Difference: Reassessing the Role of Hong Kong in Modern Chinese History. " *Chinese Historical Review* 12 (2006): 92-104.

Carroll, John. *Edge of Empires: Chinese Elites and British Colonials in Hong Kong.* Hong Kong: Hong University Press, 2007.

Cassel, Par Kristopher. *Grounds of Judgment: Extraterritoriality and Imperial Power in Nineteenth-Century China and Japan.* Oxford: Oxford University Press, 2012.

Castells, Manuel. *The Rise of the Network Society.* Cambridge: Blackwell Publishers, 1996.

Cave, Peter. "Japanese Colonialism and the Asia-Pacific War in Japan's History Textbooks: Changing Representations and Their Causes." *Modern Asian Studies* 2 (2013): 542-580.

Chaddah, Mehar Singh. *Are Sikhs a Nation?* Delhi: DSGMC, 1982.

Chakrabarty, Dipesh. "Postcoloniality and the Artifice of History: Who Speaks for ' Indian' Pasts." *Representations* 37 (1992): 1-26.

Chan, Sucheng. "Overseas Sikhs in the Context of International Migrations." in *Sikh Studies: Comparative Perspectives on a Changing Tradition*, eds. N. G. Barrier and M. Juergensmeyer, 191-206. Berkeley: Berkeley Religious Studies Series, 1979.

Charlesworth, Neil. *British Rule and the Indian Economy, 1800-1914.* London: Macmillan, 1982.

Chatterjee, Partha. *Nationalist Thought and the Colonial World: The Derivative Discourse.* London: Zed, 1986.

Chatterjee, Partha. *The Nation and Its Fragments: Colonial and Postcolonial Histories.* Princeton: Princeton University Press, 1993.

Chatterji, Amil Chandra. *India's Struggle for Freedom.* Calcutta: Chatterji & Company, 1946.

Chaudhuri, Kirty N. *Asia Before Europe: Economy and Civilization of the Indian Ocean from the Rise of Islam to 1750.* Cambridge: Cambridge University Press, 1990.

Chew, Emrys. "Militarized Cultures in Collision: The Arms Trade and War in the Indian Ocean during the Nineteenth Century." *Royal United Services Institute Journal* Oct. (2003): 90-96.

Chow, Rey. *Writing Diaspora: Tactics of Intervention in Contemporary Cultural Studies.* Bloomington: Indiana University Press, 1993.

Chu, Yiu Kong. *The Triads as Business.* London: Routledge, 2000.

Clayton, Anthony, and David Killingray. *Khaki and Blue: Military and Police in British Colonial Africa.* Athens: Ohio University Press, 1989.

Coble, Parks. *The Shanghai Capitalists and the Nationalist Government, 1927-1937.* Cambridge, MA: Harvard University Asia Centre, 1986.

Cochran, Sherman. *Inventing Nanjing Road: Commercial Culture in Shanghai, 1900-1945.* Ithaca: Cornell University East Asia Program, 1999.

Cohen, Paul. *China Unbound: Evolving Perspectives on the Chinese Past.* New York: Routledge, 2003.

Cohen, Paul. *Discovering History in China: American Historical Writing on the Recent Chinese Past.* New York: Columbia University Press, 2010.

Cohen, Paul. *History and Popular Memory: The Power of Story in Moments of Crisis.* New York: Columbia University Press, 2014.

Colley, Linda. *The Ordeal of Elizabeth Marsh: A Woman in World History.* New York: Random House, 2007.

Comber, Leon. *Chinese Secret Societies in Malaya: A Survey of the Triad Society from 1800 to 1900.* London: J. J. Augustin, 1959.

Cook, Hugh. *The Sikh Wars: The British Army in Punjab, 1845-49.* New Delhi: Thomson Press, 1975.

Cooper, Frederick. "Conflict and Connection: Rethinking Colonial African

History. " *The American Historical Review* 99 (1994): 1516-1545.

Cooper, Frederick. "Networks, Moral Discourse and History. " in *Intervention and Transnationalism in Africa: Global-local Networks of Power*, eds. Thomas Callaghy, Ronald Kassimir, and Robert Latham, 23-46. Cambridge: Cambridge University Press, 2001.

Cooper, Frederick et al, eds. *Confronting Historical Paradigms: Peasants, Labor, and the Capitalist World System in Africa and Latin America*. Madison: University of Wisconsin Press, 1993.

Copland, Ian. *The British Raj and the Indian Princes: Paramountcy in Western India, 1857-1930*. London: Orient Longman, 1982.

Coronil, Fernando. "Beyond Occidentalism: Towards Non-imperial Geohistorical Categories. " *Cultural Anthropology* 11 (1995): 51-87.

Cowden, Charlotte. "Wedding Culture in 1930s Shanghai: Consumerism, Ritual, and the Municipality. " *Frontiers of History in China* 7 (2012): 61-89.

Critchley, Thomas. *A History of Police in England and Wales*. London: Constable & Robinson Ltd. , 1978.

Crosbie, Barry. *Irish Imperial Networks: Migration, Social Communication and Exchange in Nineteenth-Century India*. Cambridge: Cambridge University Press, 2011.

Crossley, Pamela Kyle. *What is Global History?* Cambridge: Polity Press, 2008.

Curtin, Philip. *Cross-Cultural Trade in World History*. Cambridge: Cambridge University Press, 1984.

Darling, Malcolm. *The Punjab Peasant in Prosperity and Debt*. London:

Oxford University Press, 1947.

Darwin, John. *The Empire Project: The Rise and Fall of the British World-System, 1830-1960*. Cambridge: Cambridge University Press, 2009.

Das, Dilip, and Arvind Verma. "The Armed Police in the British Colonial Tradition: The Indian Perspective. " *Policing: An International Journal of Police Strategies & Management* 2 (1998): 354-367.

Das, S. A. , and K. B. Subbaiah. *Chalo Delhi: A Historical Account of the Indian Independence Movement in East Asia*. Kuala Lumpur: E-conomy Printers, 1946.

David, Saul. *The Indian Mutiny: 1857*. London: Viking, 2002.

Davis, Natalie. *The Return of Martin Guerre*. Cambridge, MA: Harvard University Press, 1984.

Davis, Natalie. *Trickster Travels: A Sixteenth-Century Muslim between Worlds*. New York: Hill and Wang, 2006.

Deepak, B. R. "Revolutionary Activities of the Ghadar Party in China. " *China Report*, 35(1999): 439-456.

Deflem, Mathieu. "Law Enforcement in British Colonial Africa: A Comparative Analysis of Imperial Policing in Nyasaland, the Gold Coast, and Kenya. "*Police Studies* 17 (1994): 45-68.

Deleuze, Gilles, and Felix Guattari. *A Thousand Plateaus*. trans. Brian Massumi. London: Continuum, 1980.

Denzel, Markus. *Handbook of World Exchange Rates, 1590-1914*. Burlington: Ashgate, 2010.

Deol, Gurdev Singh. *The Role of the Ghadar Party in the National Movement*. Delhi: Stern Publishers Ltd. , 1969.

Dewey, Clive. "Some Consequences of Military Expenditure in British

India: The Case of the Upper Sind Sagar Doab, 1849-1947. " in *Arrested Development in India: The History Dimension*, ed. Clive Dewey, 123-142. New Delhi: Riverdale Company, 1988.

Dhillon, Gurbakhsh Singh. *From My Bones: Memoirs of Col. Gurbakhsh Singh Dhillon of the Indian National Army.* New Delhi: Aryan Books International, 1988.

Dijk, Kes van. "Religion and the Undermining of British Rule in South and Southeast Asia During the Great War. " in *Islamic Connections: Muslim Societies in South and Southeast Asia*, eds. Michael Feener and Terenjit Feener, 109-133. Singapore: Institute of Southeast Asian Studies, 2009.

Dikotter, Frank. *The Discourse of Race in Modern China.* London: Hurst, 1992.

Dillon, Nora and Jean Oi, eds. *At the Crossroads of Empire: Middlemen, Social Networks, and State-Building in Republican Shanghai.* Stanford: Stanford University Press, 2008.

Dirlik, Arif. "Reversals, Ironies, Hegemonies: Notes on the Contemporary Historiography of Modern China. " *Modern China* 22 (1996): 243-284.

Drea, Edward. *In the Service of the Emperor: Essays on the Imperial Japanese Army.* Lincoln: University of Nebraska Press, 1998.

Duara, Prasenjit. *Rescuing History from the Nation: Questioning Narratives of Modern China.* Chicago: University of Chicago Press, 1995.

Duara, Prasenjit. *The Crisis of Global Modernity: Asian Traditions and A Sustainable Future.* New York: Cambridge University Press, 2015.

Dusenbery, Verne. "Punjabi Sikhs and Gora Sikhs: Conflicting Assertion of Sikh Identity in North America. " in *Sikh History and Religion in the Twentieth Century*, eds. Joseph O'Connell, Milton Israd, and William Oxtoby, 334-355. Toronto: University of Toronto, Centre for South Asian Studies, 1988.

Eber, Irene. *Jewish Exiles in Wartime China: Voices from Shanghai.* Chicago: Chicago University Press, 2008.

Eber, Irene. *Wartime Shanghai and the Jewish Refugees from Central Europe: Survival, Coexistence, and Identity in a Multi-Ethnic City.* Berlin: De Gruyter, 2012.

Edwards, Bernard. *Japan's Blitzkrieg: The Rout of Allied Forces in the Far East 1941-42.* South Yorkshire: Pen & Sword Maritime, 2006.

Edwards, Penny. *Cambodge: The Cultivation of a Nation, 1860-1945.* Chiang Mai: Silkworm Books, 2008.

Eileen Chang . *Zhang Ailing diancang wenji, 1944 nian zuoping,* (Eileen Chang's Classic Collections, writings in 1944). Taipei: Huangguan wenhua chuban youxian gongsi, 2001.

Eley, Geoff. " Nationalism and Social History. " *Social History* 6 (1981): 83-107.

Elleman, Bruce. " Soviet Diplomacy and the First United Front in China. " *Modern China* 4 (1995): 450-480.

Emmer, Pieter. "European Expansion and Migration: The European Colonial Past and International Migration: An Overview. " in *European Expansion and Migration: Essays on the Intercontinental Migration From Africa, Asia, and Europe,* eds. Pieter Emmer and Magnus Morner, 11-24. New York: Berg, 1992.

Emsley, Clive. "Marketing the Brand: Exporting British Police Models,

1829-1950. " *Policing*: *A Journal of Policy and Practical* 6 (2012): 43-54;

Emsley, Clive. *The English Police*: *A Political and Social History*. London: Routledge, 2014.

Ernest, Gellner. *Nations and Nationalism*. Ithaca: Cornell University Press, 1983.

Esherick, Joseph, ed. *Remaking the Chinese City*: *Modernity and National Identity*, *1900-1945*. Honolulu: University of Hawai'i Press, 2001.

Falcon, R. W. *Handbook on Sikhs for Use of Regimental Officers*. Allahabad: Pioneer Press, 1896.

Faroqhi, Suraiya. *The Ottoman Empire and the World Around It*. London: I. B. Tauris, 2004.

Farrer, James. *Shanghai Nightscapes*: *A Nocturnal Biography of a Global City*. Chicago: University of Chicago Press, 2015.

Fay, Peter Ward. *The Forgotten Army*: *India's Armed Struggle for Independence*, *1942-1945*. Ann Arbor: University of Michigan Press, 1993.

Feldman, David. "The New Imperial History. " *Journal of Victorian Culture* 9 (2004): 235-240.

Feng, Xiaocai. "Jindai zhongguo de jianmin zhengzhi" (Politics of Tyrannized People in Modern China). *Jindaishi yanjiu* (Modern Chinese History Studies) 1 (2014): 32-44.

Ferguson, James. *Global Shadows*: *Africa in the Neoliberal World Order*. Durham: Duke University Press, 2006.

Fieldhouse, David. "Can Humpty-Dumpty be Put Together Again? Imperial History in the 1980s. " *Journal of Imperial and Commonwealth History* 12 (1984): 9-23.

Fong, Mark Lau. *The Sociology of Secret Societies: A Study of Chinese Secret Societies in Singapore and the Malay Peninsula.* Kuala Lumpur: Oxford University Press, 1981.

Fox, Richard. *Lions of the Punjab: Culture in the Making.* Berkeley: University of California Press, 1985.

Freitag, Ulrike, and Achim Von Oppen, eds. *Translocality: The Study of Globalising Processes from a Southern Perspective.* Leiden: Brill, 2009.

Fu, Poshek. Passivity, *Resistance, and Collaboration: Intellectual Choices in Occupied Shanghai, 1937-1945.* Stanford: Stanford University Press, 1993.

Fu, Poshek. "The Ambiguity of Entertainment: Chinese in Japanese Occupied Shanghai, 1941-1945. "*Cinema Journal* 1 (1997): 66-84.

Fung, Edmund. "The Chinese Nationalists and the Unequal Treaties 1925-1931. " *Modern Asian Studies* 21 (1987): 793-819.

Gabbi, Rajinder Singh. *Sikhs in Australia.* Victoria: Aristoc Offset, 1998.

Gailey, Harry. *The War in the Pacific: From Pearl Harbor to Tokyo Bay.* Novato: Presidio Press, 1995.

Ghobrial, John-Paul. "The Secret Life of Elias of Babulon and the Uses of Global Micro-history. " *Past & Present* 1 (2014): 51-93.

Ghosh, Durba. "AHR Forum: Another Set of Imperial Turns?" *The American Historical Review* 117 (2012): 772-793.

Ghosh, Kalyan. *The Indian National Army: Second Front of the Indian*

Independence Movement. Meerut: Prakash Printing Press, 1969.

Giani, Kesar Singh. *Indian Independence Movement in East Asia.* Amritsar: Singh Bros, 1947.

Giddens, Anthony. *Central Problems in Social Theory: Action, Structure and Contradiction in Social Analysis.* Berkeley: University of California Press, 1979.

Gill, Naranjan Singh. *Story of the INA.* New Delhi: Publications Division, Ministry of Information and Broadcasting, 2001.

Ginzburg, Carlo. "Microhistory: Two or Three Things that I Know About It. " *Critical Inquiry* 1 (1993): 10-35.

Giovacchini, Saverio, and Robert Sklar, eds. *Global Neorealism: The Transnational History of a Film Style.* Jackson: University Press of Mississippi, 2012.

Goodman, Bryna. *Native Place, City, and Nation: Regional Networks and Identities in Shanghai, 1853-1937.* Berkeley: University of California Press, 1995.

Goodman, Bryna, and David Goodman, eds. *Twentieth Century Colonialism and China: Localities, the Everyday, and the World.* London: Routledge, 2012.

Gootenberg, Paul, ed. *Cocaine: Global Histories.* London: Routledge, 1999.

Gopal, Savepalli. *British Policy in India, 1858-1905.* Cambridge: Cambridge University Press, 1965.

Gordon, John Steele. *A Thread Across the Ocean: The Heroic Story of the Transatlantic Cable.* New York: Walker & Co. , 2003.

Gordon, Leonard. *Brothers Against the Raj: A Biography of Indian Nationalists Sarat and Subhas Chandra Bose.* New York: Columbia University Press, 1990.

Gorman, Daniel. *Imperial Citizenship: Empire and the Question of Belonging*. Manchester: Manchester University Press, 2010.

Goscha, Christopher. *Thailand and the Southeast Asian Networks of the Vietnamese Revolution, 1885-1954*. London: Psychology Press, 1999.

Grant, Kevin, P. Levine, and Frank Trentmann, eds. *Beyond Sovereignty: Britain Empire, and Transnationalism, 1880-1950*. New York: Palgrave Macmillan, 2007.

Green, Toby. *The Rise of the Trans-Atlantic Slave Trade in Western Africa, 1300-1589*. Cambridge: Cambridge University Press, 2011.

Greiner, Clemens. "Migration, Translocal Networks and Socio-Economic Stratification in Namibia. " *Africa: Journal of the International African Institute* 8 (2011): 606-627.

Greiner, Clemens, and Patrick Sakdapolrak. "Translocality: Concepts, Applications and Emerging Research Perspectives. " *Geography Compass* 7 (2013): 373-384.

Grewal, Jasjit. *The Sikhs of the Punjab: The New Cambridge History of India, Vol. II. 3*. Cambridge: Cambridge University Press, 1999.

Grove, Richard. "The Transfer of Botanical Knowledge between Asia and Europe, 1498-1800. " *Journal of the Japan Netherlands Institute* 3 (1991): 164-172.

Guha, Ramachandra. *Environmentalism: A Global History*. London: Penguin, 2014.

Guha, Ranajit. *A Subaltern Studies Reader, 1986-1995*. Minneaspolis: University of Minnesota Press, 1997.

Guha, Ranajit. *History at the Limits of World History.* New York: Columbia University Press, 2002.

Gungwu, Wang. *China and the Chinese Overseas.* Singapore: Times Academic Press, 1991.

Gungwu, Wang ed. *Global History and Migrations.* Boulder: Westview Press, 1997.

Gupta, Akhil. "Blurred Boundaries: The Discourse of Corruption, the Culture of Politics, and the Imagined State." *American Ethnologist* 22 (1995): 375-402.

Gurcharan, Major. *Japanese Offensive.* Jalandhar: ABS Publications, 1990.

Hall, Catherine. *Civilising Subjects: Metropole and Colony in the English Imagination 1830-1867.* Chicago: University of Chicago Press, 2002.

Hall, Catherine, and Sonya Rose, eds. *At Home with the Empire: Metropolitan Cultures and the Imperial World.* Cambridge: Cambridge University Press, 2006.

Hall, Henry. *The Colonial Office: A History.* London: Longmans, Green and Co. , 1937.

Hansen, Valerie. *The Silk Road: A New History.* Oxford: Oxford University Press, 2012.

Harper, Tim. "Singapore, 1915, and the Birth of the Asian Underground." *Modern Asian Studies* 47 (2013): 1782-1811.

Harper, Tim, and Sunil Amrith, eds. *Sites of Asian Interactions: Ideas, Networks and Mobility.* Cambridge: Cambridge University Press, 2014.

Harris, Kristine. "The New Woman: Image, Subject, and Dissent in

1930s Shanghai Film Culture. " *Republican China* 20 (1995) : 55-79.

Harrison, Henrietta. *The Making of the Republican Citizen : Political Cer-emonies and Symbols in China 1911-1929.* New York : Oxford University Press, 2000.

Hatton, Timothy, and Jeffrey Williamson. *The Age of Mass Migration : Causes and Economic Impact.* New York : Oxford University Press, 1998.

Hatton, Timothy, and Jeffrey Williamson. *Global Migration and the World Economy : Two Centuries of Policy and Performance.* Cambridge, MA : MIT Press, 2005.

Hauner, Milan. *India in Axis Strategy : Germany, Japan, and Indian Na-tionalists in the Second World War.* Stuttgart : Klett-Cotta, 1981.

Hayashi, Saburo. *Kogun : The Japanese Army in the Pacific War.* Westport : Greenwood Press, 1978.

Headrick, Daniel. *The Tentacles of Progress : Technology Transfer in the Age of Imperialism, 1850-1940.* New York : Oxford University Press, 1998.

Heehs, Peter. *The Bombs in Bengal : The Rise of Revolutionary Terrorism in India, 1900-1910.* Delhi : Oxford University Press, 1993.

Helweg, Arthur, *Sikhs in England.* New York : Oxford University Press, 1986.

Henriot, Christian. *Shanghai, 1927-1937 : Municipal Power, Locality, and Modernization.* Berkeley : University of California Press, 1993.

Henriot, Christian. "Rice, Power and People : The Politics of Food Supply in Wartime Shanghai. " *Twentieth-Century China* 1 (2000) : 41-

84.

Henriot, Christian. "Regeneration and Mobility: The Special Dynamics of Industries in Wartime Shanghai. " *Journal of Historical Geography* 38 (2012): 167-180.

Henriot, Christian, and Wen-Hsin Yeh, eds. *In the Shadow of the Rising Sun: Shanghai under Japanese Occupation.* New York: Cambridge University Press, 2004.

Hershatter, Gail. *Dangerous Pleasures: Prostitution and Modernity in Twentieth-Century Shanghai.* Berkeley: University of California Press, 1997.

Heussler, Robert. *Yesterday's Rulers: The Making of the British Colonial Service.* Syracuse: Syracuse University Press, 1963.

Hevia, James. *The Pedagogy of Imperialism in Nineteenth-Century China.* Durham: Duke University Press, 2003.

Hevia, James. *The Imperial Security State: British Colonial Knowledge and Empire-Building in Asia.* New York: Cambridge University Press, 2012.

Hillemann, Ulrike. *Asian Empire and British Knowledge: China and the Networks of British Imperial Expansion.* New York: Palgrave Macmillan, 2009.

Ho, Engseng. "Empire Through Diasporic Eyes: A View from The Other Boat. " *Comparative Studies in Society and History* 46 (2004): 210-246.

Ho, Engseng. *The Graves of Tarim: Genealogy and Mobility across the Indian Ocean.* Berkeley: University of California Press, 2006.

Hoare, Tuintin, and Geoffrey Nowell-Smith, eds. and trans. *Selections* from the Prison Notebooks of Antonio Gramsci. New York: International Publishers, 1971.

Hobsbawm, Erick. *Nations and Nationalism Since 1780.* Cambridge: Cambridge University Press, 1990.

Hobsbawm, Erick, and Terence Ranger, eds. *The Invention of Tradition.* Cambridge: Cambridge University Press, 2012.

Honig, Emily. *Creating Chinese Ethnicity: Subei People in Shanghai, 1850-1980.* New Haven: Yale University Press, 1992.

Honig, Emily. *Sisters and Strangers: Women in the Shanghai Cotton Mils, 1919-1949.* Stanford: Stanford University Press, 1992.

Hopkins, Antony Gerald. "Back to the Future: From National History to Imperial History. " *Past and Present* 164 (1999): 198-243.

Hotta, Eri. "Rash Behari Bose and His Japanese Supporters: An Insight into Anti-Colonial Nationalism and Pan-Asianism. " *Interventions* 1 (2006): 116-132.

Howe, Stephen. *Anticolonialism in British Politics: The Left and the End of Empire, 1918-1964.* Oxford: Clarendon Press, 1993.

Howe, Stephen. *The New Imperial Histories Reader.* New York: Routledge, 2010.

Huang, Xuelei. *Shanghai Filmmaking: Crossing Borders, Connecting to the Globe, 1922-1938.* Leiden: Brill, 2014.

Hugill, Peter. *Global Communications Since 1844: Geopolitics and Technology.* Baltimore: Johns Hopkins University Press, 1999.

Hyam, Ronald. *Empire and Sexuality: The British Experience.* Manchester: Manchester University Press, 1990.

Innis, Harold. *Empire and Communication.* Lanham: Rowman & Littlefield

Publishers, 2007.

Iriye, Akira. *Global Community: The Role of International Organizations in the Making of the Contemporary World.* Berkeley: University of California Press, 2002.

Isemonger, Frederick Charles, and James Slattery. *An Account of the Ghadar Conspiracy, 1913-1915.* Berkeley: Folklore Institute, 1998.

Iwaichi, Fujiwara. *F. Kikan: Japanese Army Intelligence Operations in Southeast Asia in WW II.* Hong Kong: Heinemann Asia, 1983.

Jackson, Gordon, and David Williams, eds. , *Shipping, Technology, and Imperialism.* Brookfield: Ashgate, 1996.

Jackson, Isabella. "The Raj on Nanjing Road: Sikh Policemen in Treaty-Port Shanghai. "*Modern Asian Studies* 46(2012): 1672-1704.

Jackson, Isabella. " Chinese Colonial History in Comparative Perspective. " *Journal of Colonialism & Colonial History* 15 (2014) accessed 10. 1353/cch. 2014. 0042.

Jacobs, Dan. *Borodin: Stalin's Man in China.* Cambridge, MA: Harvard University Press, 1981.

Jacobson, Jon. *When the Soviet Union Entered World Politics.* Berkeley: University of California Press, 1994.

Javed, Ajeet. *Left Politics in Punjab, 1935- 47.* Delhi: Durga Publications, 1988.

Jeffries, Charles. *The Colonial Empire and Its Civil Service.* Cambridge: Cambridge University Press, 1938.

Jiang, Jin. *Women Playing Men: Yue Opera and Social Change in Twentieth-Century Shanghai.* Seattle: University of Washington Press, 2009.

Jiang, Longfei. *Shanghai zujie bainian* (Hundred years history of foreign concessions in Shanghai). Shanghai: Wenhua chubanshe, 2008.

Jill, Lepore. "Historians Who Love Too Much: Reflections on Microhistory and Biography. " *The Journal of American History*, 1 (2001): 129-144.

Johnson, Howard. "Social Control and the Colonial State: the Reorganization of the Police Force in the Bahamas, 1888-1893. " *Slavery & Abolition: A Journal of Slave and Post-Slave Studies* 7 (1986): 46-58.

Johnson, Linda Cooke. *Shanghai: From Market Town to Treaty Port, 1074-1858.* Stanford: Stanford University Press, 1995.

Johnston, Hugh. *The Voyage of the "Komagata Maru": The Sikh Challenge to Canada's Colour Bar.* Delhi: Oxford University Press, 1979.

Jordan, Donald. *The Northern Expedition: China's National Revolution of 1926-1928.* Honolulu: University of Hawai'i Press, 1976.

Josh, Bhagwan. *Communist Movement in Punjab, 1926-47.* Delhi: Anupama Publications, 1979.

Josh, Sohan Singh. *Baba Sohan Singh Bhukna: Life of the Founder of the Ghadar Party.* New Delhi: People's Publishing House, 1970.

Josh, Sohan Singh. *Hindustan Ghadar Party: A Short History, Volume 1.* New Delhi: People's Publishing House, 1976.

Karl, Rebecca. "Creating Asia: China in the World at the Beginning of the Twentieth Century. " *The American Historical Review* 103 (1998): 1096-1118.

Karl, Rebecca. *Staging the World: Chinese Nationalism at the Turn of the Twentieth Century.* Durham: Duke University Press, 2002.

Kaur, Arunajeet. *Sikhs in the Policing of British Malaya and Straits Settlements (1874-1957)*. Saarbrücken: VDM Verlag Dr. Müller, 2009.

Kelly, Philip, and Tom Lusis. "Migration and the Transnational Habitus: Evidence from Canada and the Philippines. " *Environment and Planning* 38 (2006): 831-847.

Kerber, Linda. "The Stateless as the Citizen's Other: A View from the United States. " *The American Historical Review* 112 (2007): 1-34.

Kessinger, Tom. *Vilyatpur, 1848-1968: Social and Economic Change in a North Indian Village*. Berkeley: University of California Press, 1974.

Khilnani, Niranjan. *British Power in the Punjab, 1839-1858*. Bombay: Asia Publishing House, 1972.

King, William Mackenzie. *Report of the Royal Commission Appointed to Inquire into the Method by which Oriental Laborers Have Been Induced to Come to Canada*. Ottawa: King's Printer, 1908.

Kirby, William. "The Internationalization of China: Foreign Relations at Home and Abroad in the Republican Period. " *China Quarterly* 150 (1997): 433-458.

Kirk-Greene, Anthony. *On Crown Service: A History of HM Colonial and Overseas Civil Services, 1837-1997*. London: I. B. Tauris Publishers, 1999.

Knox, Bruce. "The Concept of Empire in the Mid-Nineteenth Century: Ideas in the Colonial Defense Inquiries of 1859-1861. " *Journal of Imperial and Commonwealth History* 15 (1987): 242-263.

Kothari, Uma. *Migration and Chronic Poverty*. Manchester: Chronic Poverty Research Centre, 2002.

Kratoska, Paul, ed. *Food Supplies and the Japanese Occupation in South-East Asia.* Basingstoke: Macmillan, 1998.

Kratoska, Paul. *Asian Labor in the Wartime Japanese Empire.* Singapore: NUS Press, 2006.

Kuai, Shixun. *Shanghai gonggongzujie shigao* A draft of the history of Shanghai's International Settlement. Shanghai: Shanghai renmin chubanshe, 1980.

Kuklick, Henrika. *The Imperial Bureaucrat: The Colonial Administrative Service in the Gold Coast, 1920-1939.* Stanford: Hoover Institute Press, 1979.

Kukreja, Sunil. "The Political Economy of Ethnic Group Incorporation: The Case of Punjabis in Malaya. " *Crossroads* 11 (1997): 25-49.

Kuwajima, Sho. *Indian Mutiny in Singapore, 1915.* Calcutta: Ratna Prakashan, 1991.

Lambert, David, and Alan Lester, eds. *Colonial Lives across the British Empire: Imperial Careering in the Long Nineteenth Century.* Cambridge: Cambridge University Press, 2006.

Lapidus, Ira. *Islamic Societies to the Nineteenth Century: A Global History.* New York: Cambridge University Press, 2012.

Lebra, Joyce. *Jungle Alliance: Japan and the Indian National Army.* Singapore: Asia Pacific Press, 1971.

Lebra, Joyce. *Japanese-Trained Armies in Southeast Asia.* New York: Columbia University Press, 1977.

Lebra, Joyce. *The Indian National Army and Japan.* Singapore: Institute of Southeast Asian Studies, 2008.

Lee, Leo Ou-fan. *Shanghai Modern: The Flowering of a New Urban*

Culture in China, *1930-1945*. Cambridge, MA: Harvard University Press, 1999.

Lee, Poh Ping. *Chinese Society in Nineteenth Century Singapore*. Kuala Lumpur: Oxford University Press, 1978.

Lefebvre, Henry. *The Production of Space*. Oxford: Blackwell, 1991.

Lester, Alan. "Imperial Circuits and Networks: Geographies of the British Empire." *History Compass* 4 (2006): 124-141.

Leung, Yuen-Sang. *The Shanghai Taotai: Linkage Man in a Changing Society*, *1843-1890*. Honolulu: University of Hawai'i Press, 1991.

Leutner, Mechthild, et al. *The Chinese Revolution in the 1920s: Between Triumph and Disaster*. London: Routledge Curzon, 2013.

Lev, David. "Transnational Spaces and Every Lives." *Transactions of the Institute of British Geographers* 29 (2004): 151-164.

Levi, Giovanni. "On Microhistory." *New Perspectives on Historical Writing* 2 (1991): *97-119*.

Levine, Phillippa. *Prostitution, Race, and Politics: Policing Venereal Disease in the British Empire*. New York: Routledge, 2003.

Lewis, Martin, and Karen Wigen. *The Myth of Continent: A Critique of Metageography*. Berkeley: University of California Press, 1997.

Li, Fanyi. "Jiushanghai yingzujie de yindu xunbu" (Indian policemen in the International Settlement of old Shanghai). *Shanghaidangan* 4 (1985): 30.

Lim, Jie-Hyun, and Karen Petrone, eds. *Gender Politics and Mass Dictatorship: Global Perspectives*. Basingstoke: Palgrave Macmillan, 2010.

Linden, Marcel. *Transnational Labour History: Explorations*. Burlington: Ashgate, 2002.

Liu, Na'ou. *Liu Na'ou xiaoshuo quanbian* (Collection of novels written by Liu Na'ou). Shanghai: Xuelin chubanshe, 1997.

Liu, Xinru. *The Silk Road in World History*. Oxford: Oxford University Press, 2010.

Lopez, Ricardo, and Barbara Weinsein, eds. *The Making of the Middle-Class: Toward a Transnational History*. Durham: Duke University Press, 2012.

Louis, Roger, and Alaine Low, eds. *The Oxford History of the British Empire* (5 vols.). Oxford: Oxford University Press, 1998.

Lowe, William, and Elizabeth Malcolm. "The Domestication of the Royal Irish Constabulary, 1836-1922. " *Irish Economic and Social History* 19 (1992): 27-48.

Lu, Hanchao. *Beyond the Neon Lights: Everyday Shanghai in the Early Twentieth Century*. Berkeley: University of California Press, 2004.

Lyth, Peter, and Helmuth Trischler, eds. *Writing Prometheus: Globalization, History, and Technology*. Aarhus: Aarhus University Press, 2004.

Ma, Changlin, ed. *Zujieli de Shanghai* (Shanghai in the Concessions). Shanghai: Shanghai Academy of Social Sciences Press, 2003.

Ma, Changlin, Li Xia, and Shi Lei. *Shanghai gonggongzujie chengshiguanli yanjiu* (The Research on Urban Management of Shanghai International Settlement). Shanghai: Zhongxi shuju, 2011.

MacKenzie, John. "The Persistence of Empire in Metropolitan Culture. " in *British Culture and the End of Empire*, ed. Stuart Ward, 21-36. Manchester: Manchester University Press, 2001.

MacKenzie, John ed. *European Empires and the People: Popular Responses to Imperialism in France, Britain, the Netherlands, Belgium, Germany, and Italy.* Manchester: Manchester University Press, 2011.

MacPherson, Kerrie. *A Wilderness of Marshes: The Origins of Public Health in Shanghai, 1843-1893.* Hong Kong: Oxford University Press, 1987.

Madra, Amandeep. *Warrior Saints: Three Centuries of the Sikh Military Tradition.* London: I. B. Tauris in association with the Sikh Foundation, 1999.

Magee, Gary, and Andrew Thompson. *Empire and Globalisaion: Networks of People, Goods and Capital in the British World, 1850-1914.* Cambridge: Cambridge University Press, 2010.

Major, Andrew. *Return to Empire: Punjab under the Sikhs and British in the Mid-Nineteenth Century.* New Delhi: Sterling Publishers, 1996.

Manela, Erez. *The Wilsonian Moment: Self-Determination and the International Origin of Anticolonial Nationalism.* Oxford: Oxford University Press, 2007.

Manning, Patrick. *Navigating World History: Historians Create a Global Past.* New York: Palgrave Macmillan, 2003.

Manning, Patrick. *The African Diaspora: A History Through Culture.* New York: Columbia University Press, 2009.

Markovits, Claude. "Indian Communities in China, 1842-1949. " in *New Frontiers: Imperialism's New Communities in East Asia, 1842-1953,* eds. Robert Bickers and Christian Henriot, 62- 64. Manchester: Manchester University Press, 2000.

Markovits, Claude. *The Global World of Indian Merchants, 1750-1947: Traders of Sind from Bukhara to Panama.* Cambridge: Cambridge

University Press, 2000.

Martin, Brian. *The Shanghai Green Gang: Politics and the Organized Crime, 1919-1937.* Berkeley: University of California Press, 1996.

Marx, Anthony. *Faith in Nation: Exclusionary Origins of Nationalism.* Oxford: Oxford University Press, 2003.

Mazumdar, Sucheta. "Colonial Impact and Punjabi Emigration to the United States." in *Labour Immigration Under Capitalism*, eds. Edna Bonacich and Lucie Cheng, 316-336. Berkeley: University of California Press, 1984.

McCann, Gerard. "Sikhs and the City: Sikh History and Diasporic Practice in Singapore." *Modern Asian Studies* 45 (2011): 1465-1498.

McCoy, Alfred, ed. *Southeast Asia under Japanese Occupation.* New Heaven: Yale University Southeast Asian Studies, 1980.

McCraken, John. "Coercion and Control in Nyasaland: Aspects of the History of a Colonial Police Force." *The Journal of African History* 27 (1986): 129-138.

McFarlane, Colin. "Translocal Assemblages: Space, Power and Social Movements." Geo-forum 40 (2009): 561-567.

Mckeown, Adam. "Conceptualizing Chinese Diasporas, 1842-1949." *Journal of Asian Studies* 58 (1999): 306-337.

Mckeown, Adam. "Global Migration 1846-1940." *Journal of World History* 15 (2004): 155-189.

Mckeown, Adam. "Regionalizing World Migration." *Internationaal Instituut voor Sociale Geschiedenis* 52 (2007): 134-142.

Mckeown, Adam. "Chinese Emigration in Global Context, 1850-1940." *Journal of Global History* 5 (2010): 95-124.

Mckeown, Adam. *Melancholy Order: Asian Migration and the Globalization of Borders.* New York: Columbia University Press, 2011.

McLeod, William Hewat. *The Evolution of the Sikh Community: Five Essays.* Oxford: Clarendon Press, 1976.

McLeod, William Hewat. *Punjabis in New Zealand: A History of Punjabi Migration, 1890-1940.* Amritsar: Guru Nanak Dev University, 1986.

McLeod, William Hewat. "The First Forty Years of Sikh Migration." in *The Sikh Diaspora*, eds. N. G. Barrier and Verne Dusenbery, 36-37. Delhi: Manohar and South Asia Publications, 1989.

McLeod, William Hewat. *Who is a Sikh? The Problems of Sikh Identity.* Oxford: Clarendon, 1989.

McLeod, William Hewat. *The Sikhs: History, Religion, and Society.* New York: Columbia University Press, 1989.

McNeill, John. *Something New Under the Sun: An Environmental History of the Twentieth-Century World.* New York: W. W. Norton & Company, 2002.

Meng, Yue. *Shanghai and the Edges of Empires.* Minneapolis: University of Minnesota Press, 2006.

Menon, Narayana, ed. *On to Delhi: Speeches and Writings of Subhas Chandra Bose.* Bangkok: Indian Independence league, 1944.

Metcalf, Thomas. *Imperial Connections: India in the Indian Ocean Arena, 1860-1920.* Berkeley: University of California Press, 2007.

Mignolo, Walter. *Local Histories/Global Designs: Coloniality, Subaltern Knowledges, and Border Thinking.* Princeton: Princeton University Press, 2000.

Miller, Christopher. *Blank Darkness: Africanist Discourse in French.* Chicago: University of Chicago Press, 1985.

Minault, Gail. *The Khilafat Movement: Religious Symbolism and Popular Mobilisation in India.* New York: Columbia University Press, 1982.

Miners, Norman. "The Localization of the Hong Kong Police Force, 1842-1947." *The Journal of Imperial and Commonwealth History* 3 (1990): 269-315.

Mintz, Sidney. *Sweetness and Power: The Place of Sugar in Modern History.* New York: Penguin Books, 1986.

Mongia, Radhika. "Race, Nationality, Mobility: A History of the Passport." *Public Culture* 11(1999): 527-556.

Mukhopadhyay, Surajit. "Importing Back Colonial Policing System? Between the Royal Irish Constabulary, Indian Policing and Militarization of Policing in England and Wales." *Innovation* 11 (1998): 253-265.

Mulready-Stone, Kristin. *Mobilizing Shanghai Youth: CCP Internationalism, GMD Nationalism and Japanese Collaboration.* London: Routledge, 2014.

Murdock, Michael. *Disarming the Allies of Imperialism: The State, Agitation, and Manipulation during China's Nationalism Revolution, 1922-1929.* Ithaca: Cornell University Press, 2006.

Nandy, Ashis. *The Intimate Enemy: Loss and Recovery of Self under Colonialism.* Oxford: Oxford University Press, 1983.

Nayar, Kamala. *The Sikh Diaspora in Vancouver: The Three Generations Amid Traditions, Modernity, and Multiculturalism.* Toronto: University of Toronto Press, 2004.

Newell, William, ed. *Japan in Asia, 1942-1945*. Singapore: Singapore University Press, 1981.

O'Brien, Patrick. "Historiographical Traditions and Modern Imperatives for the Restoration of Global History." *Journal of Global History* 3 (2006): 3-39.

Ogot, Bethwell. "British Administration in the Central." Journal of *African History* 4 (1963): 249-273.

Ohsawa, Georges. *Two Great Indians in Japan: Sri Rash Behari Bose and Netaji Subhas Bose*. Calcutta: Sri KC Das, 1954.

Olstein, Diego. *Thinking History Globally*. New York: Palgrave Macmillan, 2015.

Olwig, Karen. "Cultural Sites: Sustaining a Home in a Deterritorialized World." in *Siting Culture: The Shifting Anthropological Object*, eds. Karen Olwig and K. Hastrup, 17-38. London: Routledge, 1997.

Omissi, David. "Martial Races: Ethnicity and Security in Colonial India, 1858-1939." *War & Society* 9 (1991): 1-27.

Omissi, David. *The Sepoy and the Raj: The Indian Army, 1860-1940*. London: Macmillan, 1994.

Ooi, Keat Gin, ed. *Japanese Empire in the Tropics*. Athens: University of Ohio Press, 1998.

Osborne, Peter. *The Politics of Time: Modernity and Avant-Garde*. London: Verso, 1995.

Palmer, Stanley. *Police and Protest in England and Ireland, 1780-1850*. Cambridge: Cambridge University Press, 1988.

Palta, Krishan Raj. *My Adventures with the INA*. Lahore: Lion Press, 1946.

Pandey, Gyanendra. "Peasant Revolt and Indian Nationalism: The Peasant Movement in Aeadh, 1919-1922. " *Subaltern Studies* 1 (1982): 143-197.

Pandit, Hemendra Nath. *Netaji Subhas Chandra Bose: From Kabul to the Battle of Imphal.* New Delhi: Sterling Publishers Private Limited, 1988.

Pantsov, Alexander. *The Bolsheviks and the Chinese Revolution 1919-1927.* London: Routledge, 2013.

Putnam, Lara. "To Study the Fragments/Whole: Microhistory and the Atlantic World. "*Journal of Social History* 3 (2006): 615-630.

Peers, Douglas. *Between Mars and Mammon: Colonial Armies and the Garrison State in India, 1819-1835.* London: I. B. Tauris, 1995.

Peers, Douglas, and Nandini Gooptu, eds. *India and the British Empire.* Oxford: Oxford University Press, 2012.

Perry, Elizabeth. *Shanghai on Strike: the Politics of Chinese Labor.* Stanford: Stanford University Press, 1993.

Perry, Elizabeth. *Patrolling the Revolution: Worker Militias, Citizenship, and the Modern Chinese State.* Lanham: Rowman & Littlefield Publishers, 2007.

Peters, Ernest. *Shanghai Policeman.* Hong Kong: Earnshaw Books, 2011.

Petrie, David. *Communism in India, 1924-1927.* Calcutta: Government of India Press, 1972.

Petrie, David. *Developments in Sikh Politics, 1900-1911: A Report.* Amritsar: Chief Khalsa Diwan, 1972.

Pettigrew, Joyce. "Some Notes Oil the Social System of the Sikh Jats." *Journal of Ethnic and Migration Studies*, 1 (1972): 334-363.

Pettigrew, Joyce. "Socio-economic Background to the Emigration of Sikhs from Doaba." *Punjab Journal of Politics* Oct (1977): 48-81.

Popplewell, Richard. *Intelligence and Imperial Defence: British Intelligence and the Defence of the Indian Empire, 1904-1924*. London: Frank Cass, 1995.

Porter, Bernard. *The Absent-Minded Imperialists: The Empire in English Society and Culture, c. 1800-1940*. Oxford: Oxford University Press, 2004.

Porter, Bernard. "Further Thoughts on Imperial Absent-Mindedness." *Journal of Imperial and Commonwealth History* 36 (2008): 101-117.

Potter, David. "The Historian's Use of Nationalism and Vice Versa." in *The South and the Sectional Conflict*, ed. David Potter, 34-83. Baton Rouge: Louisiana State University Press, 1968.

Prakash, Gyan. "AHR Forum: Subaltern Studies as Postcolonial Criticism." *The American Historical Review* 99 (1994): 1475-1490.

Pratt, Marry Louise. *Imperial Eyes: Travel Writing and Transculturation*. London: Routledge, 1992.

Price, Richard. "One Big Thing: Britain, Its Empire, and Their Imperial Culture." *The Journal of British Studies* 45 (2006): 602-627.

Puri, Harish. *Ghadar Movement: Ideology, Organization, and Strategy*. Amritsar: GuruNanak Dev University, 1993.

Quigley, Ted. *A Spirit f Adventure: The Memoirs of Ted Quigley*. Lewes: The Book Guild, 1994.

Rabinow, Paul. *French Modern: Norms and Forms of Social Environment.* Chicago: University of Chicago Press, 1995.

Ram, Shri Moti. *Two Historic Trials in the Red Fort.* New Delhi: Roxy Printing Press, 1946.

Ramnath, Maia. "'The Haj to Utopia': Anti-Colonial Radicalism in the South Asian Diaspora, 1905-1930." PhD diss., University of California at Santa Cruz, 2008.

Ramnath, Maia. *Haj to Utopia: How the Ghadar Movement Charted Global Radicalism and Attempted to Overthrow the British Empire.* Berkeley: University of California Press, 2011.

Rand, Gavin. "'Martial Races' and 'Imperial Subjects': Violence and Governance in colonial India, 1857-1914." *European Review of History* 13 (2006): 1-20.

Randeria, Shalini. "Entangled Histories of Uneven Modernities: Civil Society, Caste Solidarities and the Post-Colonial State in India." in *Unraveling Ties: From Social Cohesion to New Practives of Connectedness,* ed. Yehuada Elkana, 77-104. Frankfurt: Campus Verlag, 2002.

Ray, Himanshu Prabha, and Edward Alpers, eds. *Cross Current and Community Networks: The History of the Indian Ocean World.* New Delhi: Oxford University Press, 2007.

Raza, Ali, Franziska Roy, and Benjamin Zachariah, eds. *The Internationalist Moment: South Asia, Worlds, and World Views, 1917-1939.* New Delhi: SAGE, 2015.

Rediker, Marcus. *Between the Devil and the Deep Blue Sea: Merchant Seamen, Pirates and the Anglo-American Maritime World, 1700-*

1750. Cambridge: Cambridge University Press, 1989.

Reed, Christopher. *Gutenberg in Shanghai: Chinese Print Capitalism, 1876-1937*. Vancouver: University of British Columbia Press, 2004.

Richards, Thomas. *The Imperial Archive: Knowledge and the Fantasy of Empire*. London: Verso, 1993.

Ristaino, Marcia. *China's Art of Revolution: The Mobilization of Discontent, 1927-1928*. Durham: Duke University Press, 1987.

Ristaino, Marcia. *Port of Last Resort: The Diaspora Communities in Shanghai*. Stanford: Stanford University Press, 2003.

Ristaino, Marcia. *The Jacquinot Safe Zone: Wartime Refugees in Shanghai*. Stanford: Stanford University Press, 2008.

Robins, Peter, and Nicholas Tyler. *The Legend of W. E. Fairbairn: Gentleman and Warrior, the Shanghai Years*. Harlow: CQB Publications, 2006.

Rosenberry, Royal. *Imperial Rule in Punjab: The Conquest and Administration of Multan, 1818-1881*. New Delhi: Manohar Publications, 1987.

Ross, Robert. *Clothing: A Global History or, the Imperialists' New Clothes*. Cambridge: Polity, 2008.

Rowlatt, Justice, ed. *Sedition Committee Report 1918*. Calcutta: Superintendent Government Printing, India, 1918.

Roy, Kaushik. *Brown Warriors of the Raj: Recruiting and the Mechanics of Command in the Sepoy Army, 1859-1913*. New Delhi: Manohar, 2008.

Roy, Manabendra. *Memoirs*. Bombay: Allied Publishers, 1964.

Rutter, Owen. *The Pirate Wind: Tales of the Sea-Robbers of Malaya*. Singapore: Oxford University Press, 1986.

Sahoo, Shridhar Charan. *Subhas Chandra Bose: Political Philosophy.*
New Delhi: APH Publishing, 1997.

Said, Edward. *Orientalism.* London: Routledge & K. Paul, 1978.

Said, Edward. *The World, the Text, and the Critic.* Cambridge, MA:
Harvard University Press, 1983.

Said, Edward. *Cultural and Imperialism.* New York: Vintage, 1993.

Sardesai, Damodar. *British Trade and Expansion in Southeast Asia*
(*1830-1914*). Bombay: Allied Publishers, 1977.

Sareen, Tilak Raj. *Japan and the Indian National Army.* Delhi: Agam
Prakashan, 1986.

Sareen, Tilak Raj ed. *Select Documents on the Ghadar Party.* New Delhi:
Mounto Publishing House, 1994.

Sareen, Tilak Raj ed. *Indian National Army: A Documentary Study.* New
Delhi: Gyan Publishing House, 2004.

Sareen, Tilak Raj ed. *Unsung Heroes: Select Documents on Neglected
Parts of India's Freedom Struggle.* New Delhi: Life Span Publishers,
2009.

Scott, James. *The Art of Not Being Governed: An Anarchist History of Up-
land Southeast Asia.* New Haven: Yale University Press, 2014.

Sen, Tansen. *Buddhism, Diplomacy, and Trade: The Realignment of Si-
no-Indian Relations, 600-1400.* Honolulu: University of Hawai'i
Press, 2003.

Sen, Tansen. "The Intricacies of Premodern Asian Connections." *The
Journal of Asian Studies* 69 (2010): 991-999.

Seth, Hira Lal. *Personality and Political Ideals of Subhas Chandra Bose:*

Is He Fascist? Lahore: Hero Publications, 1943.

Shi, Meiding. *Shanghai zujiezhi* (Gazette of Foreign Concessions in Shanghai) . Shanghai: Shanghai Academy of Social Sciences Press, 2001.

Sigler, Robert, and David King. "Colonial Policing and Control of Movements for Independence. " *Policing and Society: An International Journal of Research and Policy* 3 (1992) : 13-22.

Singh, Choor. *Understanding Sikhism: The Gospel of the Gurus.* Singapore: Central Sikh Gurdwara Board, 1994.

Singh, Gajraj. *The Sikhs of Fiji.* Suva: South Pacific Social Sciences Association, 1976.

Singh, Jaswant. *Baba Gurdit Singh: Komagata Maru.* Jallundhur: New Book Company, 1965.

Singh, Karam. *The Sikh Police Contingent: Custodians of the Empire.* Singapore: Karam Singh, 2009.

Singh, Kesar. *Canadian Sikhs and the Komagata Maru Massacre.* Surrey: Hans Publishing, 1997.

Singh, Khushwant. *A History of the Sikhs Vol. 2: 1839-1988.* Delhi: Oxford University Press, 1966.

Singh, Khushwant, and Satindra Singh. *Ghadar 1915: India's First Armed Revolution.* New Delhi: R & K Publishing House, 1966.

Singh, Manjit. "Southeast Asia's Sikhs. " *Journal of Sikh Studies* 17 (1992): 89-98.

Singh, Rajwant. "Sikh Sects. " *International Bibliography of Sikh Studies* 1 (2005): 355-362.

Singh, Sukhwant. "The Peasants' Response to Colonial Environment in the Punjab. " In *Precolonial and Colonial Punjab: Society, Economy, Politics and Culture*, eds. Reeta Grewal and Shena Pall, 281-300. New Delhi: Manohar, 2005.

Sinha, Mrinalini. "Britain and the Empire: Toward a New Agenda for Imperial History. " *Radical History Review* 72 (1998): 163-174.

Sinn, Elizabeth. *Pacific Crossing: California Gold, Chinese Migration, and the Making of Hong Kong*. Hong Kong: Hong Kong University Press, 2012.

Smith, Michael, and Luis Guarnizo, eds. *Transnationalism from Below*. London: Transaction Publishers, 1998.

Sohi, Seema. *Echoes of Mutiny: Race, Surveillance & Indian Anticolonialism in North America*. Oxford: Oxford University Press, 2014.

Sood, Gagan. "Circulation and Exchange in Islamicate Eurasia: A Regional Approach to the Early Modern World. " *Past and Present* 212 (2011): 113-162.

Spence, Jonathan. *The Question of Hu*. New York: Vintage Books, 1988.

Spence, Jonathan. *The Death of Woman Wang*. London: Penguin Books, 1998.

Spivak, Gayatri Chakravorty. *In Other Worlds: Essays in Cultural Politics*. London: Routledge, 2012.

Springfield, Maurice. *Hunting Opium and Other Scents*. Halesworth: Norfolk and Suffolk Publicity, 1966.

Starkey, David, E. S. Heslinga, and J. A. de Moor, eds. *Pirates and Privateers: New Perspectives on the War on Trade in the Eighteenth and Nineteenth Centuries*. Exeter: University of Exeter Press, 1997.

Steinbrink, Malte. "The Role of Amateur Football in Circular Migration Systems in South Africa." *Africa Spectrum* 45 (2010): 35-60.

Stoddart, Brian. "Sport, Cultural Imperialism, and Colonial Response in the British Empire." *Comparative Studies in Society and History* 30 (1988): 649-673.

Stoler, Ann Laura. *Race and the Education of Desire: Foucault's History of Sexuality and the Colonial Order of Things.* Durham: Duke University Press, 1995.

Stoler, Ann Laura, and Frederick Cooper. "Between Metropole and Colony: Rethinking a Research Agenda." in *Tensions of Empire: Colonial Culture in a Bourgeois World*, eds. Ann Laura Stoler and Frederick Cooper, 1-56. Berkeley: University of California Press, 1997.

Stolte, Carolien. "'Enough of the Great Napoleons!': Raja Mahendra Pratap's Pan-Asian Projects (1929-1939)." *Modern Asian Studies* 46 (2012): 403-423.

Stolte, Carolien. "Uniting the Oppressed Peoples of the East: Revolutionary Internationalism in an Asian Inflection." in *The Internationalist Moment: South Asia, Worlds, and World Views, 1917-1939*, eds. Ali Raza, Franziska Roy, and Benjamin Zachariah, 77-83. New Delhi: SAGE, 2015.

Strate, Shane. *The Lost Territories: Thailand's History of National Humiliation.* Honolulu: University of Hawai'i Press, 2015.

Streets, Heather. *Martial Races: The Military, Race, and Masculinity in British Imperial Culture, 1857-1914.* Manchester: Manchester University Press, 2004.

Subrahmanyam, Sanjay. "Connected Histories: Notes Toward a Reconfig-

uration of Early Modern Eurasia. " *Modern Asian Studies* 3 (1997):
735-762.

Suleri, Sara. *The Rhetoric of English India.* Chicago: University of Chi-
cago Press, 1992.

Tagliacozzo, Eric. *Secret Traders, Porous Borders: Smuggling and States
along a Southeast Asian Frontier, 1865-1915.* New Haven: Yale U-
niversity Press, 2005.

Tagliacozzo, Eric, Helen Siu, and Peter Perdue, eds. *Asia Inside Out:
Changing Times.* Cambridge, MA: Harvard University Press, 2015.

Tagliacozzo, Eric, Helen Siu, and Peter Perdue. *Asia Inside Out: Con-
nected Places.* Cambridge, MA: Harvard University Press, 2015.

Tagliacozzo, Eric, and Wen-Chin Chang, eds. *Chinese Circulations:
Capital, Commodities, and Networks in Southeast Asia.* Durham:
Duke University Press, 2011.

Takhar, Opinderjit Kaur. "Sikh Sects. " in *The Oxford Handbook of Sikh
Studies*, eds. Pashaura Singh and Louis Fenech, 350-359. Oxford:
Oxford University Press, 2014.

Talbot, Ian. *Punjab and the Raj 1849-1947.* New Delhi: Manohar,
1988.

Tan, Pek Leng. "Chinese Secret Societies and Labour Control in the
Nineteenth Century Straits Settlements. " *Kajian Malaysia* 1
(1983): 14-48.

Tan, Tai Yong. *The Garrison State: The Military, Government and Society
in Colonial Punjab, 1849-1947.* New Delhi: SAGA
Publications, 2005.

Tarling, Nicholas. *Imperial Britain in South-East Asi*a. London: Oxford

University Press, 1975.

Tarling, Nicholas. "The Merest Pustule: The Singapore Mutiny of 1915. " *Journal of the Malaysian Branch of the Royal Asiatic Society* 55 (1982): 26-59.

Tarling, Nicholas. *A Sudden Rampage: The Japanese Occupation of Southeast Asia, 1941-1945.* London: Hurst & Company, 2001.

Tatla, Darshan Singh. *A Guide to Sources: Ghadar Movement.* Amritsar: Guru Nanak Dev University, 2003.

Temple, Richard. *Lord Lawrence.* London: Macmillan, 1890.

Thampi, Madhavi. "Indian Soldiers, Policemen and Watchmen in China in the Nineteenth and Early Twentieth Centuries. " *China Report* 35 (1999): 403-438.

Thampi, Madhavi. *Indians in China 1800-1949.* New Delhi: Manohar Publishers, 2005.

Thampi, Madhavi. *India and China in the Colonial World.* New York: Berghahn Books, 2005.

Thomas, Martin. *Empires of Intelligence: Security Services and Colonial Disorder after 1914.* Berkeley: University of California Press, 2008.

Thomson, Andrew. *The Empire Strikes Back: the Impact of Imperialism on Britain from the Mid-nineteenth Century.* New York: Pearson Longman, 2005.

Thomson, Andrew ed. *Writing Imperial Histories.* Manchester: Manchester University Press, 2013.

Thompson, E. P. *The Making of the English Working Class.* Toronto: Penguin Books, 1991.

Thomson, James. "Modern Britain and the New Imperial History. " *History*

Compass 5 (2007) : 455 - 462.

Thompson, Leroy. *The World's First SWAT Team : W. E. Fairbairn and the Shanghai Municipal Police Reserve Unit.* London : Frontline Books, 2012.

Tidrick, Kathryn. *Empire and the English Character.* New York : Palgrave Macmillan, 1992.

Tilly, Charles, ed. *The Formation of National States in Western Europe.* Princeton : Princeton University Press, 1975.

Torpey, John. *The Invention of the Passport : Surveillance, Citizenship and the State.* Cambridge : Cambridge University Press, 1999.

Toye, Huge. *Subhas Chandra Bose : The Spring Tiger.* Bombay : Jaico Publishing House, 1959.

Trench, Charles Chenevix. *Men Who Ruled Kenya : The Kenya Administration, 1892-1963.* London : Radcliffe Press, 1993.

Trocki, Carl. *Prince of Pirates : The Temenggongs and the Development of Johor and Singapore 1784-1885.* Singapore : Singapore University Press, 1979.

Vaid, Kanwal Narain. *The Overseas Indian Community in Hong Kong.* Hong Kong : University of Hong Kong Press, 1972.

Verma, Archana. *Making a Little Punjab in Canada : Patterns of Immigration.* New Delhi : Sage Publications, 2002.

Verne, Julia. *Living Translocality : Space, Culture and Economy in Contemporary Swahili Trade.* Stuttgart : Franz Steiner Verlag, 2012.

Volkman, Tony, ed. *Cultures of Transnational Adoption.* Durham : Duke University Press, 2005.

Wakeman Frederic Jr. *Policing Shanghai, 1927-1937.* Berkeley : Univer sity of California Press, 1995.

Wakeman Frederic Jr. *The Shanghai Badlands: Wartime Terrorism and Urban Crime, 1937-1941.* New York: Cambridge University Press, 1996.

Wakeman Frederic Jr. "Shanghai Smuggling." in *In the Shadow of the Rising Sun: Shanghai under Japanese Occupation*, eds. Christian Henriot and Wen-Hsin Yeh, 116-156. New York: Cambridge University Press, 2004.

Wakeman Frederic Jr. , and Yeh Wen-hsin, eds. *Shanghai Sojourners.* New York: Routledge Curzon, 1992.

Waldron, Arthur. *From War to Nationalism: China's Turning Point, 1924-1925.* New York: Cambridge University Press, 2003.

Wallerstein, Immanuel. "The Rise and Future Demise of the World Capitalist System: Concepts for Comparative Analysis." *Comparative Studies in Society and History* 16 (1974): 387-415.

Wang, Jianwei. "The Chinese Interpretation of the Concept of Imperialism in the Anti-Imperialist Context of the 1920s." *Journal of Modern Chinese History* 2 (2012): 164-181.

Wang, Zheng. *Never Forget National Humiliation: Historical Memory in Chinese Politics and Foreign Relations.* New York: Columbia University Press, 2014.

Waraich, Malwinderjit Singh, and Harinder Singh. *Ghadar Movement: Original Documents.* Chandigarh: Unistar Books, 2008.

Waraich, Malwinderjit Singh, and Gurdev Singh Sidhu, eds. *The Hanging of Bhagat Singh: Complete Judgement and Other Documents.* Chandigarh: Unistar Books, 2005.

Waraich, Malwinderjit Singh, and Gurdev Singh Sidhu. *Komagata Maru*: *A Challenge to Colonialism*: *Key Documents*. Chandigarh: Unistar Books, 2005.

Warren, James. *Ah Ku and Karayuki-san*: *Prostitution in Singapore 1870-1940*. Singapore: NUS Press, 2003.

Wasserstein, Bernard. "Ambiguities of Occupation: Foreign Resisters and Collaborators in Wartime Shanghai. " in *Wartime Shanghai*, ed. Wen-hisn Yeh, 24-41. New York: Routledge, 1998.

Wasserstrom, Jeffrey. *Student Protest in Twentieth-Century China*: *The View from Shanghai*. Stanford: Stanford University Press, 1997.

Wasserstrom, Jeffrey. *Shanghai*: *A Global City*. London: Routledge Curzon, 2004.

Wasserstrom, Jeffrey. *Global Shanghai*, *1850-2010*: *A History in Fragments*. London: Routledge, 2009.

Watts, Sheldon. *Disease and Medicine in World History*. New York: Routledge, 2003.

Whitfield, Susan. *Life along the Sikh Road*. Berkeley: University of California Press, 2015.

Williams, Randall. "A State of Permanent Exception: The Birth of Modern Policing in Colonial Capitalism. " *Interventions* 5 (2003): 322-344.

Willis, John. "Colonial Policing in Aden, 1937-1967. " *The Arab Studies Journal* 5 (1997): 57-91.

Wilson, Kathleen, ed. *A New Imperial History*: *Culture*, *Identity and Modernity in Britain and the Empire*, *1660-1840*. Cambridge: Cambridge University Press, 2004.

Wolf, Eric. *Europe and the People Without History*. Berkeley: University of California Press, 1982.

Wolf, James. "Asian and African Recruitments in the Kenya Police, 1920-1950. " *The International Journal of African Historical Studies* 6 (1973): 401-412.

Wright, Gwendolyn. *The Politics of Design in French Colonial Urbanism*. Chicago: University of Chicago Press, 1991.

Wu, Xiaoan. *Chinese Business in the Making of a Malay State, 1882-1941: Kedah and Penang*. New York: Routledge Curzon, 2003.

Wu, Zhiwei. "Jiushanghai zujie de yinbu fengchao" (Issues on Indian policemen in the International Settlement of old Shanghai). *Dangan chunqiu* 4 (2009): 52-54.

Xiong, Yuezhi, Ma Xueqiang, and Yan Kejia, eds. *Shanghai de waiguoren 1842-1949* (Foreigners in Shanghai). Shanghai: Shanghai guji chubanshe, 2003.

Xiong, Yuezhi. *Shanghai tongshi: Wanqing shehui* (The general history of Shanghai: Society in the late Qing period). Shanghai: Shanghai renmin chubanshe, 1999.

Xiong, Yuezhi. *Yizhi wenhua jiaozhi xiade Shanghai dushi shenghuo* (City life in the cultural melee of Shanghai). Shanghai: Shanghai Academy of Social Sciences Press, 2004.

Xu, Xiaoqun. *Chinese Professionals and the Republican State: The Rise of Professional Associations in Shanghai, 1912-1937*. New York: Cambridge University Press, 2001.

Yao, Keming. *Haishang yangjingbang* (The Bund on the sea). Shanghai: Xuelin chubanshe, 2004.

Yapp, Malcolm. "British Perceptions of the Russian Threat to India. " *Modern Asian Studies* 21 (1987): 647-665.

Ye, Shirley. "Corrupted Infrastructure: Imperialism and Environmental Sovereignty in Shanghai, 1873-1911. " *Frontiers of History in China* 10 (2015): 428-456.

Yeh, Wen-hsin. "Corporate Space, Communal Time: Everyday Life in Shanghai's Bank of China. " *The American Historical Review* 100 (1995): 97-122.

Yeh, Wen-hsin. "Shanghai Modernity: Commerce and Culture in a Republican City. " *Chine Quarterly* 150 (1997): 375-394.

Yeh, Wen-hsin. "Shanghai Besieged, 1937-45. " in *Wartime Shanghai*, ed. Wen-hisn Yeh, 1-15. New York: Routledge, 1998.

Young, Arthur. *China's Wartime Finance and Inflation, 1937-1945.* Cambridge, MA: Harvard University Press, 1965.

Yu, Henry. "Introduction: The Rhythms of the Transpacific. " in *Connecting Seas and Connected Ocean Rims: Indian, Atlantic, and Pacific Oceans and China Seas Migrations from the 1830s to the 1930s*, eds. Donna Gabaccia and Dirk Herder, 451- 463. Leiden: Brill, 2011.

Yuan, Jicheng. *Hankou zujiezhi* (The Gazette of Concessions in Hankou). Wuhan: Wuhan chubanshe, 2003.

Zachariah, Benjamin. *Nehru.* London: Routledge, 2004.

Zhang, Bin. *Shanghaiyingzujie xunbufangzhidu jiqiyunzuo yanjiu, 1854-1863*, (A study on the institution and mechanism of the municipal police in the British concession in Shanghai, 1854-1863). Shanghai: Shanghai renmin chubanshe, 2013.

Zhou, Fang. "The Wheels that Transformed the City: The Historical Development of Public Transportation Systems in Shanghai, 1843-1937. " PhD diss. , Georgia Institute of Technology, 2010.

Zoomers, Annelies, and Guus van Westen. "Introduction: Translocal Development, Development Corridors and Development Chains. " *International Development Planning Review* 33 (2011) : 377-388.

Zou, Yiren. *Jiushanghai renkoubianqian de yanjiu* (A study on the population transformation in old Shanghai). Shanghai: Shanghai renmin chubanshe, 1980.

著作权合同登记号　图字:01 – 2022 – 5824

图书在版编目(CIP)数据

锡克警察/曹寅著;薛朝凤译. —北京:北京大学出版社,2023. 8
ISBN 978-7-301-34155-1

Ⅰ. ①锡… Ⅱ. ①曹… ②薛… Ⅲ. ①亚洲—近代史
Ⅳ. ①K304

中国国家版本馆 CIP 数据核字(2023)第 122991 号

Original English version of *From Policemen to Revolutionaries*: *A Sikh Diaspora in Global Shanghai*, *1885-1945* by Yin Cao ⓒ 2018 by Koninklijke Brill NV, Leiden, The Netherlands. Koninklijke Brill NV. incorporates the imprints Brill, Brill Hes & De Graaf, Brill Nijhoff, Brill Rodopi, Brill Sense, Hotei Publishing, Global Oriental, mentis Verlag, Verlag Ferdinand Schöningh and Wilhelm Fink Verlag, as well as the Vandenhoeck & Ruprecht Verlage. The Chinese version of 锡克警察 is published with the arrangement of Brill. Chinese text:北京大学出版社. 英文原版:博睿学术出版社 (BRILL)地址:荷兰莱顿网址: http://www. brillchina. cn

书　　　名	锡克警察 XIKE JINGCHA
著作责任者	曹　寅　著　薛朝凤　译
责 任 编 辑	赵　聪　闵艳芸
标 准 书 号	ISBN 978-7-301-34155-1
出 版 发 行	北京大学出版社
地　　　址	北京市海淀区成府路 205 号　100871
网　　　址	http://www. pup. cn　新浪微博:@北京大学出版社
电 子 信 箱	zpup@ pup. cn
新 浪 微 博	@北京大学出版社
电　　　话	邮购部 010-62752015　发行部 010-62750672 编辑部 010-62750673
印　刷　者	北京九天鸿程印刷有限责任公司
经　销　者	新华书店
	880 毫米×1230 毫米　32 开本　10 印张　301 千字 2023 年 8 月第 1 版　2023 年 8 月第 1 次印刷
定　　　价	88. 00 元